Projeto LUMIRÁ

LÍNGUA PORTUGUESA 5

⎰ Organizadora: Editora Ática S.A.
⎱ Obra coletiva concebida pela Editora Ática S.A.
⎰ Editora responsável: Heloisa Pimentel

Material de apoio deste volume:
- Caderno de Atividades

editora ática

Diretoria editorial
Lidiane Vivaldini Olo

Gerência editorial
Luiz Tonolli

Editoria de Língua Portuguesa
Mirian Sancore de Oliveira Senra

Edição
Francisca Tarciana Morais da Silva e Solange de Oliveira

Gerência de produção editorial
Ricardo de Gan Braga

Arte
Andréa Dellamagna (coord. de criação),
Talita Guedes (progr. visual de capa e miolo),
Leandro Hiroshi Kanno (coord. de arte),
Tomiko Chiyo Suguita (editora de arte) e
Lívia Vitta Ribeiro, Casa de Tipos (diagram.)

Revisão
Hélia de Jesus Gonsaga (ger.),
Rosângela Muricy (coord.),
Ana Curci, Ana Paula Chabaribery Malfa,
Vanessa de Paula Santos e Brenda Morais e
Gabriela Miragaia (estagiárias)

Iconografia
Sílvio Kligin (superv.),
Denise Durand Kremer (coord.),
Karina Tengan (pesquisa),
Cesar Wolf e Fernanda Crevin (tratamento de imagem)

Ilustrações
Estúdio Icarus CI – Criação de Imagem (capa),
Adilson Farias, Andrea Ebert, Citara,
Estúdio Ornitorrinco, Filipe Rocha, Gustavo Grazziano,
Pedro Hamdan, Simone Ziasch, Suryara Bernardi,
Valter Ferrari, Vicente Mendonça (miolo),
Pablo Mayer (Caderno de Atividades)

Direitos desta edição cedidos à Editora Ática S.A.
Avenida das Nações Unidas, 7221, 3º andar, Setor A
Pinheiros – São Paulo – SP – CEP 05425-902
Tel.: 4003-3061
www.atica.com.br / editora@atica.com.br

Dados Internacionais de Catalogação na Publicação (CIP)
(Câmara Brasileira do Livro, SP, Brasil)

> Projeto Lumirá : língua portuguesa : 1º ao 5º ano /
> obra coletiva da Editora Ática ; editor
> responsável Heloisa Pimentel . – 2. ed. –
> São Paulo : Ática, 2016. – (Projeto Lumirá :
> língua portuguesa)
>
> 1. Português (Ensino fundamental) I. Pimentel,
> Heloisa. II. Série.
>
> 16-01316   CDD-372.6

Índice para catálogo sistemático:
1. Português : Ensino fundamental 372.6

2017
ISBN 978 85 08 17882 7 (AL)
ISBN 978 85 08 17883 4 (PR)
Cód. da obra CL 739160
CAE 565 989 (AL) / 565 990 (PR)
2ª edição
2ª impressão

Impressão e acabamento
Bercrom Gráfica e Editora

Elaboração de conteúdo

Floriana Toscano Cavallete
Licenciada em Letras (Português-Francês) pela Universidade de São Paulo
Professora da rede estadual de ensino de São Paulo

Karla Fernandes Gordo
Licenciada em Pedagogia pela Universidade Paulista (Unip-SP)
Professora do Ensino Fundamental da rede particular de ensino de São Paulo

Maria Cristina Gomide Giglio
Bacharela em Direito pela Universidade Mackenzie (SP)
Pós-graduada (*lato sensu*) em Psicopedagogia pela Universidade São Marcos (SP)
Professora do Ensino Fundamental da rede particular de ensino de São Paulo

Maria Sílvia Gonçalves
Licenciada em Letras (Português-Francês--Linguística) pela Universidade de São Paulo
Professora da rede estadual de ensino de São Paulo

Paula Saretta
Mestra em Psicologia Escolar pela PUC-Campinas (SP)
Doutora em Educação pela Universidade Estadual de Campinas (SP)
Aperfeiçoamento em Orientação à Queixa Escolar pela Universidade de São Paulo
Docente na educação superior e consultora em Psicologia e Educação

Ricardo Gonçalves Barreto
Bacharel e licenciado em Letras pela Universidade Mackenzie (SP)
Mestre e doutor em Letras pela Universidade de São Paulo
Autor de livros didáticos e consultor em Educação

Projeto LUMIRÁ

Este é o seu livro de **Língua Portuguesa do 5º ano**.

Escreva aqui o seu nome:

....

....

Este livro vai ajudar você a investigar o mundo e a descobrir mais sobre o universo da leitura e da escrita. Bom estudo!

Caro aluno

Você cresceu bastante. Está pronto para aprender mais coisas importantes e enfrentar novos desafios, como:

- ler e escrever com mais desenvoltura, compreendendo melhor diferentes palavras e textos;
- identificar e operar com números cada vez maiores, frações e decimais, e explorar figuras, medidas, tabelas e gráficos;
- compreender melhor o corpo humano, os fenômenos da natureza e a importância da conservação do ambiente;
- conhecer mais do planeta Terra e do Brasil;
- entender a história do Brasil e das pessoas que vivem em nosso país.

O **Projeto Lumirá** vai ajudá-lo com textos, atividades, jogos, ilustrações e fotografias muito interessantes. Você vai continuar aprendendo sempre mais e se divertindo com as novas descobertas.

Bom estudo!

COMO É O MEU LIVRO?

- Este livro tem quatro Unidades, cada uma delas com três capítulos. No final, na seção **Para saber mais**, há indicações de livros, vídeos e *sites* para complementar seu estudo.

ABERTURA
Você observa a imagem, responde às questões e troca ideias com os colegas e o professor sobre o que vai estudar.

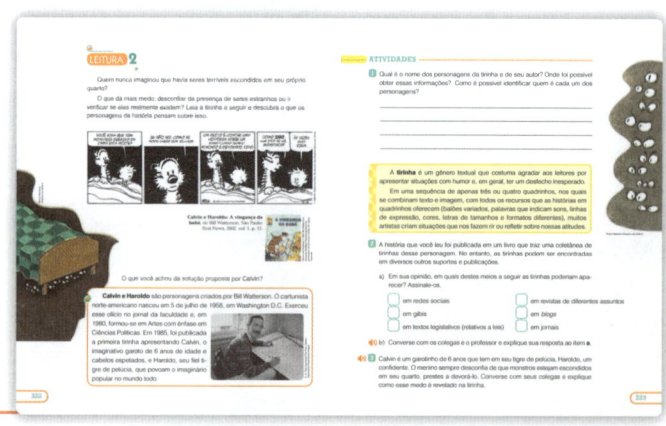

LEITURA E ATIVIDADES
Aqui você vai ler e ouvir diferentes textos. Depois, as atividades de leitura ajudarão você a entender e a aprender mais sobre o que leu e ouviu.

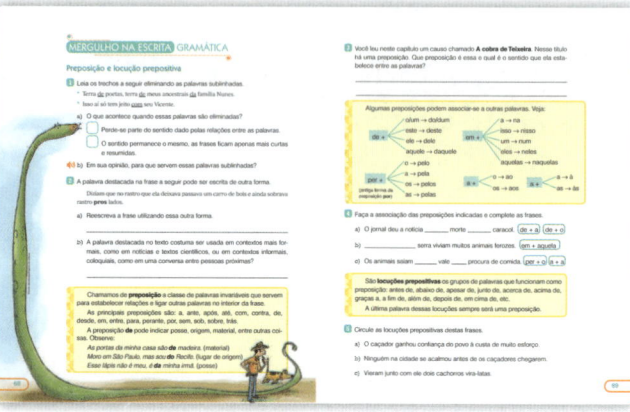

MERGULHO NA ESCRITA
Você vai refletir sobre a escrita, conhecer melhor a língua portuguesa e aprender mais sobre gramática e ortografia.

ÍCONE

🔊 Atividade oral

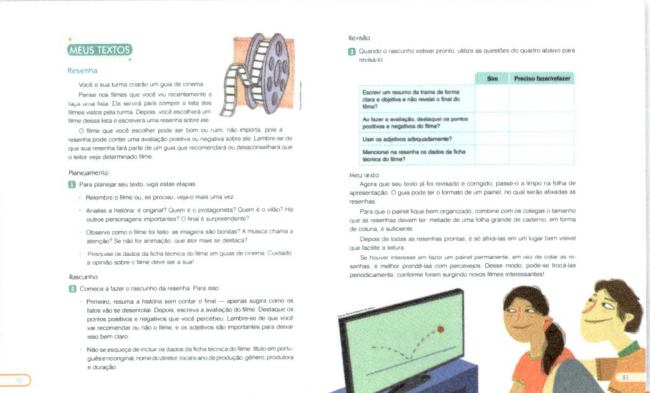

MEUS TEXTOS

Aqui você produzirá seu próprio texto com planejamento, revisão do que escreveu ou conversou e apresentação do texto final.

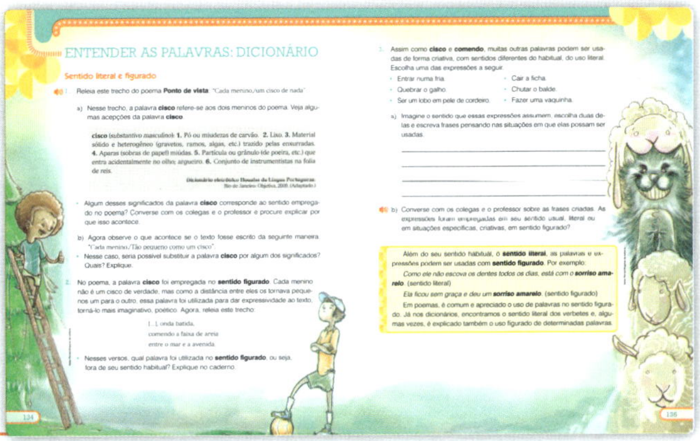

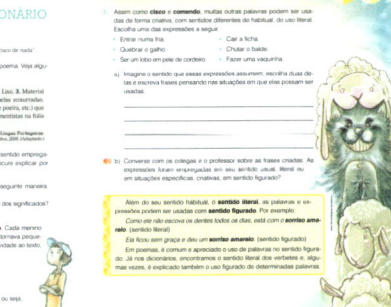

ENTENDER AS PALAVRAS: DICIONÁRIO

Você vai aprender a usar o dicionário e entender melhor como ele funciona.

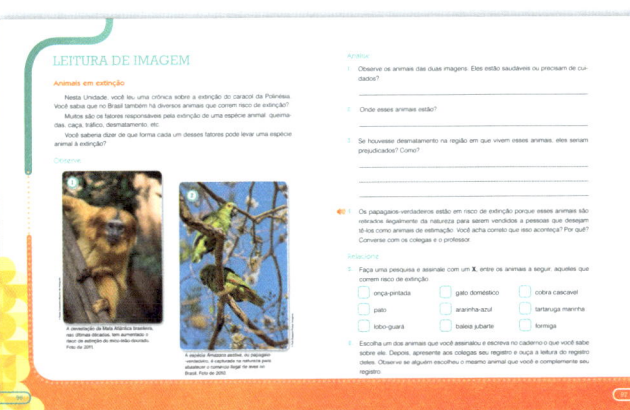

LEITURA DE IMAGEM

Aqui você vai fazer um trabalho com imagens. As fotografias ajudam você a refletir sobre os temas estudados: o que é parecido com seu dia a dia, o que é diferente.

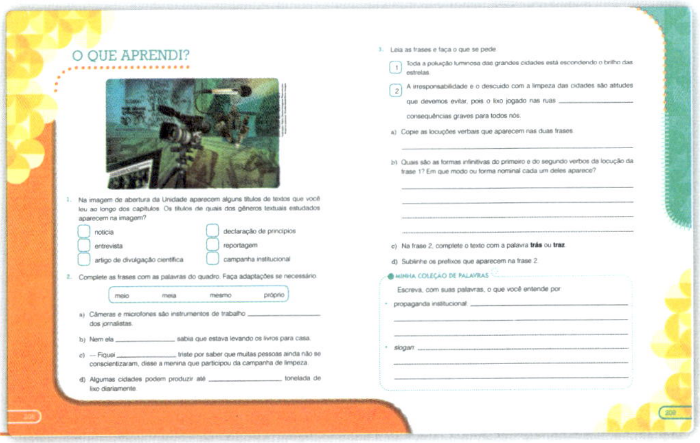

O QUE APRENDI?

Aqui você encontra atividades para pensar no que aprendeu, mostrar o que já sabe e refletir sobre o que precisa melhorar.

SUMÁRIO

UNIDADE 1

ARTE E DIVERSÃO

CAPÍTULO 1: Uma imagem vale mais que mil palavras
- **Leitura 1**: Obra de arte
  O mamoeiro – Tarsila do Amaral 12
  - **Mergulho na escrita – Gramática**: Formação de palavras por derivação, composição e redução 16
  - **Mergulho na escrita – Ortografia**: Uso de **por que**, **por quê**, **porquê** e **porque** 18
- **Leitura 2**: Capa de livro
  Ei! Tem alguém aí? – Jostein Gaarder 20
  - **Mergulho na escrita – Gramática**: Interjeição 26
  - **Meus textos**: Sinopse 28
- **Atividades do capítulo** 30

CAPÍTULO 2: Imagens que contam histórias
- **Leitura 1**: Histórias em quadrinhos
  Revista Magali – Mauricio de Sousa 32
  - **Mergulho na escrita – Gramática**: Flexão do adjetivo: gênero e número 38
  - **Mergulho na escrita – Ortografia**: Palavras terminadas em **-oso/-osa** e **-esa** 40
- **Leitura 2**: Resenhas de filme
  O menino e o mundo é um dos melhores [...] – Sérgio Alpendre 42
  O menino e o mundo: radicalismo e marca autoral – Claudia Mogadouro 43
  - **Mergulho na escrita – Gramática**: Graus do adjetivo 46
- • **Entender as palavras – Dicionário: Comprimento, cumprimento** 48
  - **Meus textos**: Resenha 50
- **Atividades do capítulo** 52
- • **Leitura de imagem** 54

CAPÍTULO 3: Textos que divertem
- **Leitura 1**: Trovas 56
  - **Mergulho na escrita – Gramática**: Pronome possessivo 60
  - **Mergulho na escrita – Ortografia**: Em cima, embaixo, em alto, em baixo 62
- **Leitura 2**: Causo
  A cobra de Teixeira – Joselito Nunes 64
  - **Mergulho na escrita – Gramática**: Preposição e locução prepositiva 68
  - **Meus textos**: Relato oral de causo 70
- **Atividades do capítulo** 72

O QUE APRENDI? 74

UNIDADE 2

VIDA EM COMUNIDADE

CAPÍTULO 4: Vida animal
- **Leitura 1**: Crônica
  Um mundo lindo – Marina Colasanti 78
  - **Mergulho na escrita – Gramática**: Pontuação 82
  - **Mergulho na escrita – Ortografia**: Letras **x**, **z**, **c**, **ç**, **s**, **ss**, **sc**, **sç**, **xc** 84
- **Leitura 2**: Fábula
  O lobo e o cão – Mary e Eliardo França 86
  - **Mergulho na escrita – Gramática**: Pronome demonstrativo 90
  - **Meus textos**: Crônica 92
- **Atividades do capítulo** 94
- • **Leitura de imagem** 96

CAPÍTULO 5: Entre amigos
- **Leitura 1**: *E-mail* 98
  - **Mergulho na escrita – Gramática**: Crase 104
  - **Mergulho na escrita – Ortografia**: Sexta, cesta 106
- **Leitura 2**: Cartão-postal 108
  - **Mergulho na escrita – Ortografia**: Abreviatura, sigla e símbolo 110
  - **Meus textos**: Cartão-postal 112
- **Atividades do capítulo** 114

CAPÍTULO 6: Vida na cidade
- **Leitura 1**: Poema
  Ponto de vista – Ana Maria Machado 116
  - **Mergulho na escrita – Gramática**: Verbo 122
  - **Mergulho na escrita – Ortografia**: Mas, mais 126
- **Leitura 2**: Texto opinativo
  Irritação contra ciclistas é justa? – Gilberto Dimenstein 128
  - **Mergulho na escrita – Gramática**: Conjunção 132
- • **Entender as palavras – Dicionário: Sentido literal e figurado** 134
  - **Meus textos**: Texto opinativo 136
- **Atividades do capítulo** 138

O QUE APRENDI? 140

UNIDADE 3

EXTRA, EXTRA!

CAPÍTULO 7: O que acontece no mundo
Leitura 1: Notícia
Lama tóxica atinge ponto de desova de tartarugas-gigantes – *Site* da revista *Superinteressante* 144
  Mergulho na escrita – Gramática:
  Verbo: modo indicativo 148
  Mergulho na escrita – Ortografia:
  Uso de **mesmo** e **próprio** 150
Leitura 2: Declaração
Carta da Terra – Ministério do Meio Ambiente 152
  Mergulho na escrita – Ortografia:
  Traz, trás, detrás e atrás 156
  Meus textos: Notícia 158
  Atividades do capítulo 160

CAPÍTULO 8: Desafios da atualidade
Leitura 1: Reportagem/infográfico
A revolução das cidades: da terra aos telhados – Revista *Superinteressante* 162
  Mergulho na escrita – Gramática: Numerais 168
  Mergulho na escrita – Ortografia: Meio, meia 170
Leitura 2: Entrevista
Invento de garoto de 15 anos revoluciona o combate ao câncer de pâncreas – *Site* da revista *Veja* 172
  Mergulho na escrita – Gramática:
  Verbo: modo subjuntivo 178
• **Entender as palavras – Dicionário:**
  Palavras terminadas em -isse, -ice 180
  Meus textos: Entrevista 182
  Atividades do capítulo 184
• **Leitura de imagem** 186

CAPÍTULO 9: Impactos ambientais
Leitura 1: Campanha e propaganda institucionais
Let's do it! – *Limpa Brasil* 188
  Mergulho na escrita – Gramática:
  Verbo: modo imperativo 192
  Mergulho na escrita – Gramática:
  Formas nominais do verbo 194
Leitura 2: Reportagem
Muita iluminação, pouca visão – *Site* da revista *Ciência Hoje das Crianças* 196
  Mergulho na escrita – Gramática: Locução verbal ... 200
• **Entender as palavras – Dicionário:**
  Prefixos des- e i-, im-, in-, ir- 202
  Meus textos: Campanha/propaganda 204
  Atividades do capítulo 206

O QUE APRENDI? 208

UNIDADE 4

MISTÉRIOS

CAPÍTULO 10: Ser ou não ser
Leitura 1: Conto de assombração
Abad Alfau e a caveira – Manuel de Jesús Troncoso de la Concha 212
  Mergulho na escrita – Gramática:
  Advérbio e locução adverbial 218
  Mergulho na escrita – Ortografia: Mal, mau 220
Leitura 2: Tirinha
Calvin e Haroldo – Bill Watterson 222
  Mergulho na escrita – Gramática: Verbo **haver** ... 226
  Meus textos: Tirinha 228
  Atividades do capítulo 230

CAPÍTULO 11: Parecer e ser
Leitura 1: Narrativa de mistério
Tiridá – Maria de Regino 232
  Mergulho na escrita – Gramática:
  Pronome relativo 236
  Mergulho na escrita – Ortografia:
  Onde, aonde 238
Leitura 2: Conto
Fiapo de trapo – Ana Maria Machado 240
  Mergulho na escrita – Ortografia:
  Hífen nas palavras compostas 246
• **Entender as palavras – Dicionário:**
  Uma palavra, vários significados 248
  Meus textos: Conto de assombração 250
  Atividades do capítulo 252

CAPÍTULO 12: Parecer e não ser
Leitura 1: Peça teatral
A bruxinha que era boa (Parte I) – Maria Clara Machado ... 254
  Mergulho na escrita – Gramática:
  Frase e oração 260
  Mergulho na escrita – Ortografia:
  Hífen nas palavras com prefixos 262
Leitura 2: Peça teatral
A bruxinha que era boa (Parte II) – Maria Clara Machado .. 264
  Mergulho na escrita – Gramática:
  Sujeito e predicado 268
  Meus textos: Roteiro de peça teatral 270
  Atividades do capítulo 272

O QUE APRENDI? 274

PARA SABER MAIS 276

BIBLIOGRAFIA 280

UNIDADE 1
ARTE E DIVERSÃO

- Para onde você vai quando quer se divertir?

- O que você acha mais divertido: ouvir histórias de aventuras, ir ao cinema ou visitar um museu? Por quê?

- Você conhece o filme **Festa no céu**? Nessa animação, algumas crianças vão visitar um museu como "castigo" por serem travessas, mas acabam se divertindo muito por lá. A guia do museu mostra a elas o livro da vida e lhes conta uma história cheia de aventura, fantasia e romance sobre o mundo dos vivos e o dos mortos. Como você imagina essa história?

Cena do filme **Festa no céu**, de Jorge R. Gutierrez (dir.). EUA: Fox Filmes, 2014.

CAPÍTULO 1

UMA IMAGEM VALE MAIS QUE MIL PALAVRAS

LEITURA 1

O que é arte para você?

Você conhece o trabalho de algum artista? Diga o nome de artistas que você admira.

Você já ouviu falar na Tarsila do Amaral? Leia algumas informações sobre essa artista na pequena biografia abaixo e depois observe com atenção uma de suas obras.

Reprodução/Tarsila do Amaral Empreendimentos

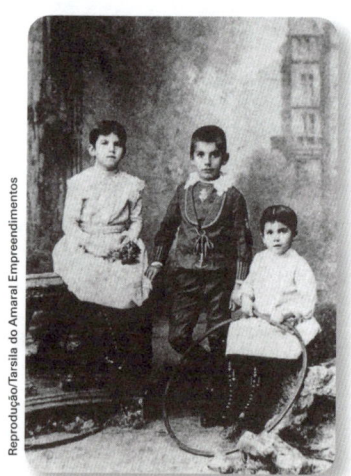

Tarsila do Amaral

Nasceu em 1886, no município de Capivari, interior de São Paulo. Viveu a infância nas fazendas da família. Estudou no colégio Sion, na capital paulista, e depois completou seus estudos em Artes Plásticas na Europa. Amiga da pintora Anita Malfatti, dos escritores Mario de Andrade, Oswald de Andrade (com quem foi casada) e Menotti del Picchia e do músico Villa-Lobos, participou com eles de uma grande transformação nas artes na década de 1920, inaugurando no Brasil a chamada Arte Moderna. As cores que utilizava e a temática brasileira tornaram-se marcas de sua obra. Entre seus quadros, destacam-se obras como **A negra**, **Abaporu**, **Morro da favela**, **O pescador**, **Cartão-postal**, **O mamoeiro**, **A Lua**, **Operários**, **A família**, etc. Faleceu em São Paulo, em janeiro de 1973.

Reprodução/Tarsila do Amaral Empreendimentos

Reprodução/Tarsila do Amaral Empreendimentos

Reprodução/Tarsila do Amaral Empreendimentos

Reprodução/Folhapress

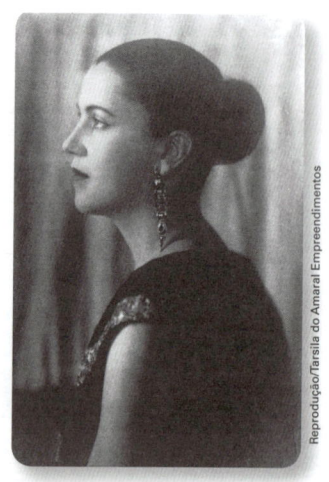

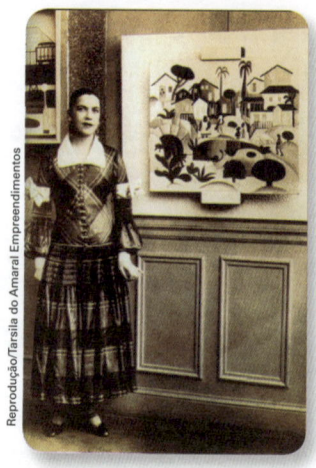

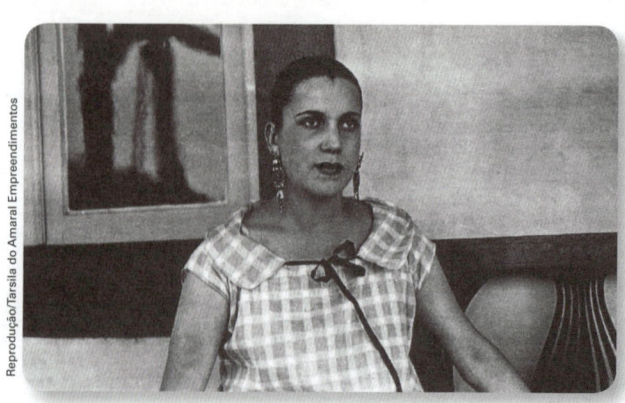

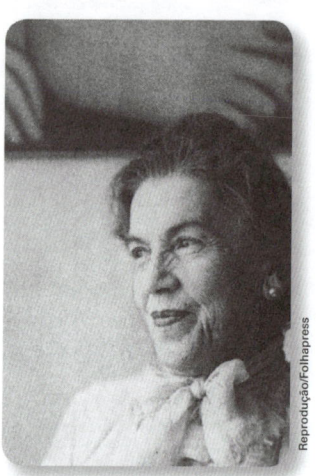

O mamoeiro, óleo sobre tela, de Tarsila do Amaral, 1925.

ATIVIDADES

1. Observe mais uma vez a reprodução da obra **O mamoeiro** e responda: quais foram suas impressões ao observá-la? Que cores mais chamaram a sua atenção? De que elementos você mais gostou?

2. O quadro retrata uma paisagem composta de casas, árvores e plantas, um rio, uma ponte e pessoas. Pensando nisso, responda às questões a seguir.

   a) Como são as casas que aparecem no quadro? Descreva-as.

   _____
   _____

   b) Observe as pessoas retratadas na imagem e o que estão fazendo. Que sensação elas despertam em você? O que elas têm em comum com a paisagem em torno delas?

   _____
   _____
   _____

3. Ao ler a biografia de Tarsila do Amaral, você viu que as cores utilizadas por ela tornaram-se marcas de sua obra.

   a) Quais são as cores predominantes na pintura **O mamoeiro**? Por que você acha que a pintora escolheu destacar essas cores e não outras?

   b) Em sua opinião, as cores do quadro como um todo parecem tornar o ambiente mais triste ou mais alegre? Explique o porquê de sua resposta.

   _____
   _____
   _____

4. O amarelo é usado em um único elemento da imagem. Em qual? Você acha que usar a cor amarela dessa forma ajuda a dar destaque a esse elemento? Você sabe por que isso acontece?

   _____
   _____

5 Por que, em sua opinião, a artista escolheu o título **O mamoeiro** para sua obra? Existe algo no quadro que possa justificar esse título?

_____
_____
_____

6 Volte a observar a obra **O mamoeiro** e responda: qual é a sua opinião sobre esta obra agora? E antes, qual era sua opinião? O que mudou?

_____
_____
_____

7 Que outro título você daria a esta obra? Por quê?

_____

8 Você conhece outras obras de Tarsila do Amaral? Pesquise em *sites* ou livros e, depois, selecione as obras de que mais gostar.

- Converse com os colegas e, em uma folha à parte, façam uma lista com os títulos das dez obras mais apreciadas pela turma.

MERGULHO NA ESCRITA GRAMÁTICA

Formação de palavras por derivação, composição e redução

1 Tarsila do Amaral produziu muitas obras de **arte**: ela foi uma grande **artista**. Faça dupla com um colega e escrevam outros exemplos de pares de palavras como **arte/artista**.

____

____

2 Como sabemos, mamoeiro é o nome da árvore que produz o mamão, uma fruta adocicada e saborosa. Já a palavra **mamão** deu origem à palavra derivada **mamoeiro**.

TeeraPhoto/Shutterstock/Glow Images

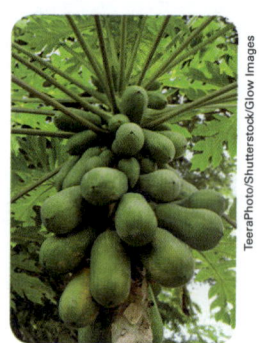

a) Converse com os colegas e cite outras palavras derivadas que tenham a terminação **-eiro** ou **-eira**. O professor vai escrever as palavras na lousa.

b) Da palavra **sabor** surgiu a palavra **saborosa** e a palavra **doce** deu origem à palavra **adocicada**. Dê outros exemplos como: **sabor/saborosa**, **doce/adocicada**. Atenção: a segunda palavra do par deve ser uma característica, um adjetivo.

____

____

As **palavras primitivas** são aquelas que dão origem a novas palavras. Por exemplo:

sal → salgado; **casa** → caseiro; **porta** → portaria; **folha** → folhagem; **ler** → reler

As palavras **sal**, **casa**, **porta**, **folha** e **ler** são **primitivas**.

As palavras **salgado**, **caseiro**, **portaria**, **folhagem** e **reler** são **palavras derivadas**, pois se formaram de outras já existentes na língua, as palavras primitivas.

3 Escreva no caderno as palavras que você utilizou nas atividades anteriores e separe-as em dois grupos: um para as palavras primitivas, outro para as derivadas.

4 Agora, compare o título de mais três obras de Tarsila do Amaral.

Calmaria, 1929.

Palmeiras, 1925.

Cartão-postal, 1928.

a) Dois dos títulos são constituídos de palavra derivada. Escreva quais são essas palavras derivadas e as primitivas que deram origem a elas.

_____

_____

b) O outro título é uma palavra que foi formada de um modo diferente. Que modo foi esse? Assinale com um **X** a resposta correta.

☐ Formou-se pela junção de duas palavras, como em **couve-flor**: **couve** + **flor**.

☐ Formou-se pela redução de uma palavra maior, como a palavra **moto**, que veio de **motocicleta**.

As palavras podem ser formadas por:

- **derivação**: acrescentando prefixos e sufixos a uma palavra para formar outras.
  fazer → **des**fazer; **re**fazer (**des-** e **re-** são prefixos)
  laranja → laranj**ada**, laranj**eira** (**-ada** e **-eira** são sufixos)

- **composição**: juntando duas ou mais palavras para formar outras.
  cartão + postal → cartão-postal   passa + tempo → passatempo
  bem + me + quer → bem-me-quer   plano + alto → planalto

- **redução**: usando uma versão mais curta, reduzida, de uma palavra originalmente longa.
  vosmecê → você   microcomputador → micro
  cinematógrafo → cinema   fotografia → foto

Uso de por que, por quê, porquê e porque

1 Releia estas questões que foram propostas a você em páginas anteriores deste capítulo. Observe as palavras sublinhadas.

> Você sabe por que isso acontece?

> Por que, em sua opinião, a artista escolheu o título **O mamoeiro** para sua obra?

> Que outro título você daria a esta obra? Por quê?

a) Todas essas frases são interrogativas, ou seja, são frases que trazem perguntas, interrogações. Para responder às frases pintadas de amarelo, esperava-se que você apresentasse:

☐ uma consequência.   ☐ um motivo.   ☐ uma condição.

b) Ao responder àquelas questões, você utilizou qual destas formas: **por que**, **por quê**, **porque** ou **porquê**? Caso não tenha utilizado nenhuma das opções, qual escolheria para responder?

_____

_____

c) Que diferença há na grafia das formas **por quê** e **por que**?

_____

_____

🔊 d) E você sabe qual é a diferença no uso das expressões **por quê** e **por que** em cada uma das frases interrogativas desta atividade? Pense em uma hipótese e converse com o professor e os colegas.

2 Leia estas frases.

> Gosto dessas cores **porque** são alegres.

> Comi o bolo **porque** estava com fome.

> Não fui ao museu **porque** estava chovendo.

> Perdi a aula **porque** cheguei atrasado.

- Quais das alternativas abaixo poderiam substituir a palavra **porque** nessas frases?

  ☐ quando   ☐ pois   ☐ já que   ☐ como   ☐ se

3 Releia esta questão.

> Em sua opinião, as cores do quadro como um todo parecem tornar o ambiente mais triste ou mais alegre? Explique **o porquê** de sua resposta.

- Reescreva a frase pintada de amarelo, sem alterar o seu sentido, substituindo o trecho destacado por uma das expressões abaixo.

  ☐ pelo que   ☐ a razão   ☐ um pouco

4 Leia o quadro e, com os colegas, pense em outros exemplos para cada uso.

> **Por que** → Usado em frases interrogativas diretas e indiretas. Exemplos:
>   *Por que saiu cedo?* (direta)
>   *Diga por que saiu cedo.* (indireta)
>
> **Por quê** → Usado em final de frase. Exemplos:
>   *Saiu cedo por quê?*
>   *Ele saiu cedo e não me disse nem para onde nem por quê.*
>
> **Porque** → Usado em respostas ou explicações.
>   Pode ser substituído por **pois**, **já que**, **uma vez que**. Exemplo:
>   *Gosto de arte porque ela me inspira.*
>
> **Porquê** → Empregado como substantivo (acompanhado de **o** ou **um**). Exemplos:
>   *Você entende o porquê disto?*
>   *Diga pelo menos um porquê.*

LEITURA 2

Quando você pega um livro pela primeira vez, o que observa?

Para você, que importância tem a capa de um livro?

capa

Jostein Gaarder

Autor de O Mundo de Sofia

Ei! Tem alguém aí?

Companhia das Letrinhas

quarta capa

lombada

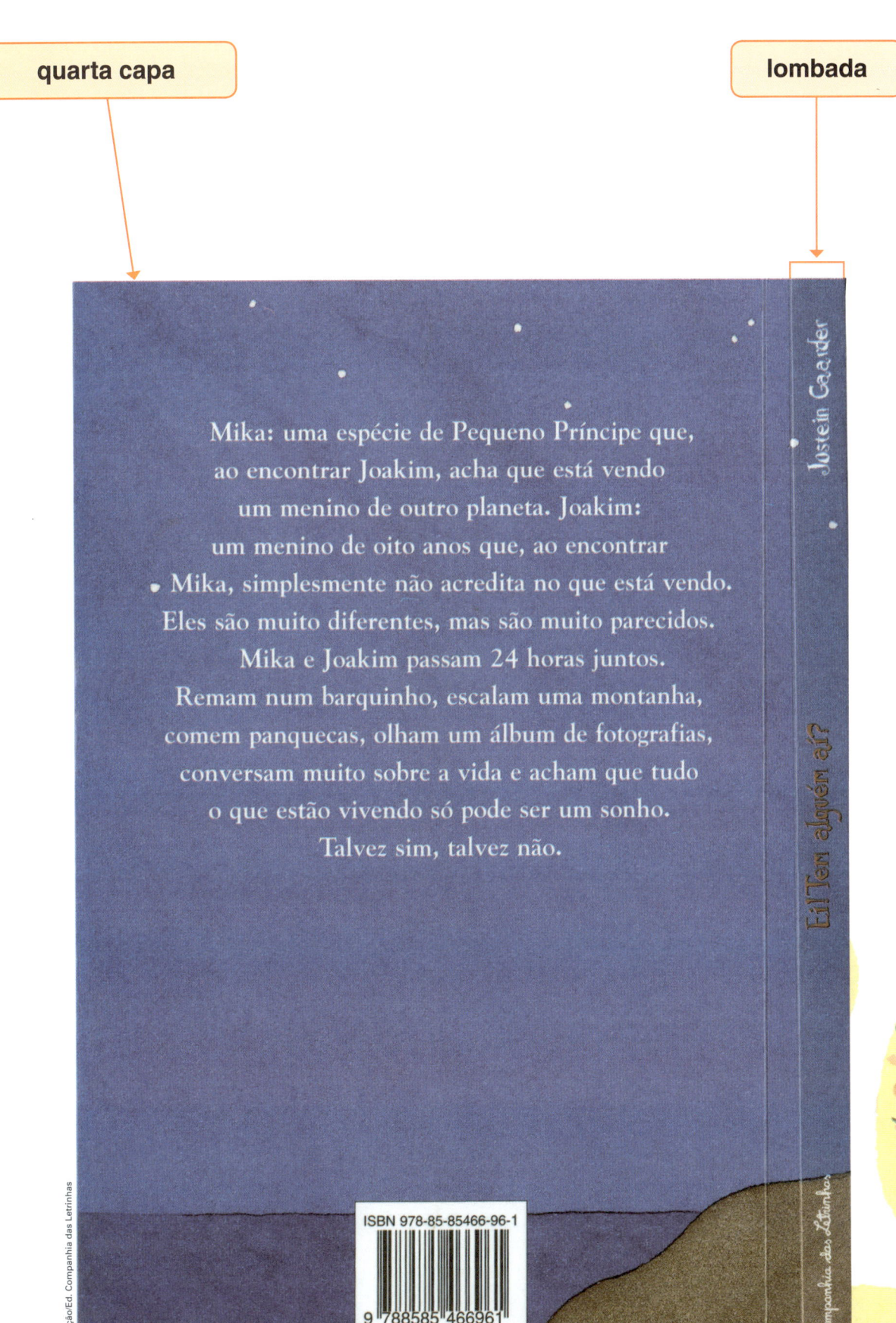

Mika: uma espécie de Pequeno Príncipe que, ao encontrar Joakim, acha que está vendo um menino de outro planeta. Joakim: um menino de oito anos que, ao encontrar Mika, simplesmente não acredita no que está vendo. Eles são muito diferentes, mas são muito parecidos. Mika e Joakim passam 24 horas juntos. Remam num barquinho, escalam uma montanha, comem panquecas, olham um álbum de fotografias, conversam muito sobre a vida e acham que tudo o que estão vivendo só pode ser um sonho. Talvez sim, talvez não.

orelhas

"Eu sonhei que estava vendo a Terra. Fiquei tão curioso que abri a portinhola da nave e gritei para a noite negra: 'Ei! Tem alguém aí? Ou é tudo vazio e deserto?'"

Joakim, um adulto, resolve escrever uma carta a sua sobrinha Camila, que tem oito anos e logo vai ganhar um irmãozinho ou uma irmãzinha. Nessa carta, Joakim conta as coisas que lhe aconteceram quando ele também tinha oito anos, e justamente na véspera de sua mãe ganhar um outro bebê.

Coisas incríveis aconteceram com Joakim. Primeiro, em plena madrugada, ele viu um menino pendurado na macieira do jardim de sua casa. Em seguida, foi descobrindo que esse menino abria o berreiro quando era contrariado, que se acalmava quando recebia carinho, que se curvava numa reverência toda vez que lhe faziam uma pergunta fascinante etc. O nome dele era Mika — uma espécie de Pequeno Príncipe que de certo modo via o mundo de cabeça para baixo.

Quando Joakim olhou para Mika, achou que estava diante de um menino de outro planeta. Mas quando Mika olhou para Joakim, achou a mesma coisa: Joakim é que parecia de outro planeta. Os dois pensaram: "Acho que estou sonhando". Quem tinha razão?

Joakim e Mika só ficaram juntos durante 24 horas, mas nesse espaço de tempo a vida deles foi mesmo um sonho. Descobriram muitas coisas um do outro, muitas coisas sobre a vida dos mundos e a vida das pessoas. Foi um sonho tão bonito que talvez fique para sempre dentro de nós, guardado num lugar bem fundo e claro.

Jostein Gaarder nasceu na Noruega, em 1952. Estudou filosofia, teologia e literatura. A partir de 1991 ganhou projeção internacional com *O mundo de Sofia*. Da autoria de Gaarder, a Companhia das Letras publicou também *O dia do curinga*, *Vita brevis*, *Através do espelho* e os infantis *Mistério de Natal*, *O castelo do príncipe sapo*, *Juca e os anões amarelos*, entre outros títulos.

Ei! Tem alguém aí?, de Jostein Gaarder. São Paulo: Companhia das Letrinhas, 2012.

---

filosofia: área do conhecimento que busca compreender a essência do ser humano e de tudo aquilo que o cerca — do grego *philos* (amigo) + *sophia* (conhecimento, saber).

reverência: gesto de respeito acompanhado de leve inclinação do corpo para a frente.

teologia: ciência ou estudo que se ocupa de Deus; estudo da religião — do grego *teos* (Deus) + *logia* (estudo).

ATIVIDADES

1 Observe novamente a capa do livro na página 20.

a) Quais informações escritas aparecem e como elas estão dispostas na capa?

_____
_____
_____
_____

b) Em sua opinião, por que foram escolhidas essas cores e usados tamanhos diferentes nas palavras?

_____
_____
_____
_____

2 Agora, observe a ilustração presente na capa e responda ao que se pede.

a) O que o menino da imagem está fazendo?

_____
_____

b) Leia o título do livro e responda: em sua opinião, por que o menino está fazendo isso?

_____
_____
_____

c) Você acha que se pode colocar qualquer imagem em uma capa de livro? Por quê?

_____
_____

Estúdio Ornitorrinco/Arquivo da editora

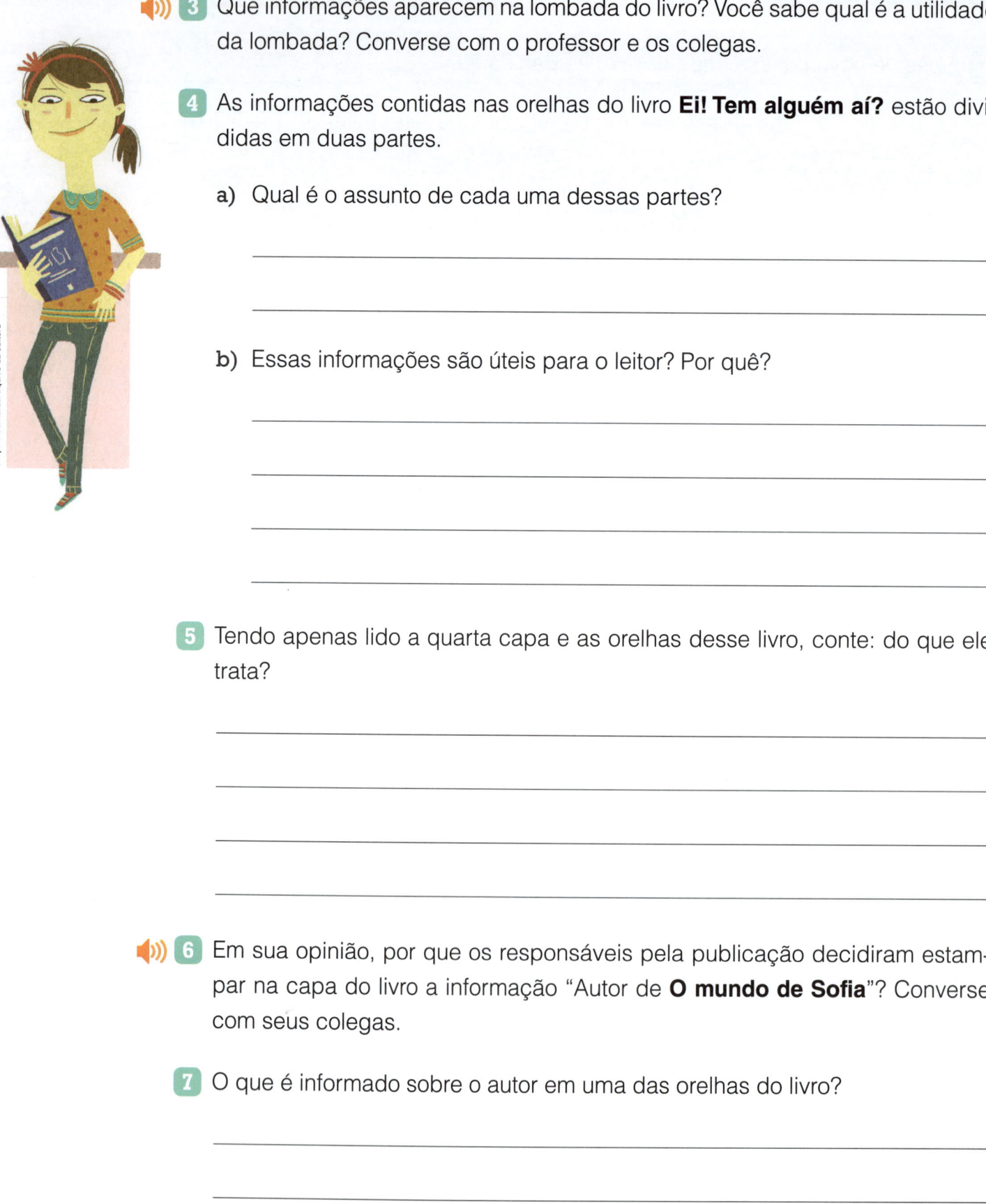

3. Que informações aparecem na lombada do livro? Você sabe qual é a utilidade da lombada? Converse com o professor e os colegas.

4. As informações contidas nas orelhas do livro **Ei! Tem alguém aí?** estão divididas em duas partes.

   a) Qual é o assunto de cada uma dessas partes?

   _____
   _____

   b) Essas informações são úteis para o leitor? Por quê?

   _____
   _____
   _____
   _____

5. Tendo apenas lido a quarta capa e as orelhas desse livro, conte: do que ele trata?

   _____
   _____
   _____
   _____

6. Em sua opinião, por que os responsáveis pela publicação decidiram estampar na capa do livro a informação "Autor de **O mundo de Sofia**"? Converse com seus colegas.

7. O que é informado sobre o autor em uma das orelhas do livro?

   _____
   _____

8 Os *sites* das livrarias e das editoras também são boas fontes de informação sobre os livros. Leia esta **sinopse** retirada do *site* da editora do livro **Ei! Tem alguém aí?** e, depois, responda ao que se pede.

> **Ei! Tem alguém aí?**
>
> Essa é a história de um menino de oito anos que vai ganhar um irmãozinho. Enquanto espera os pais voltarem da maternidade, ele recebe a visita de Mika, uma espécie de pequeno príncipe que parece de outro planeta. Os dois são muito diferentes, mas são muito parecidos também. Passam 24 horas juntos e conversam sobre temas interessantes como a origem da vida, os princípios da evolução e a extinção dos dinossauros. Quando Mika vai embora e os pais voltam com o bebê, o irmão mais velho sabe, de algum modo, que sua casa tem espaço para o novo habitante.
>
> Disponível em: <www.companhiadasletras.com.br/detalhe.php?codigo=40069>. Acesso em: 18 mar. 2016.

a) A primeira frase da sinopse apresenta a situação inicial do personagem: que situação é essa? Da mesma forma, a última frase sinaliza o desfecho da história: qual é ele?

_____

_____

b) As orelhas do livro também trazem uma sinopse, mas de forma um pouco diferente. Que diferenças você percebeu entre a sinopse do livro e a do *site*?

_____

_____

_____

_____

> A **sinopse** é um texto curto que apresenta, de maneira objetiva, um resumo da história de um livro, de um filme, de uma peça de teatro, de um espetáculo, etc.
>
> Ela pode ser encontrada nas orelhas dos livros, nos *sites* de editoras e livrarias, em revistas, jornais, etc.

Interjeição

1 O título **Ei! Tem alguém aí?** representa uma fala. Tendo em vista essa informação, responda ao que se pede.

a) O que provavelmente deseja uma pessoa que fala isso?

_____

_____

b) Que parte dessa fala é usada para chamar alguém?

_____

2 Leia abaixo alguns trechos do livro.

> Mika nem tinha tentado se esconder. Estava sentado na cama, lendo meu livro de dinossauros. Nem levantou os olhos quando entrei. Cochichei: "Psiu!" (p. 39-40)

> Desci correndo e dei um encontrão em tia Helena na escada. "Opa!" (p. 42-43)

> De repente ele levantou a lente de aumento, para ver o sol mais de perto. Consegui salvá-lo a tempo: "Cuidado! Não faça isso!" (p. 48)

> Havia uma linha de pescar no fundo do barco. Foi Mika que se curvou para apanhá-la. Acho que eu devia ter avisado, pois no mesmo instante ele espetou o dedo no anzol: "Ai!" (p. 56)

Ei! Tem alguém aí?, de Jostein Gaarder. São Paulo: Companhia das Letrinhas, 2012.

• Copie desses trechos as expressões que indicam:

dor: _____ pedido de silêncio: _____

advertência: _____ surpresa: _____

3 Associe as expressões destacadas nas frases abaixo com as emoções que elas expressam.

1. **Cruzes!** O que aconteceu?
2. **Parabéns!** Sua tarefa está perfeita!
3. **Ufa!** Enfim chegamos!

☐ alívio
☐ espanto, surpresa
☐ aplauso, aprovação

• O que essas expressões têm em comum? Discuta com os colegas.

> É chamada de **interjeição** a palavra ou expressão curta que indica emoções, sentimentos, sensações que o falante tem no exato momento da fala. Uma interjeição pode condensar o sentido de uma frase completa. Veja a diferença:
>
> *Essa topada que eu dei no meu dedão doeu!* → *Ai!*
> *Eu cometi um erro e acabei de perceber isso!* → *Ops!*
>
> De acordo com a situação, a interjeição pode revelar alegria, admiração, espanto, alívio, apelo, chamamento, aversão ou desagrado, dor, etc.

4 Leia a tirinha a seguir e depois faça o que se pede.

Macanudo 2, de Liniers. Campinas: Zarabatana Books, 2009. p. 22.

a) Copie as interjeições do texto e, ao lado delas, indique as emoções que elas expressam.

b) O que aconteceu no último quadrinho? Você acha que a interjeição presente nele contribui para o humor da tira? Explique.

Sinopse

Prepare-se para escrever a sinopse de um livro: aquele de que mais gostou ou considerou interessante e quer recomendar a seus colegas. Depois de pronta sua sinopse e as de seus colegas, vocês escolherão um local bem visível onde possam afixá-las para que todos tenham a oportunidade de lê-las e escolher o livro de que mais gostaram. Em seguida, em um dia combinado com o professor, todos vão trazer os livros e começar as trocas de acordo com as escolhas feitas após a leitura das sinopses.

Planejamento

1 Antes de escrever a sinopse, planeje seu texto de acordo com os tópicos a seguir.

- Lembre-se de que você escreverá uma sinopse para seus colegas – eles serão os seus leitores. Esse texto deve despertar o interesse deles para a leitura do livro; por isso, a linguagem deve ser clara e bem objetiva.

- Pense antes na história; conte o que realmente for importante.

- Quem são os personagens centrais? Qual é o evento principal que modifica a vida deles? Como resumir essas informações?

- Com esse plano em mente, prepare-se para escrever.

Rascunho

2 Assim, escreva a primeira versão de sua sinopse em uma folha à parte. Depois o texto será corrigido e passado a limpo. Para fazer o rascunho, siga as orientações abaixo.

- Crie uma frase bem objetiva para introduzir o começo da história. Ela deve apresentar a situação inicial do(s) personagem(ns).

- Escreva de forma resumida os principais fatos que se desenrolam a partir daquela situação inicial.

- Elabore uma frase que encerre essa sequência, mas não conte o final.

- Não esqueça de colocar o título do livro, o autor, a editora e o ano da publicação. Assim sua sinopse ficará completa.

Revisão

3 Releia seu texto e utilize as questões do quadro abaixo para revisá-lo.

	Sim	Preciso fazer/refazer
A frase introdutória do texto é objetiva e relata apenas a situação inicial do(s) personagem(ns)?		
O texto é breve e transmite aos leitores os principais eventos da história?		
O texto que escrevi apresenta a trama de um jeito instigante, capaz de deixar o leitor curioso por descobrir o final da história?		

4 Agora que você já sabe o que melhorar no texto, passe-o a limpo na folha de apresentação fazendo todas as correções. Cuide para que não apareçam rasuras.

Meu texto

5 Se você gosta de desenhar, crie uma ilustração que mostre algo importante sobre o livro escolhido. Você pode também fotografar a capa do livro e colar a imagem ao lado do texto.
Terminou? Então seu trabalho está pronto para a exposição!

ATIVIDADES DO CAPÍTULO

1. Junte as peças do quebra-cabeça e escreva as palavras formadas, de acordo com os exemplos.

    - maquinista (maquin + ista)
    - fazendeiro (fazend + eiro)

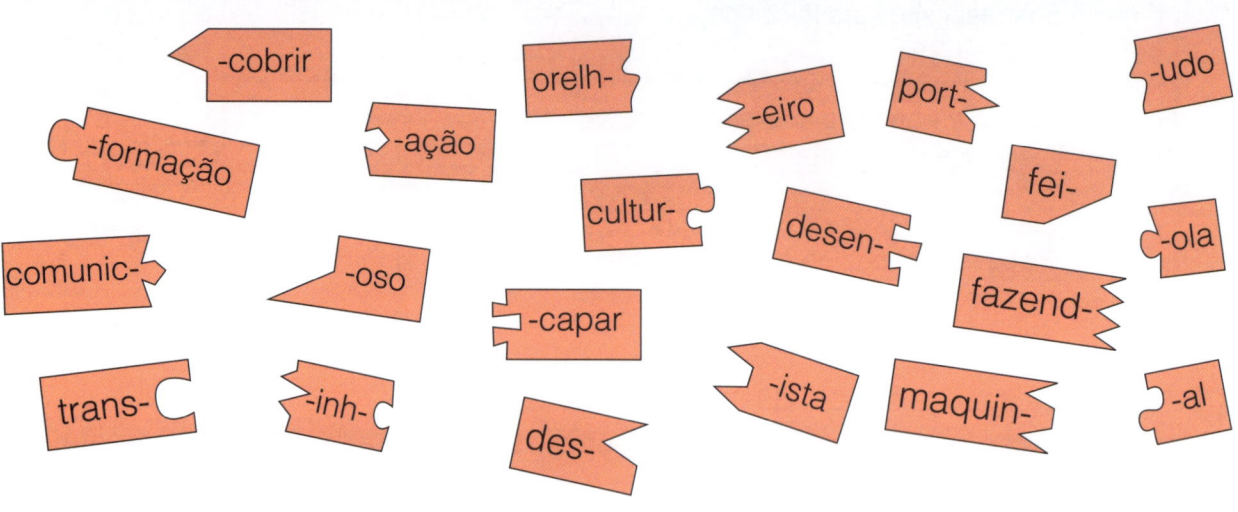

_____
_____
_____
_____

- Que processo foi utilizado para a formação dessas palavras: a derivação, a redução ou a composição?

_____

2. Complete as frases com **porque**, **porquê**, **por que** ou **por quê**.

    a) Gostei do livro _____ me identifiquei com o personagem central, mas você ainda não explicou _____ não gostou.

    b) Li todas as sinopses. Sabe _____? _____ sou curioso!

    c) Vi muitas pinturas da Tarsila e não consegui selecionar só dez. O _____ disso é bem simples de adivinhar: eu gostei de todas!

3. Observe as tirinhas e faça o que se pede.

Disponível em: <www.monica.com.br/comics/tirinhas.htm>. Acesso em: 9 maio 2014.

a) Indique as falas escolhendo as interjeições e expressões que melhor expressam as emoções dos personagens.

1 Olá!   **2** Socorro, socorro!   **3** Bah!   **4** Obrigado!

b) Observe os personagens e as interjeições usadas. Que emoção exprime cada uma das interjeições?

_____

_____

c) Agora, substitua essas interjeições por outras interjeições ou por expressões que sejam equivalentes e que mantenham o mesmo sentido. Escreva as respostas no caderno.

CAPÍTULO 2
IMAGENS QUE CONTAM HISTÓRIAS

Você gosta de histórias em quadrinhos? Quais são suas preferidas?

A história em quadrinhos que você vai ler agora tem como personagem principal um rapaz chamado Astronauta. O que você imagina que poderia acontecer com ele? Em que lugar essa história provavelmente se passa?

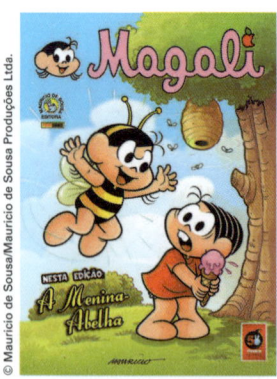

Revista **Magali**, de Mauricio de Sousa. São Paulo: Panini Comics/Mauricio de Sousa Editora, 2013. n. 74. p. 48-50.

ATIVIDADES

1 Responda às questões a seguir.

a) Essa história surpreendeu você? As hipóteses que você levantou antes da leitura se confirmaram ou se mostraram inválidas?

___

b) O que os pontos de interrogação, no primeiro quadrinho, significam?

___

c) Essa história é construída com muitas imagens e poucas palavras. Conte resumidamente o que acontece com o personagem.

___

d) A pessoa que criou essa história em quadrinhos tinha a intenção de fazer humor. O que acontece na história que pode causar esse efeito de humor? Converse com o professor e os colegas.

e) Que título você daria a essa história? Por que você daria esse título?

___

2 Agora, tente explicar o que cada uma das palavras abaixo significa.

a) tuim: _____

b) pof: _____

c) zup: _____

d) zuumm: _____

e) bonc: _____

f) scriiinch: _____

> As palavras que você procurou explicar na atividade anterior são **onomatopeias**. Elas são muito comuns em histórias em quadrinhos, mas também podem ser encontradas em outros gêneros de texto.
>
> A onomatopeia é uma palavra usada com o objetivo de reproduzir sons da natureza, de animais, objetos, ruídos de quebra, choque, pancadas, etc. As onomatopeias são um tipo específico de interjeição, pois são utilizadas apenas para representar sons.

3 Observe o balão de fala que aparece nos últimos três quadrinhos. A quem pertence a fala? Esse personagem está dentro da nave? Explique.

_____
_____
_____

4 Que outros recursos o desenhista usou nessa história que você achou interessantes?

_____
_____
_____
_____

5 Transcreva as onomatopeias das tirinhas a seguir e explique o som do que elas representam.

O melhor de Hagar, o horrível, de Dik Browne. Porto Alegre: L&PM Pocket, 2006.

6 Pesquise onomatopeias de outras histórias em quadrinhos e reproduza-as no quadro. Desenhe-as de forma bem colorida e alegre.

MERGULHO NA ESCRITA — GRAMÁTICA

Flexão do adjetivo: gênero e número

1 Releia um trecho da história em quadrinhos e outro da tirinha e escreva os adjetivos que fazem parte deles.

Quadrinho 1: "AH! PELO VISTO, VOCÊ JÁ SABE QUE AQUELA BOLINHA PRATEADA É UM ABRIDOR DE LATAS..."

Quadrinho 2: "FIQUE ATRÁS DESTA PEDRA... ESTES ARQUEIROS SÃO FAMOSOS PELA PONTARIA!"

_____   _____

2 No quadrinho 1, o adjetivo se refere a quê? E no quadrinho 2?

_____
_____
_____
_____
_____

3 Observe com atenção os substantivos **anel** e **telas** nas frases abaixo.

- Ganhei um anel _____ e _____ .

- Adorei aquelas telas _____ e _____ .

🔊 a) Converse com os colegas e o professor. Para completar essas frases com os adjetivos da atividade 1, como você faria?

b) Complete as frases com os adjetivos da atividade 1 de acordo com o que vocês discutiram.

🔊 c) Houve alguma alteração nos adjetivos quando se juntaram a novos substantivos? Em sua opinião, por que isso aconteceu?

4 Leia a tirinha e responda ao que se pede.

HAGAR **DIK BROWNE**

Quadrinho 1: VOCÊ NÃO É COMO OS OUTROS MENINOS VIKINGS.
Quadrinho 2: VOCÊ É GENTIL... EDUCADO... POLIDO...
Quadrinho 3: MAS GOSTO DE VOCÊ ASSIM MESMO!

O melhor de Hagar, o horrível, de Dik Browne. Porto Alegre: L&PM Pocket, 2006.

a) Na tirinha, a menina *viking* Hérnia diz que gosta de Hamlet mesmo ele sendo diferente dos outros meninos *vikings*. Que diferença é essa? Essa situação causa um efeito de humor. Como isso acontece? Converse com os colegas e o professor.

b) Hérnia diz que Hamlet é **gentil**, **educado** e **polido**. Vamos trocar os papéis dos personagens na frase abaixo. Para isso, complete as lacunas passando esses adjetivos para o feminino.

- Hérnia, você é _____, _____ e _____.

c) Agora, vamos adicionar mais personagens. Para isso, passe os mesmos adjetivos para o plural em cada caso.

- Muitos meninos *vikings* são _____, _____ e _____.
- Muitas meninas *vikings* são _____, _____ e _____.

Quanto ao gênero, o **adjetivo** pode apresentar:
- uma única forma para o masculino e o feminino: feliz, triste;
- duas formas, uma para o masculino e outra para o feminino: professor/professora, estudioso/estudiosa.

Quanto ao número, o adjetivo pode apresentar:
- uma única forma para o masculino e o feminino plural: felizes, tristes;
- duas formas, uma para o masculino plural e outra para o feminino plural: professores/professoras, estudiosos/estudiosas.

MERGULHO NA ESCRITA ORTOGRAFIA

Palavras terminadas em -oso/-osa e -esa

1 Releia esta tirinha de Hagar e observe o exemplo para completar as frases.

HAGAR — **DIK BROWNE**

Quadrinho 1: FIQUE ATRÁS DESTA PEDRA... ESTES ARQUEIROS SÃO FAMOSOS PELA PONTARIA!

Quadrinho 2: CRACK!

Quadrinho 3: E PELA FORÇA TAMBÉM!

O melhor de Hagar, o horrível, de Dik Browne. Porto Alegre: L&PM Pocket, 2006.

Exemplo: Os arqueiros têm **fama**, eles são **famosos**.

a) O menino *viking* tem charme, ele é _____.

b) Essas maçãs têm ótimo sabor, elas são _____.

c) Os perfumes têm cheiro agradável, eles são _____.

d) Aquela freira sente piedade, ela é _____.

2 Crie uma frase seguindo o mesmo exemplo das frases da atividade anterior.

_____

3 Releia as palavras que escreveu na atividade 1.

a) Assinale a resposta correta. Todas essas palavras são:

☐ substantivos ☐ verbos ☐ adjetivos

b) Converse com um colega e responda: que regra vocês podem observar nas respostas que deram nas atividades 1 e 2?

4 Complete o quadro com os pares de adjetivos indicados a seguir.

a) inglês - inglesa   b) camponês - camponesa   c) duque - duquesa

Título ou posição social	Referência a lugar de origem	Nacionalidade

5 Forme dupla com um colega e observem a terminação das palavras femininas no quadro.

a) Que regra vocês podem observar com base na atividade 4? Conversem com outras duplas e o professor.

b) Escrevam a seguir a regra que vocês observaram.

_____

_____

_____

c) Preencha o quadro abaixo com outros exemplos de duplas de palavras.

Nacionalidade

> Os sufixos são terminações que levam à formação de palavras.
>
> Os sufixos **-oso/-osa** são usados para formar adjetivos que dão a ideia de abundância, qualidade. Exemplos: gasoso, honrosa, amoroso, etc.
>
> O sufixo **-esa** é usado para formar adjetivos femininos que indicam título, posição social, origem, nacionalidade. Exemplos: duquesa, burguesa, norueguesa, francesa, etc.

LEITURA 2

Você já leu algum texto que dá informações sobre um filme, para saber se ele é interessante, antes de ir assisti-lo?

Abaixo estão dois trechos de textos que falam a respeito da animação **O menino e o mundo**, do diretor brasileiro Alê Abreu. Leia-os atentamente.

Texto 1

O menino e o mundo é um dos melhores do cinema nacional atual

Sérgio Alpendre

[...]

Premiados ou não, alguns artistas elevaram a animação ao *status* de arte: Walt Disney, Tex Avery, Chuck Jones e Alexander Ptushko, por exemplo. Nos últimos tempos, temos o elogiadíssimo animador japonês Hayao Miyazaki (*A viagem de Chihiro*).

Com o belíssimo *O menino e o mundo*, Alê Abreu sobe mais um degrau no longo caminho a ser percorrido para entrar nesse rol de gigantes.

Seu filme narra a história de um menino que parte em busca do pai e, ao mesmo tempo, descobre o mundo e a força da imaginação. O traço simples segue a compreensão infantil das coisas, utilizando variadas técnicas (giz, aquarela, lápis, colagens).

A narrativa é poética e sensível sem ser sentimental, semelhante à de outro fera da animação, o holandês Michaël Dudok de Wit, cuja obra-prima, *Father and daughter* (Pai e filha), de 2000, está no YouTube. [...]

Em sua aventurosa busca, o menino se depara com procissões de homens com pernas de pau, carroceiros, animais estranhos, paisagens de sonho e até um Carnaval.

Os poucos diálogos são ditos em reverso, como numa brincadeira infantil, o que ajuda a colocar o filme dentro de uma bolha peculiar. Essa é sua maior força.

---

peculiar: característico, particular; próprio de algo ou de alguém.

reverso: que está ao contrário.

rol: lista, relação; categoria.

status: posição de destaque em determinado grupo; condição, situação.

Podemos questionar o excesso de trilha sonora, mesmo levando em conta que um dos músicos participantes é o craque Naná Vasconcelos. A música torna-se excessiva porque é forte, com melodias marcantes e, assim, satura.

Trata-se, contudo, de um pequeno deslize entre uma série impressionante de acertos, que fazem deste filme uma das melhores coisas do cinema brasileiro recente.

> **deslize:** erro, falha, engano.
> **saturar:** impregnar-se de algo; fartar-se, encher-se ao máximo; cansar.

O MENINO E O MUNDO ★ ★ ★

DIREÇÃO Alê Abreu

PRODUÇÃO Brasil, 2013, livre

QUANDO em cartaz

Disponível em: <http://www1.folha.uol.com.br/ilustrada/2016/01/1733860-o-menino-e-o-mundo-e-um-dos-melhores-do-cinema-nacional-atual.shtml>. Acesso em: 23 mar. 2016.

Texto 2
O menino e o mundo: radicalismo e marca autoral

Claudia Mogadouro

O filme de animação *O menino e o mundo*, dirigido por Alê Abreu, já vinha revelando uma rara unanimidade entre os críticos de cinema, nos festivais e mostras internacionais das quais participou em 2013. O aplauso do público, após o lançamento comercial brasileiro em janeiro de 2014, só confirmou que se tratava de uma novidade muito especial no cenário da animação brasileira. [...]

Além do forte colorido feito com as mais diversas texturas e técnicas de desenho, somos acompanhados pela sonoridade de Naná Vasconcelos, que nos remete ao som das árvores e das águas. [...] A união do desenho com a música tem presença muito forte, por exemplo, na representação dos sons da flauta: quando o pai toca a flauta em uníssono, o som é representado por bolinhas de uma mesma cor; quando aparecem vários músicos tocando uma música mais harmonizada, as bolinhas são de várias cores. [...]

A trilha sonora, composta por Gustavo Kurlat e Ruben Feffer, é essencial na narrativa e mostra influência das canções de protesto latino-americanas. Além do percussionista Naná Vasconcelos, o filme conta com a participação do *rapper* Emicida, do GEM – Grupo Experimental de Música, e do grupo Barbatuques, marcando cada passo e respiro do menino.

[...]

> **percussionista:** pessoa que toca instrumento de percussão (instrumentos cujo som é produzido com batidas, como pandeiro e tambor).
> **textura:** união das partes de algo, dando a ideia de formação de um tecido; aparência física geral de algo formado por porções muito pequenas.
> **uníssono:** que tem um só som.

Disponível em: <http://www.cartacapital.com.br/blogs/outras-palavras/o-menino-e-o-mundo-radicalismo-e-marca-autoral-6396.html>. Acesso em: 23 mar. 2016.

Os textos que você leu são resenhas. O que você achou delas?

ATIVIDADES

1 As resenhas costumam apresentar um resumo ou uma sinopse da obra e um comentário crítico a respeito dela. Responda às questões no caderno.

a) Qual dos dois textos lidos apresenta uma sinopse organizada do filme?

b) Algum dos textos conta o final da animação? Por que você acha que isso acontece?

2 Lemos resenhas para conhecer mais a respeito da obra, saber detalhes da produção e encontrar avaliações críticas (que, muitas vezes, são escritas por especialistas) que possam nos ajudar a escolher um filme para assistir, por exemplo. As resenhas de filme podem avaliar diversos aspectos da obra, como fotografia, cenário, música, enredo, personagens, etc.

a) Relacione corretamente as informações técnicas referentes a cada texto.

- **1** "*O menino e o mundo* é um dos melhores do cinema nacional atual"

- **2** "*O menino e o mundo*: radicalismo e marca autoral"

- ☐ relata o uso das técnicas de desenho utilizadas na animação, como giz, aquarela, lápis, colagens.

- ☐ relata informações sobre o lançamento do filme e a recepção (o interesse) do público brasileiro.

- ☐ relata o modo particular como os diálogos dos personagens são construídos: as frases são ditas ao contrário, como em uma brincadeira infantil.

b) Que aspectos da animação foram avaliados pelas duas resenhas? Assinale-os.

- ☐ Informações sobre técnicas de desenho, como cores e traços.

- ☐ Informações sobre mostras internacionais de filmes das quais a animação participou.

- ☐ Informações sobre outros importantes artistas do gênero filme de animação.

- ☐ Informações sobre trilha sonora, como nomes de músicos e comentários sobre melodias.

3 Os autores das duas resenhas elogiam o filme, porém discordam em relação a um aspecto da obra. Que aspecto é esse? Explique qual é a discordância.

_____

_____

_____

4 No jornal em que foi publicado o texto 1, há um quadro chamado "Critérios de avaliação". Veja:

CRITÉRIOS DE AVALIAÇÃO	S – Sem avaliação	★ Bom
	● – Ruim	★★ Muito bom
	■ – Regular	★★★ Ótimo

a) Volte ao texto 1 e procure a avaliação do filme feita pelo resenhista com base nesse quadro. Circule-a.

b) De acordo com as informações desse quadro, que avaliação o resenhista fez do filme? Explique.

_____

_____

5 Em sua opinião, as resenhas influenciam os leitores na escolha de filmes?

_____

_____

_____

6 Você leu duas críticas. Nelas, há opiniões completamente opostas sobre um aspecto. O que você acha disso?

_____

_____

_____

MERGULHO NA ESCRITA GRAMÁTICA

Graus do adjetivo

1 Observe o título da primeira resenha.

O menino e o mundo **é um dos melhores do cinema nacional atual**

a) No título, há uma comparação. O que está sendo comparado? É uma comparação que indica superioridade ou inferioridade? Explique.

b) Nesse mesmo texto, há outro trecho em que o autor faz uma comparação semelhante. Qual é esse trecho? Sublinhe-o no texto.

O **grau comparativo** dos adjetivos é usado para estabelecer comparação entre dois seres e objetos. Pensando no adjetivo **divertido**, pode-se dizer, por exemplo, que um filme:
- é *mais* divertido *do que* o outro (superioridade);
- é *tão* divertido *quanto* o outro (igualdade);
- é *menos* divertido *do que* o outro (inferioridade).

No caso do adjetivo **bom**, em vez de usarmos a expressão **mais... do que**, usamos a expressão **melhor que/ melhor do que**. Veja:

*Esse filme é **melhor que** o outro.*

---

2 Releia o trecho abaixo.

A narrativa é poética e sensível sem ser sentimental, semelhante à de outro fera da animação, o holandês Michaël Dudok de Wit, cuja obra-prima, *Father and daughter* (Pai e filha), de 2000, está no YouTube.

a) Circule acima os adjetivos atribuídos à narrativa do filme brasileiro **O menino e o mundo**.

b) No caderno, elabore frases usando esses adjetivos para comparar o filme brasileiro e o filme holandês nos graus:
- comparativo de superioridade
- comparativo de igualdade
- comparativo de inferioridade

3. Observe novamente o quadro de critérios de avaliação da primeira resenha.

- Nesse quadro, a quantidade de estrelas e as palavras indicam uma intensificação positiva: bom, muito bom, ótimo. Usando esse modelo, pense em uma intensificação negativa e complete o quadro a seguir.

CRITÉRIOS DE AVALIAÇÃO

● Ruim
●● _____
●●● _____

> O **grau superlativo** dos adjetivos pode ser:
> - **absoluto sintético**: quando há o acréscimo dos sufixos **-íssimo / -imo / -érrimo**. Exemplos: divertidíssimo, facílimo e paupérrimo.
> - **absoluto analítico**: quando há o acréscimo de intensificadores como **muito**, **bem**, **demais**. Exemplo: bobo → muito bobo, bem bobo, bobo demais.
> - **relativo de superioridade**: quando há o acréscimo das expressões **o mais... de**. Exemplo: Ela é a mais corajosa de todas as princesas.
> - **relativo de inferioridade**: quando há o acréscimo das expressões **o menos... de**. Exemplo: Ele é o professor menos exigente da escola.

4. Releia o texto 1.

a) Copie desse texto dois adjetivos no **grau superlativo absoluto sintético**.

_____

b) Em sua opinião, há diferença entre dizer "o elogiado animador japonês", "o muito elogiado animador japonês" e o "elogiadíssimo animador japonês"? Converse com o professor e os colegas sobre isso.

5. No caderno, intensifique as qualidades destacadas nas frases abaixo utilizando os exemplos do quadro do grau superlativo como modelo.

a) O ator disse que o papel de vilão foi **difícil**.

b) A produtora criou **belas** animações.

c) A entrevista concedida pelo diretor do filme foi **longa**.

d) Eu não disse que o enredo do filme era **criativo**?

ENTENDER AS PALAVRAS: DICIONÁRIO

Comprimento, cumprimento

1. Leia os verbetes a seguir e responda ao que se pede.

> **comprimento** (com.pri.men.to) s.m.
> 1. Uma das três dimensões de um corpo tridimensional [As três dimensões são: *comprimento*, *altura* e *largura* ou *profundidade*.]
> 2. Extensão de algo no sentido longitudinal ou de ponta a ponta: *Estendeu um tapete em todo o **comprimento** do corredor.*
> 3. A medida dessa extensão: *O **comprimento** do corredor era de dez metros.*
> 4. Altura (como comprimento (2, 3) de algo vertical): *O **comprimento** de um poste.*
> 5. Duração, espaço de tempo: *Reclamou do **comprimento** do discurso.*
>
> Disponível em: <http://aulete.uol.com.br/comprimento>. Acesso em: 10 maio 2014.

> **cumprimento** (cum.pri.men.to) s.m.
> 1. Ação ou resultado de cumprir, realizar algo: *O **cumprimento** de uma tarefa.*
> 2. Atitude ou palavra de cortesia, elogio: *O artista recebeu muitos **cumprimentos** pela sua obra.*
> 3. Palavra ou gesto de saudação: *Fez um **cumprimento** formal às moças e se retirou.*
> 4. Palavra elogiosa que se dirige a alguém: *Ela ouvia **cumprimentos** galantes a cada passo.* [F.: cumprir + -mento.]
>
> Adaptado de: <http://aulete.uol.com.br/cumprimento>. Acesso em: 10 maio 2014.

- No dicionário, qual das duas palavras aparece primeiro? Por quê?

_____

_____

_____

_____

48

2. Se você tivesse de parabenizar alguém por um trabalho muito bom, o que você diria a essa pessoa?

    ☐ Receba meu **comprimento** pelo trabalho.

    ☐ Receba meu **cumprimento** pelo trabalho.

3. Releia os verbetes da página anterior e indique o significado com que foram usadas as palavras **comprimento** e **cumprimento** em cada frase a seguir.

    a) Uma crítica ao filme se deve a seu **comprimento**: três horas é muito!

    _____

    b) Foram tantos os **cumprimentos** que o diretor se emocionou.

    _____

    c) Entrou sem nos dirigir sequer um **cumprimento**. Quanta grosseria!

    _____

4. Agora crie frases usando as palavras **comprimento** e **cumprimento**. Depois, leia-as para os colegas e mostre que aprendeu a diferenciá-las.

    _____
    _____
    _____
    _____
    _____
    _____
    _____

MEUS TEXTOS

Resenha

Você e sua turma criarão um guia de cinema.

Pense nos filmes que você viu recentemente e faça uma lista. Ela servirá para compor a lista dos filmes vistos pela turma. Depois, você escolherá um filme dessa lista e escreverá uma resenha sobre ele.

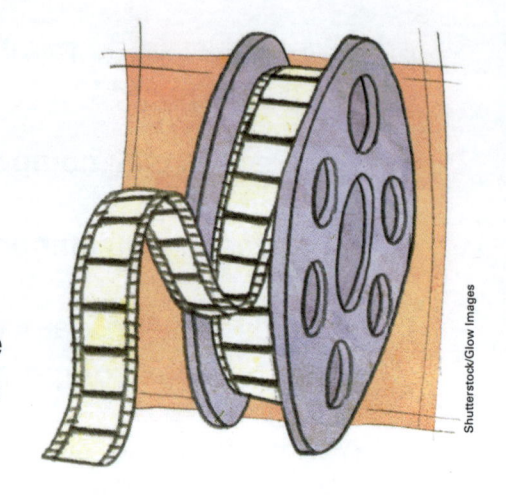

O filme que você escolher pode ser bom ou ruim, não importa, pois a resenha pode conter uma avaliação positiva ou negativa sobre ele. Lembre-se de que sua resenha fará parte de um guia que recomendará ou desaconselhará que o leitor veja determinado filme.

Planejamento

1 Para planejar seu texto, siga estas etapas:

- Relembre o filme ou, se preciso, veja-o mais uma vez.

- Analise a história: é original? Quem é o protagonista? Quem é o vilão? Há outros personagens importantes? O final é surpreendente?

- Observe como o filme foi feito: as imagens são bonitas? A música chama a atenção? Se não for animação, que ator mais se destaca?

- Pesquise os dados da ficha técnica do filme em guias de cinema. Cuidado: a opinião sobre o filme deve ser a sua!

Rascunho

2 Comece a fazer o rascunho da resenha. Para isso:

- Primeiro, resuma a história sem contar o final — apenas sugira como os fatos vão se desenrolar. Depois, escreva a avaliação do filme. Destaque os pontos positivos e negativos que você percebeu. Lembre-se de que você vai recomendar ou não o filme, e os adjetivos são importantes para deixar isso bem claro.

- Não se esqueça de incluir os dados da ficha técnica do filme: título em português e no original, nome do diretor, local e ano de produção, gênero, produtora e duração.

Revisão

3 Quando o rascunho estiver pronto, utilize as questões do quadro abaixo para revisá-lo.

	Sim	Preciso fazer/refazer
Escrevi um resumo da trama de forma clara e objetiva e não revelei o final do filme?		
Ao fazer a avaliação, destaquei os pontos positivos e negativos do filme?		
Usei os adjetivos adequadamente?		
Mencionei na resenha os dados da ficha técnica do filme?		

Meu texto

Agora que seu texto já foi revisado e corrigido, passe-o a limpo na folha de apresentação. O guia pode ter o formato de um painel, no qual serão afixadas as resenhas.

Para que o painel fique bem organizado, combine com os colegas o tamanho que as resenhas devem ter: metade de uma folha grande de caderno, em forma de coluna, é suficiente.

Depois de todas as resenhas prontas, é só afixá-las em um lugar bem visível que facilite a leitura.

Se houver interesse em fazer um painel permanente, em vez de colar as resenhas, é melhor prendê-las com percevejos. Desse modo, pode-se trocá-las periodicamente, conforme forem surgindo novos filmes interessantes!

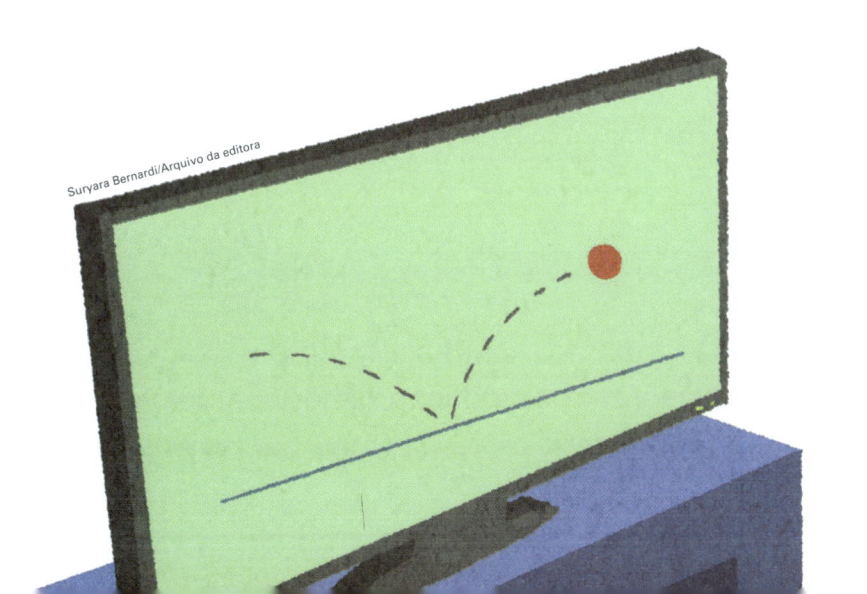

ATIVIDADES DO CAPÍTULO

1. Leia duas tirinhas do cartunista Jean Galvão.

Disponível em: <https://tiroletas.wordpress.com/2014/05/13/brinquedo/>. Acesso em: 23 jan. 2016.

Disponível em: <http://jeangalvao.blogspot.com.br/2010/12/tiroletas-recreio.html>. Acesso em: 23 jan. 2016.

a) As tirinhas, assim como as histórias em quadrinhos, contam histórias por meio de imagens e palavras. Fale para seus colegas o que é contado em cada uma dessas tirinhas.

b) O que significa "Clic!", expressão que aparece na segunda tirinha? Que tipo de palavra ela é?

_____
_____
_____

2. Imagine que o menino da segunda tirinha encontrou uma amiga que foi visitá-lo e teve o seguinte diálogo com ela:

— E estou bravo. Não, eu estou muito bravo! O controle remoto da minha TV quebrou!

— Caramba! Você está bravíssimo! Que mau-humor! Mas fique calmo, isso não é nada e... Aaaai, uma aranha! — gritou a menina, ao ver a aranha em cima do botão do controle remoto. Nessa mesma hora, a TV mudou de canal de novo.

— Hahaha! Obrigado!

— Por que "obrigado"? Porque eu descobri que foi essa aranha aí que mexeu no seu controle? — perguntou a menina, menos satisfeita do que assustada com a solução do mistério.

— Não. É que você pulou mais alto do que o Homem-Aranha quando viu o bichinho perto do sofá. O meu mau-humor até passou!

a) Faça um círculo nas palavras que mostram a intensificação de um sentimento: do grau normal até o grau superlativo absoluto sintético.

b) Copie a expressão que mostra como um adjetivo tem menor intensidade do que outro no texto, indicando grau comparativo de inferioridade.

_____

c) Sublinhe a expressão que demonstra que a ação de uma pessoa é superior à de outra, indicando o grau comparativo de superioridade.

d) No caderno, desenhe esse diálogo na forma de uma tirinha. Como você representou as falas?

_____

3. Complete as frases com algumas das palavras do quadro acrescentando a elas os sufixos **-oso, -osa** ou **-esa**.

| japon★s | vagar★ | caprich★ | fregu★ | rece★ |

a) Uma parte da família da minha amiga veio do Japão. A mãe e a avó dela são _____. Essa minha amiga é muito _____ ; tudo o que ela faz fica bonito, bem-acabado e perfeito!

b) Felipe prefere ser _____ a fazer tudo depressa.

LEITURA DE IMAGEM

É de menino ou de menina?

Neste capítulo, você leu uma tirinha na qual um menino diz que "brincar de casinha é pra meninas".

Mas quem determinou quais são os comportamentos que as meninas e os meninos devem ter? O que acontece se uma menina usar a cor que é considerada de menino? Por que menino não pode usar as cores que são consideradas de menina?

Observe

Analise

1. É comum ouvirmos dizer que menino não pode brincar de boneca e que menina não pode brincar de carrinho. Você concorda com essas afirmações? Por quê?

2. As crianças das duas imagens parecem felizes ou incomodadas com a situação? Quais características comprovam isso?

   _____
   _____
   _____

3. Alguma das crianças das imagens parece estar constrangida por realizar uma atividade considerada somente de menino ou de menina?

   _____
   _____
   _____

Relacione

4. Em sua opinião, é justo que alguma criança seja proibida de fazer algo de que goste só porque isso é considerado "coisa de menino" ou "coisa de menina"?

   _____
   _____
   _____

5. Em lojas, é comum ver os brinquedos considerados de menina separados dos brinquedos considerados de menino. Você acha que essa separação é necessária? Desenhe como você acredita que deveria ser uma loja de brinquedos. Depois, compartilhe com os colegas seu desenho.

CAPÍTULO 3

TEXTOS QUE DIVERTEM

LEITURA 1

Você gosta de poemas? O que mais chama a sua atenção nesse gênero?

Trovas ou quadrinhas populares são pequenos poemas de quatro versos que, muitas vezes, as pessoas recitam de memória. Você se lembra de alguma? Qual?

1.
Você ontem me falou
Que não anda nem passeia
Como é que hoje cedinho
Eu vi seu rastro na areia?

2.
Sou cantador de fama
E canto como um tié
Desafio cantador
Venha de onde vier

3.
Não tenho medo de homem
Nem do ronco que ele tem
O besouro também ronca
Vai-se ver não é ninguém

4.
Você me mandou cantar
Achando que eu não sabia
Pois eu sou que nem cigarra
Canto sempre todo dia

tié: tiê, tipo de pássaro.

5.
Da minha casa pra lá
Todo mundo me quer bem
Só a mãe do meu amor
Não sei que raiva me tem

6.
Eu plantei cana verde
Lá embaixo na baixada
Me chuparam a cana toda
Só deixaram a bagaçada

7.
Não dês a ponta do dedo
Que logo te levam a mão
Depois da mão vai o braço
Vai o peito e o coração

8.
Bananeira chora, chora
Pelos filhos que ela tem
Cortam o cacho, chora a mãe
Ficam os filhos sem ninguém

9.
Vou escrever uma carta
Com a pena do quero-quero
Pra te mandar dizer
Que não te ligo nem te quero

10.
Lá no fundo do quintal
Tem um tacho de melado
Quem não sabe cantar versos
É melhor ficar calado

11.
Se o raio não queimou
Se o gado não comeu
Em cima daquele morro
Tem o capim que nasceu

12.
Atirei um cravo n'água
De teimoso foi ao fundo
Os peixinhos responderam
Viva dom Pedro II

13.
Tudo muda, tudo passa
Neste mundo de ilusão
Voa pro céu a fumaça
Fica na terra o carvão

14.
Você diz que amor não dói?
Dói dentro do coração
Queira bem e viva ausente
Veja lá se dói ou não...

15.
Perguntei ao Sol se viu
À Lua se conheceu
Às estrelas se encontraram
Amor firme como o meu

16.
O meu amor foi embora
Pra banda que o Sol entrou
O Sol já foi, já veio
Meu amor foi e ficou

Domínio público.

ATIVIDADES

1 Você leu algumas trovas populares. Com relação à forma, o que elas têm em comum?

_____

2 Temas como o amor e a sabedoria popular são muito comuns nas trovas.

   a) Se você tivesse que dividir as trovas lidas por tema, quais delas você colocaria em cada um dos grupos abaixo? Você pode indicar mais de uma por tema.
   - Desafios: _____
   - Amor: _____
   - Sabedoria popular: _____
   - O mundo visto com bom humor: _____
   - Outros temas (Quais?): _____

   b) Converse com os colegas e o professor sobre as escolhas feitas acima e justifique os seus motivos. Ouça com atenção as justificativas dos colegas.

3 As rimas são os sons iguais ou semelhantes entre palavras que aparecem geralmente no final dos versos. Responda aos itens a seguir no caderno.

   a) Uma dessas quadrinhas tem os quatro versos rimados. Copie-a.

   b) Em todas as outras quadrinhas, que versos rimam? Dê exemplos.

4 No caderno, crie rimas para:

| ronca | fama | cigarra | chora | carta | quintal |

5 Observe as comparações que o cantador faz e, no caderno, comente cada uma delas.

- Sou cantador de fama / E canto como um tié
- Não tenho medo de homem / Nem do ronco que ele tem / O besouro também ronca / Vai-se ver não é ninguém
- Pois eu sou que nem cigarra / Canto sempre todo dia

6 Quem cede um pouco acaba cedendo tudo; as mães sofrem quando se separam dos filhos; na vida tudo passa; amor e dor vivem no coração. Esses são assuntos de quais trovas?

_____

7 Em sua opinião, por que se usou a bananeira para falar da ligação entre mãe e filhos?

_____

_____

8 Releia os versos da quadrinha 16.

O meu amor foi embora / Pra banda que o Sol entrou / O Sol já foi, já veio / Meu amor foi e ficou

a) Essa quadrinha faz uma comparação. Qual?

_____

_____

_____

b) Você diria que essa quadrinha fala de um sentimento correspondido ou não? Por quê?

_____

_____

_____

9 Agora releia a quadrinha 15.

Perguntei ao Sol se viu / À Lua se conheceu / Às estrelas se encontraram / Amor firme como o meu

- Em sua opinião, qual sentimento está sendo expresso por esses versos? Compare os versos com os da quadrinha 16, que você releu na atividade anterior. Do ponto de vista do conteúdo, o que essas duas quadrinhas têm em comum e o que têm de diferente?

MERGULHO NA ESCRITA GRAMÁTICA

Pronome possessivo

1 Releia esta trova popular e responda ao que se pede.

> O meu amor foi embora
>
> Pra banda que o Sol entrou
>
> O Sol já foi, já veio
>
> Meu amor foi e ficou

a) O que indica o pronome **meu** nesses versos?

☐ proximidade ☐ lugar ☐ pertencimento

b) Se em vez de **amor** fosse usada a palavra **amada**, como ficaria a trova? O que mudaria?

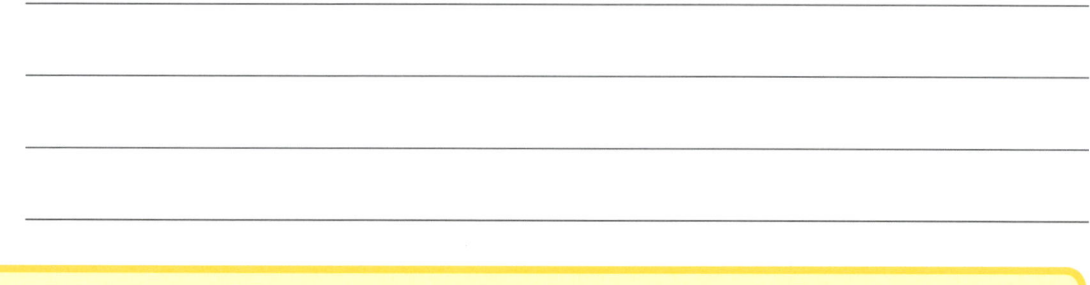

_____
_____
_____
_____

> O **pronome possessivo** estabelece uma ideia de pertencimento entre uma pessoa do discurso e um elemento de que se fala. O pronome possessivo possui flexões de gênero e número, concordando com aquilo que se possui.

Número	Pessoa	Pronomes
Singular	1ª pessoa	meu, meus, minha, minhas
	2ª pessoa	teu, teus, tua, tuas
	3ª pessoa	seu, seus, sua, suas
Plural	1ª pessoa	nosso, nossos, nossa, nossas
	2ª pessoa	vosso, vossos, vossa, vossas
	3ª pessoa	seu, seus, sua, suas

2 Complete as frases com pronomes possessivos.

a) Escrevemos belas trovas para a _____ apresentação.

b) Os lobos escolhem _____ destinos solitários porque amam a liberdade.

c) — Dê lembranças ao _____ patrão!

d) O lobo pensou: — _____ patrão sou eu mesmo!

e) — _____ melhores lembranças são do tempo em que eu brincava de roda na rua — contou o avô.

f) — E as _____ lembranças, meu neto, de onde elas vêm?

g) — Estou feliz porque _____ cachorro é muito esperto.

3 Observe as manchetes de jornais reproduzidas abaixo.

Prefeito cumprimenta governador em seu aniversário

Nadador é entrevistado por apresentador de televisão em sua casa

Fã de cantora *pop* chora pela morte de seu marido

a) Nas três manchetes, há problemas de **ambiguidade**, ou seja, todas elas podem ser interpretadas de pelo menos **duas maneiras** diferentes. Explique os sentidos que cada uma das manchetes pode ter.

_____
_____
_____
_____

b) Quais palavras são responsáveis por causar as ambiguidades nas manchetes?

_____

c) Reescreva no caderno as manchetes procurando desfazer a ambiguidade delas.

MERGULHO NA ESCRITA — ORTOGRAFIA

Em cima, embaixo, em alto, em baixo

1 Releia as quadrinhas e responda ao que se pede.

Se o raio não queimou
Se o gado não comeu
Em cima daquele morro
Tem o capim que nasceu

Eu plantei cana verde
Lá **embaixo** na baixada
Me chuparam toda a cana
Só ficou a bagaçada

Ilustrações: Vicente Mendonça/Arquivo da editora

a) Na primeira quadrinha, o que indica a expressão **em cima**?

☐ tempo em que algo aconteceu (quando o capim nasceu)

☐ lugar onde algo aconteceu (sobre o morro)

☐ qualidade de algo (ser um morro alto ou baixo)

b) E na segunda quadrinha, o que indica a palavra **embaixo**?

_____

2 Observe as frases:

Seus livros ficaram **em cima** da cama.

O vento foi tão forte que derrubou galhos **em cima** dos carros.

Seus chinelos estão **embaixo** da cama.

Em cima da toalhinha coloquei os talheres.

• Que pergunta você faria, em cada frase, para ter como resposta "em cima da cama", "embaixo da cama", etc.? Anote no caderno.

> A expressão **em cima** e a palavra **embaixo** indicam lugar. São palavras que se referem a um verbo e que respondem à pergunta "onde?". Exemplos:
> **Onde** está o cão? Está escondido **embaixo** do banquinho.
> **Onde** não se deve deixar toalha molhada? **Em cima** da cama!
> O termo **embaixo** escreve-se com uma palavra só. Já **em cima** sempre se escreve com duas palavras.

3 Leia as frases e responda ao que se pede.

Cantava **em baixo** tom de voz a música de ninar.

Mantinham o quarto **em baixa** luminosidade para que o paciente descansasse.

As importações se mantiveram **em baixas** taxas neste ano, mas no próximo semestre estaremos **em alta** temporada e isso deve mudar.

Expliquei tudo a ele **em alto** e bom som.

a) A que palavras se referem os termos **baixo**, **baixa**, **baixas**, **alta** e **alto**?

_____

_____

b) O que você observa em relação à flexão, ou seja, à mudança dessas palavras, quanto ao gênero e ao número?

_____

_____

> As expressões **em baixo** e **em alto** se referem sempre a algum substantivo. Nesse caso, os adjetivos **baixo** e **alto** apresentarão flexões de gênero e número, de acordo com os substantivos que modificarem. Exemplos: *Melhor não estudar **em baixa** luminosidade.* / *Deve-se falar **em baixo** tom de voz nesta sala.* / *Andar **em alta** rotação prejudica o motor do carro.*

4 Agora complete os textos com **em cima**, **embaixo**, **em alta** ou **em baixo**. Faça as adaptações necessárias.

a) Lá _____ do piano / tem um copo de veneno, / quem bebeu morreu, / o culpado não fui eu.

b) O helicóptero voava _____ altitude para localizar as pessoas que estavam desaparecidas na mata.

c) O cão escondeu o osso _____ do tapete.

d) Sempre evite correr _____ velocidade em dias de chuva.

LEITURA 2

Você conhece algum causo? Se souber algum de memória, você pode contá-lo resumidamente para sua turma.

O texto que você vai ler é um causo e trata de um tema inesperado. O que você diria se soubesse de uma cobra gigante que ronda uma área rural para atacar bezerros? Como reagiriam as pessoas do lugar?

A cobra de Teixeira

A serra do Teixeira, que dá nome à cidade da Paraíba, faz parte da cordilheira da Borborema e abriga no seu platô a cidade de Teixeira, terra de poetas, terra de meus ancestrais da família Nunes.

Do topo da Pedra do Tendol, a gente avista a cidade de Patos, uma bela cidade no vale das Espinharas, uma das cidades mais quentes pela sua localização geográfica e também uma das mais bonitas do estado.

A serra do Teixeira concentra mistérios e lendas indígenas que até hoje não foram desvendados, até porque a sua vegetação comporta resquícios de Mata Atlântica, e fica praticamente impenetrável durante todo o tempo.

Os mais antigos contam que onças enormes atacavam os currais vizinhos e subiam a serra arrastando bois enormes pelas patas traseiras. Marcolino falava de uma cobra muito grande, que morava numa loca no pico da serra e só descia uma vez por mês pra beber água e pegar garrotes que ficavam no vale.

Diziam que no rastro que ela deixava passava um carro de bois e ainda sobrava rastro pros lados.

Um dia, os caçadores da região resolveram enfrentar o monstro e a notícia se espalhou até pelos estados vizinhos, de onde vieram os mais valentes e exímios atiradores.

ancestrais: antepassados.
exímios: que são perfeitos, excelentes.
garrotes: bois de dois a quatro anos.
loca: gruta pequena.
platô: planalto.
resquícios: restos, vestígios, sobras.

Já durava uma semana o tiroteio em cima da serra, sem que ninguém conseguisse matar aquele dragão.

Foi quando uma pessoa deu o palpite:

— Isso aí só tem jeito com seu Vicente, um velhinho caçador de Monte Orebe, lá na fronteira com o Ceará.

Lá vai o recado pra seu Vicente, que uma semana depois chega com uma lazarina, um bornal velho e dois cachorrinhos vira-latas.

"Amanhã, eu quero sair ainda de madrugada veia, no escuro, que é hora boa de matar cobra."

Foi dormir e, logo de madrugadinha, quando os passarinhos ainda dormiam, tomou o rumo da serra que, de tão alta, só quando deu meio-dia é que ele chegou no meio dela.

De repente, começou a ouvir tiros e, preocupado, apressou o passo, quando cruzou com dois caçadores de serra abaixo, em desabalada carreira.

— Meu Deus, perdi minha viagem, já estão atirando na cobra!

Nisso, um dos caçadores ainda teve tempo de gritar:

— Tão não, meu amigo, esses tiros que o senhor tá ouvindo, não é tiro não, é a cobra batendo as pestanas!

Sertão de beiradeiro: registro antes que acabe, de Joselito Nunes. Recife: Edições Bagaço/Novo Livro (versão digital), 2010.

bornal: sacola de pano ou de couro para carregar provisões.
lazarina: espingarda de pequeno alcance, geralmente usada na caça de passarinhos.
pestana: os cílios e as pálpebras superior e inferior de cada olho; também pode fazer referência a sobrancelha.

ATIVIDADES

1 Como o narrador do texto soube da história da cobra de Teixeira? Ele ouviu a história ou leu sobre ela? Que trechos do texto comprovam isso?

_____
_____

2 Quando o narrador conta o causo da cobra, usa dois nomes diferentes para se referir a ela.

a) Quais são?

_____

b) Por que ele usa esses nomes, em vez de usar simplesmente **cobra**? Quais nomes dão mais medo?

3 Como último recurso para acabar com a cobra, entra em cena seu Vicente, o "velhinho caçador de Monte Orebe".

a) Como o texto descreve seu Vicente quando ele chega?

_____
_____

b) Que impressão a aparência dele provocou em você?

_____

> Os **causos** são narrativas de origem oral que surgiram da intenção de fixar na memória as histórias pitorescas de uma região.
>
> Geralmente engraçadas, exageradas e com algum toque de mistério, essas histórias são contadas de geração em geração, em rodas de amigos ou familiares, para entreter ou dar exemplo.
>
> Hoje também é muito comum encontrarmos causos escritos, publicados em *sites* da internet ou em livros, como esse que você acabou de ler.

66

4 As falas do narrador e das personagens contêm palavras da linguagem coloquial, do dia a dia? Que palavras são essas?

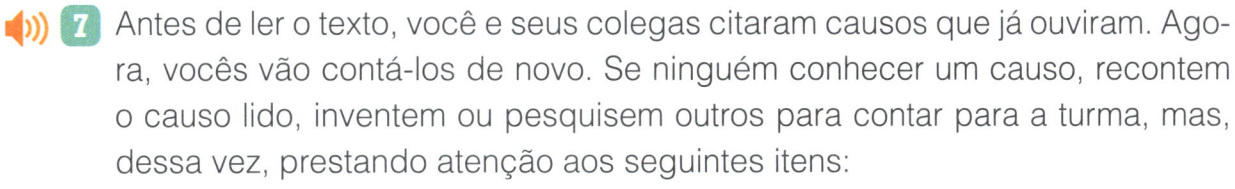

_____

_____

5 Qual é o momento mais tenso da história?

_____

_____

6 O que você esperava que acontecesse? A história terminou como você esperava? Qual foi a sua reação ao ler o final?

_____

_____

7 Antes de ler o texto, você e seus colegas citaram causos que já ouviram. Agora, vocês vão contá-los de novo. Se ninguém conhecer um causo, recontem o causo lido, inventem ou pesquisem outros para contar para a turma, mas, dessa vez, prestando atenção aos seguintes itens:

- O contador de causos tenta convencer os ouvintes de que a história que está contando aconteceu de verdade, então cuide para que seus colegas acreditem no que você está contando.

- Além de engraçados, os causos têm momentos de mistério ou suspense, por isso use um tom de voz diferente para prender a atenção dos colegas nos momentos mais tensos da história.

- O exagero é uma das principais características do causo, não se esqueça disso na hora de contar o seu. Quanto maiores e mais assustadores os bichos, quanto mais bravos e invencíveis os adversários, quanto mais mágicos os momentos, mais interessantes ficam os causos!

- Por último, lembre-se de que uma roda de causos deve ser divertida! Assim, procure modular a voz e falar em um volume adequado para que todos ouçam. Ajude a construir o clima da história com expressões faciais e até com algum instrumento musical, se possível. Divirta-se contando e escutando essas histórias tão criativas!

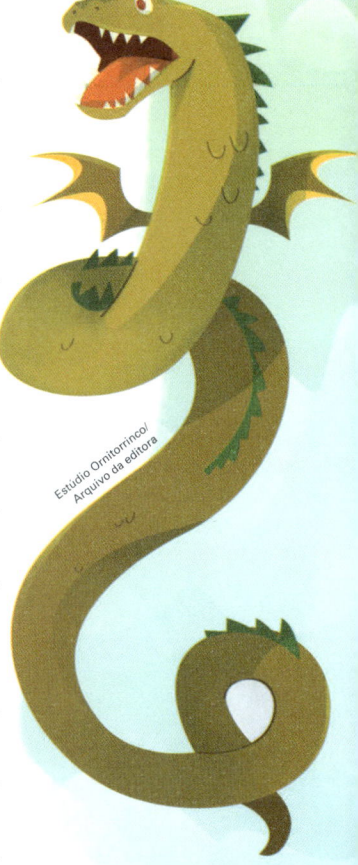

MERGULHO NA ESCRITA GRAMÁTICA

Preposição e locução prepositiva

1 Leia os trechos a seguir eliminando as palavras sublinhadas.

- Terra de poetas, terra de meus ancestrais da família Nunes.
- Isso aí só tem jeito com seu Vicente.

a) O que acontece quando essas palavras são eliminadas?

☐ Perde-se parte do sentido dado pelas relações entre as palavras.

☐ O sentido permanece o mesmo, as frases ficam apenas mais curtas e resumidas.

b) Em sua opinião, para que servem essas palavras sublinhadas?

2 A palavra destacada na frase a seguir pode ser escrita de outra forma.

Diziam que no rastro que ela deixava passava um carro de bois e ainda sobrava rastro **pros** lados.

a) Reescreva a frase utilizando essa outra forma.

_____

b) A palavra destacada no texto costuma ser usada em contextos mais formais, como em notícias e textos científicos, ou em contextos informais, coloquiais, como em uma conversa entre pessoas próximas?

_____

Chamamos de **preposição** a classe de palavras invariáveis que servem para estabelecer relações e ligar outras palavras no interior da frase.

As principais preposições são: a, ante, após, até, com, contra, de, desde, em, entre, para, perante, por, sem, sob, sobre, trás.

A preposição **de** pode indicar posse, origem, material, entre outras coisas. Observe:

*As portas da minha casa são **de** madeira.* (material)
*Moro em São Paulo, mas sou **do** Recife.* (lugar de origem)
*Esse lápis não é meu, é **da** minha irmã.* (posse)

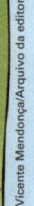

3 Você leu neste capítulo um causo chamado **A cobra de Teixeira**. Nesse título há uma preposição. Que preposição é essa e qual é o sentido que ela estabelece entre as palavras?

_____

_____

> Algumas preposições podem associar-se a outras palavras. Veja:
>
> **de +**
> - o/um → do/dum
> - este → deste
> - ele → dele
> - aquele → daquele
>
> **em +**
> - a → na
> - isso → nisso
> - um → num
> - eles → neles
> - aquelas → naquelas
>
> **per +**
> (antiga forma da preposição **por**)
> - o → pelo
> - a → pela
> - os → pelos
> - as → pelas
>
> **a +**
> - o → ao
> - os → aos
>
> **a +**
> - a → à
> - as → às

4 Faça a associação das preposições indicadas e complete as frases.

a) O jornal deu a notícia _____ morte _____ caracol. [de + a] [de + o]

b) _____ serra viviam muitos animais ferozes. [em + aquela]

c) Os animais saíam _____ vale _____ procura de comida. [per + o] [a + a]

> São **locuções prepositivas** os grupos de palavras que funcionam como preposição: antes de, abaixo de, apesar de, junto de, acerca de, acima de, graças a, a fim de, além de, depois de, em cima de, etc.
>
> A última palavra dessas locuções sempre será uma preposição.

5 Circule as locuções prepositivas destas frases.

a) O caçador ganhou confiança do povo à custa de muito esforço.

b) Ninguém na cidade se acalmou antes de os caçadores chegarem.

c) Vieram junto com ele dois cachorros vira-latas.

MEUS TEXTOS

Relato oral de causo

Prepare-se para participar de uma roda de relatos de causos com os colegas de turma.

Para obtê-los, você deverá entrevistar pessoas mais velhas e pedir que elas lhe contem histórias de outros tempos, causos engraçados ou misteriosos, ou mesmo verídicos. Nesse último caso, essas pessoas devem ter presenciado os fatos ou então ter sabido deles por meio de conhecidos.

Anote as histórias, escolha a que mais lhe agradar e depois se prepare para contá-la aos colegas.

Planejamento

1 Como você já sabe, para fazer uma apresentação oral é preciso preparar-se. Você sabe também que não vai ler a história, mas contá-la. Ainda assim, é bom escrevê-la para não se esquecer de nenhum detalhe importante e para poder trabalhar bem sua história. Crie suspense, valorize os detalhes de humor, mistério ou exagero. Desse modo, causará uma boa impressão em seus ouvintes e prenderá a atenção deles.

Rascunho

2 Assim que tiver a história, organize-a de acordo com as características principais do causo. Para isso, faça um rascunho pensando nas questões a seguir.
- Na introdução, mencione quando e onde os fatos ocorreram.
- Organize os acontecimentos, passo a passo, de tal forma que os ouvintes possam imaginar o que acontecerá em seguida.
- Observe se há exageros na história ou algum mistério. Reforce-os para criar efeitos de humor e expectativa.
- Prepare o final da história de modo que provoque surpresa nos ouvintes.
- Não se esqueça de dar um título bem interessante para seu texto.

Revisão

3 Será que você não se esqueceu de nada? Quando tiver o texto pronto, faça a revisão de acordo com os itens da tabela abaixo.

	Sim	Preciso fazer/refazer
Elaborei uma introdução mencionando onde e quando a história aconteceu?		
Citei a pessoa que contou a história?		
Usei os pronomes possessivos adequadamente?		
Organizei os fatos, passo a passo, preparando o desfecho?		

Meu texto

4 No dia da apresentação, cuide para que todos os detalhes estejam em ordem. Como você não lerá, mas contará a história, deve sabê-la de cor.

5 Para contar uma história é preciso estar atento ao tom de voz, às pausas e à pronúncia das palavras. Para isso:

- Não fale baixo nem tão alto: quanto mais natural, melhor.
- Faça pausas; não fale muito depressa nem devagar demais. Os colegas não podem perder nenhum detalhe, e as pausas devem servir para prender a atenção deles.
- Finalmente, pronuncie bem as palavras e olhe para os colegas para perceber a reação deles. Isso é fundamental para uma boa comunicação.

ATIVIDADES DO CAPÍTULO

1. Descubra as palavras que faltam nas trovas. Siga as pistas do quadro que está na página ao lado e escreva as respostas.

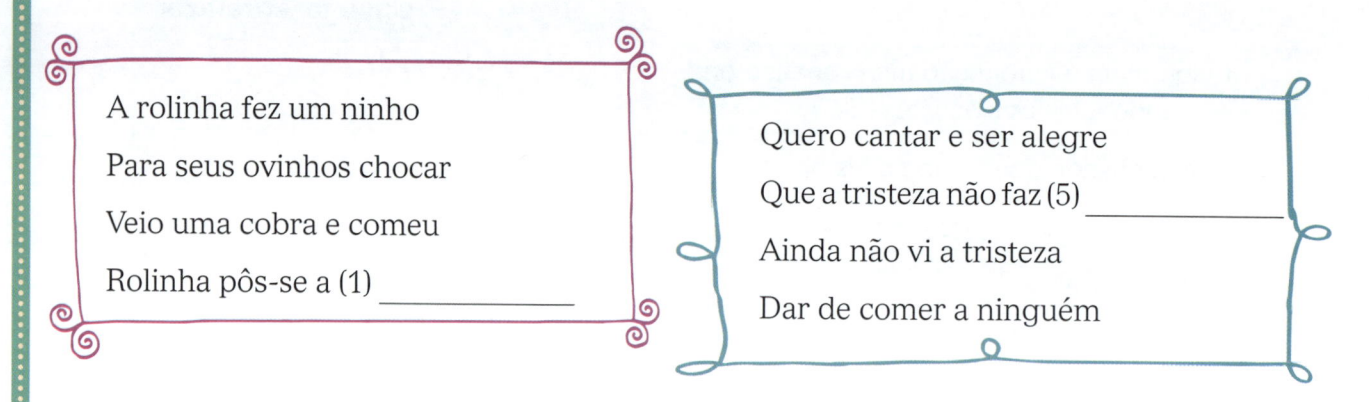

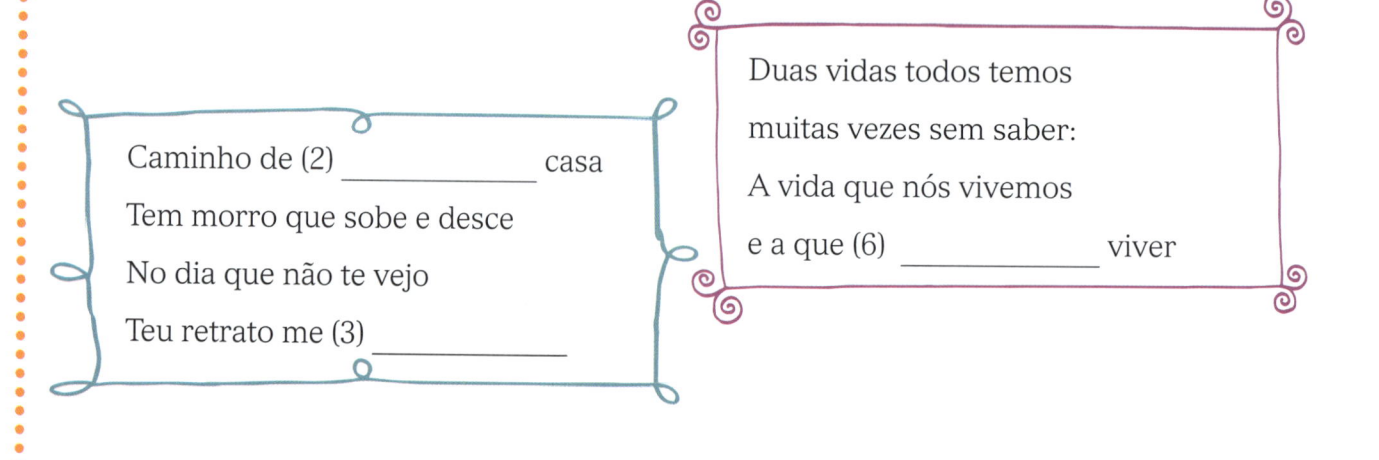

A rolinha fez um ninho

Para seus ovinhos chocar

Veio uma cobra e comeu

Rolinha pôs-se a (1) _____

Quero cantar e ser alegre

Que a tristeza não faz (5) _____

Ainda não vi a tristeza

Dar de comer a ninguém

Caminho de (2) _____ casa

Tem morro que sobe e desce

No dia que não te vejo

Teu retrato me (3) _____

Duas vidas todos temos

muitas vezes sem saber:

A vida que nós vivemos

e a que (6) _____ viver

Açucena quando nasce

Longe do pé bota flor

Na ausência se conhece

Quem é firme no seu (4) _____

Quem quiser cantar comigo

Lave a boca com (7) _____

Olha que eu tiro cantigas

da palma da minha mão

Domínio público.

Pistas

(1) Derramar lágrimas; rima com **chocar**.

(2) Pronome possessivo, 2ª pessoa do singular.

(3) O contrário de **some**; rima com **desce**.

(4) Sentimento de quem ama; rima com **flor**.

(5) O contrário de **mal**; rima com **ninguém**.

(6) O que fazemos quando dormimos.

(7) Produto de limpeza que faz muita espuma; rima com **mão**.

2. Para completar a segunda quadrinha da atividade anterior, você usou um pronome possessivo no feminino singular. Assinale a alternativa que traz outros pronomes flexionados do mesmo modo.

   ☐ Minha, nossa, vossa e sua. ☐ Meus, nossos, vossos e seus.

3. Em cada um dos trechos abaixo, circule uma preposição ou uma locução prepositiva que tenha o sentido indicado entre parênteses.

   a) "Já durava uma semana o tiroteio em cima da serra, sem que ninguém conseguisse matar aquele dragão." (lugar)

   b) "A serra do Teixeira concentra mistérios e lendas indígenas que até hoje não foram desvendados [...]." (limite de tempo)

   c) "— Isso aí só tem jeito com seu Vicente, um velhinho caçador de Monte Orebe, lá na fronteira com o Ceará." (lugar de origem)

4. Complete as frases com **em cima**, **embaixo** e **em baixo**.

   a) Havia um espinho pontudo fincado _____ da pata do gato que estava _____ da árvore.

   b) O corvo estava _____ da árvore; o lobo se pôs bem _____ dela para enganar o corvo.

   c) O corvo não sabia cantar _____ e suave tom de voz, por isso soltou um sonoro cróóó!

O QUE APRENDI?

1. Observe novamente a cena do filme **Festa no céu** que você viu no início desta Unidade. Nessa cena, a guia de um museu apresenta às crianças visitantes um livro que traz histórias antigas sobre amor e aventura. Agora, relacione as descrições a seguir aos gêneros aos quais elas se referem:

   | 1 | Podem ser encontradas em museus e são feitas por artistas plásticos. |

   ☐ Capas de livro

   | 2 | Podem ser encontradas em *sites*, revistas e jornais e costumam ser escritas por especialistas em cinema. |

   ☐ Obras de arte como pinturas e esculturas

   | 3 | Costumam trazer as seguintes informações: nome do livro, nome do autor, nome da editora e alguma imagem ilustrativa. |

   ☐ Resenhas de filme

2. Leia a frase a seguir e faça o que se pede.

   Tarsila do Amaral é uma artista tão **famosa** quanto Candido Portinari.

   a) Na frase acima, o adjetivo em destaque está no grau comparativo de:

   ☐ inferioridade.   ☐ igualdade.   ☐ superioridade.

   b) Esse adjetivo resulta de qual processo de formação de palavras? Qual é a palavra primitiva de onde ele surgiu?

   _____

c) Reescreva a frase substituindo **Tarsila do Amaral** por **Candido Portinari** e vice-versa.

_____

_____

3. Leia o diálogo e faça o que se pede.

— Ei! Pedro, você pode vir até a minha casa depois do almoço para assistir ao filme **Festa no céu**?

— Obrigado, Marília. Posso, sim. Você sabe qual é a duração do filme?

— Não sei, mas não deve ser muito longo. Por quê?

— Porque eu tenho aula de dança à tarde. Estou aprendendo a dançar tango!

a) Circule a interjeição que aparece em uma das falas.

b) No texto, o uso de **por quê** está adequado? Justifique.

_____

_____

c) Imagine que, após assistir ao filme, Marília resolva escrever um texto mostrando seu ponto de vista sobre a produção. Seria mais apropriado que ela escrevesse:

☐ uma resenha.　　　☐ uma sinopse.

MINHA COLEÇÃO DE PALAVRAS

Escreva, com suas palavras, o que você entende por:

- pronome possessivo: _____

_____

_____

- preposição: _____

_____

_____

75

UNIDADE 2

VIDA EM COMUNIDADE

Vista aérea da cidade de São Paulo durante a noite enfocando, em primeiro plano, o terminal de ônibus da Praça da Bandeira e, ao fundo, o vale do Anhangabaú. Foto de 2012.

- O lugar onde você mora se parece com esse da foto? Quais são as semelhanças e as diferenças?

- Você tem muitos vizinhos?

- Como é a vida na região em que você mora: tranquila ou agitada?

- Como você acha que é a vida de quem mora no lugar retratado na foto? Que elementos da imagem mostram isso?

CAPÍTULO 4

VIDA ANIMAL

LEITURA 1

A seguir você fará a leitura de uma crônica da autora Marina Colasanti. Você já leu algum texto escrito por ela?

O que você acharia se visse no jornal uma notícia sobre a morte de um caracol? Leia a crônica a seguir para saber o que Marina Colasanti escreveu sobre isso.

Um mundo lindo

Morreu o último caracol da Polinésia. Havia um caracol da Polinésia, um caracol de árvore, e nenhum outro. Era o último. E morreu. Morreu de quê? Ninguém sabe me dizer. O jornal não acha importante revelar a *causa mortis* de um caracol da Polinésia. Noticia apenas que com ele extinguiu-se a sua espécie. Ninguém nunca mais verá em lugar algum, nem mesmo na Polinésia, um polinesiano caracol.

Pois eu ouso dizer que sei o que foi que o matou. Ele morreu de ser o último. Morreu de sua extrema solidão. Sua vida não era acelerada, nada capaz de causar-lhe *stress*, mas era dinâmica; ao longo de um ano, graças a esforços e determinação e impulso fornecido pela própria natureza, o molusco lograva deslocar-se cerca de setenta centímetros. Mais, teria sido uma temeridade. Assim mesmo, de que adiantavam esses setenta centímetros suados, batalhados dia a dia, sem ninguém para medi-los, sem nenhum parente amigo companheiro que lhe dissesse, você hoje bateu sua marca? Sem ninguém para esperá-lo na chegada?

causa mortis: (latim) a causa da morte.

lograva: conseguia, alcançava.

temeridade: ato arriscado, perigoso.

O último caracol da Polinésia olhava ao redor e não via ninguém. Ali estava, frequentemente, seu tratador — o caracol vivia no Zoológico de Londres, mas o tratador não era ninguém, o tratador era qualquer coisa menos importante que o tronco sobre o qual o caracol se deslocava, o tratador era de outra espécie. E via, sim, de vez em quando via os pesquisadores que o examinavam, olho agigantado pela lente. Mas os pesquisadores não tinham uma concha rosada cobrindo-lhes as costas. Os pesquisadores também não eram ninguém. Então o caracol da Polinésia olhava o mundo, e o mundo estava vazio. E como pode alguém viver, como pode alguém querer viver num mundo esvaziado de seus semelhantes?

Seguramente ele era muito bem tratado no Zoológico, comida não havia de lhe faltar — o que come, comia, um caracol da Polinésia? — e de dia e de noite estava livre de predadores. Seus antepassados, talvez ele mesmo na infância, tinham tido que lutar pela sobrevivência. E a vida era dura. Mas lutavam em companhia. Quando um deles era esmagado — quantos caracóis são esmagados mesmo na Polinésia! — outros lamentavam sua sorte. Quando um deles se atrasava em sua marcha — é tão fácil a um caracol se atrasar — outros esperavam por ele. Havia sempre velhos caracóis experientes aos quais pedir conselhos, novos caracóis ignaros aos quais ensinar os segredos da vida. Havia sempre companheiros. E o mundo, povoado de companheiros, era lindo.

Mas os outros, os outros todos foram acabando aos poucos, vítimas do único predador disposto a transformar suas conchas em objetos turísticos. E o último caracol da Polinésia, cansado de ser o último, cansado de ser tão só, deixou-se pisar pela Morte que passava apressada, certo talvez de poder renascer em algum mundo lindo, em que milhares de ovos de caracol preparam-se para eclodir.

eclodir: abrir.

ignaros: que são ignorantes, que não sabem.

A casa das palavras, de Marina Colasanti. São Paulo: Ática, 2012. p. 15-16. (Para gostar de ler, v. 32).

ATIVIDADES

1 As crônicas costumam tratar de fatos cotidianos e da atualidade. Qual foi o fato retratado nessa crônica?

_____

_____

_____

2 Como provavelmente a autora soube do fato que ela comenta nessa crônica? Sublinhe sua resposta no texto.

3 Assinale apenas as afirmativas corretas de acordo com a crônica.

☐ O caracol vivia no Zoológico de Londres porque era o último de sua espécie.

☐ O jornal explicou a causa da morte do caracol da Polinésia.

☐ O que motivou a notícia foi a extinção da espécie.

4 Como esse fato é apresentado ao leitor?

☐ De forma bem-humorada.   ☐ De forma reflexiva.

5 De acordo com o que sugere a cronista em seu texto, qual pode ter sido a causa da morte do caracol? Explique.

_____

_____

_____

6 Em sua opinião, a solidão pode fazer mal às pessoas? De que maneira? Converse com os colegas e o professor.

7 Por que o tratador e os pesquisadores não tinham valor algum para o caracol?

_____

_____

_____

8 Os antepassados do caracol tiveram uma vida dura. Mesmo assim, a cronista observa vantagens da vida dos antepassados do caracol em relação à vida dele. Quais teriam sido essas vantagens?

_____
_____
_____

9 Releia o trecho a seguir.

> E o último caracol da Polinésia, cansado de ser o último, cansado de ser tão só, deixou-se pisar pela Morte que passava apressada, certo talvez de poder renascer em algum mundo lindo, em que milhares de ovos de caracol preparam-se para eclodir.

a) A morte é tratada como pessoa. Que características mostram isso?

_____
_____
_____

b) Por que esse mundo em que o caracol renasceria seria lindo?

_____
_____
_____

10 O jeito como a cronista tratou o caracol despertou quais sentimentos em você? Converse com os colegas e o professor.

A **crônica** é um texto breve, geralmente publicado em jornais e revistas, mas que também pode estar em um livro que reúne outras crônicas. Os assuntos da crônica são os pequenos acontecimentos do dia a dia, da vida comum. Algumas vezes também podem ser temas mais estranhos ou extraordinários, encontrados em notícias recentes de jornal. O cronista, em geral, aborda esses acontecimentos oferecendo ao leitor seu ponto de vista e suas reflexões.

MERGULHO NA ESCRITA GRAMÁTICA

Pontuação

1 Associe as orações ao nome do sinal de pontuação que finaliza cada uma delas.

1 "Morreu o último caracol da Polinésia." ☐ ponto de exclamação

2 "Morreu de quê?" ☐ ponto-final

3 "[...] quantos caracóis são esmagados mesmo na Polinésia!" ☐ ponto de interrogação

2 Reescreva a primeira oração da atividade anterior usando os outros dois sinais de pontuação apresentados.

_____

_____

3 Leia a frase a seguir.

Havia um caracol da Polinésia, um caracol de árvore, e nenhum outro.

- Assinale a alternativa que explica corretamente para que servem as duas vírgulas usadas nessa frase.

☐ Para isolar uma explicação no interior da frase.

☐ Para isolar o nome de uma pessoa com quem se está falando.

☐ Para separar elementos de uma lista.

Os **sinais de pontuação** são recursos da linguagem escrita para marcar pausas ou a "melodia" da frase. São alguns deles: ponto-final **.**, que marca o fim de uma frase; ponto de interrogação **?**, que indica uma pergunta; ponto de exclamação **!**, que confere uma entonação específica quando o falante quer demonstrar algum sentimento, como surpresa, animação, entre outros; e a vírgula **,**.

Entre outras funções, as vírgulas são usadas para isolar uma explicação no interior de uma frase, para isolar o nome ou modo como uma pessoa é chamada quando se está falando com ela e para separar uma série de elementos enumerados, sendo que, entre os dois últimos, usa-se o **e**.

4 Complete as frases a seguir, colocando a vírgula no lugar adequado.

a) Minha amiga você pode me ajudar?

b) Felipe você precisa escovar os dentes antes de dormir.

5 Reescreva as frases acrescentando os elementos dos quadrinhos depois da palavra destacada. Use vírgula e faça as adaptações necessárias.

a) Com suas ações, o ser humano prejudica os **animais**.

| o meio ambiente | a água | o ar |

_____

_____

b) O caracol precisa de **comida**.

| convivência com seus semelhantes | meio ambiente preservado |

_____

_____

_____

6 Reescreva as frases colocando os termos entre parênteses após os nomes destacados. Será necessário utilizar vírgulas. Para isso, reflita: como você usará vírgulas nessas frases?

a) O caracol quer renascer em um **lugar** onde milhares de ovos preparam-se para eclodir. (um mundo lindo)

_____

_____

_____

b) O **ser humano** levou muitos animais à extinção. (um grande predador)

_____

_____

MERGULHO NA ESCRITA — ORTOGRAFIA

Letras x, z, c, ç, s, ss, sc, sç, xc

1 Pinte as letras que representam o mesmo som que a letra **s** nas palavras **sapo** e **escola**. Esse som é o fonema **/s/**.

a) "[...] ao longo de um ano, graças a esforços e determinação e impulso fornecido pela própria natureza, o molusco lograva deslocar-se cerca de setenta centímetros."

b) "Havia sempre velhos caracóis experientes aos quais pedir conselhos, novos caracóis ignaros aos quais ensinar os segredos da vida."

c) "[...] deixou-se pisar pela Morte que passava apressada, certo talvez de poder renascer em algum mundo lindo [...]"

2 Veja as letras que você pintou na atividade anterior e responda: o fonema **/s/** é sempre representado pela mesma letra? Por que você acha que isso acontece? Converse com os colegas e o professor.

3 Consulte um dicionário e, em seguida, complete as palavras abaixo com **x** ou **z**.

a) te____to
b) arro____
c) rapa____
d) capa____
e) nari____
f) trou____e
g) carta____
h) no____
i) se____ta
j) ve____
k) xadre____
l) tri____
m) pa____
n) au____ílio
o) chafari____
p) e____periência
q) e____tremo
r) tra____ (v. trazer)
s) fa____ (v. fazer)
t) auda____

4 Escolha duas palavras da atividade anterior e crie uma frase com elas.

_____
_____

> O **fonema /s/** pode ser representado pelas letras **x, z, s, c** e **ç** ou pelo conjunto de letras **ss, sc, sç** e **xc**.

5 Observe os grupos de palavras a seguir.

a) Sem recorrer ao dicionário, procure escrever os substantivos que correspondem aos verbos de cada um dos grupos. Dica: em todos eles existirá o fonema **/s/**, mas as letras para representá-lo serão diferentes em cada um dos grupos.

Grupo I
a) agredir _____   c) permitir _____
b) regredir _____   d) demitir _____

Grupo II
a) deter _____   c) reter _____
b) obter _____   d) conter _____

Grupo III
a) compreender _____   c) expandir _____
b) suspender _____   d) distender _____

b) Agora, procure as palavras em um dicionário e corrija suas respostas.

c) Escolha um substantivo de cada grupo acima e escreva uma frase com cada um deles.

_____

_____

_____

6 Complete a frase 2 com as formas adequadas dos verbos destacados na frase 1.

1. Depois de **descer** de seu tronco, o caracol decidiu que era hora de **renascer** para uma vida mais feliz.

2. Para que _____ de seu tronco, é preciso que o caracol _____ para uma vida mais feliz.

• Consulte um dicionário para corrigir suas respostas e, em seguida, discuta com os colegas: o que mudou na grafia desses verbos?

LEITURA 2

Você se lembra de alguma fábula que tenha lido? Saberia contá-la aos colegas?

As fábulas são textos curtos que buscam despertar o prazer da leitura e transmitir um ensinamento ao leitor. O que você acha que poderia aprender com um lobo faminto e um cão forte e saudável? O que poderia acontecer nesse encontro?

O lobo e o cão

Uma boa caçada há muito tempo o lobo não fazia. Andava o pobre coitado com uma fome danada. Estava magro, era pele e osso.

Certo dia, encontrou um cão e reparou como ele estava gordo, com o pelo liso, brilhando, uma beleza!

— Este cão — pensou o lobo — goza de boa saúde. Pode-se notar que o animal está bem nutrido, forte como quê. Hum!... Ele daria um excelente jantar...

Mas logo, logo o lobo mudou de ideia, do jeito que andava fraco, podia acontecer que ele próprio virasse o jantar do outro.

Assim, entre a fome e a morte, escolheu ficar com a fome. E com o rabo entre as pernas, em vez de atacar, resolveu agradar ao cão. Tinha a esperança de ganhar a sua confiança, e quem sabe o que aconteceria então?

Com muito jeito, com uma voz calma e doce, o lobo começou a elogiar o cão:

— Olha, seu cão, que o senhor com este pelo até parece um leão.

E o cão, que era vaidoso, ficou manso, bem manso, e se pôs a prosear. Conversa vai, conversa vem, resolveu convencer o amigo a trocar a vida de lobo caçador pela vida de cão.

— Pois saiba, amigo lobo, que é uma vida saudável: almoço todos os dias, regularmente. É uma vida decente, gozo de muito prestígio, de grande admiração. Sou, de fato, um cidadão importante. Mude de vida, amigo. Não pense duas vezes, venha comigo!

O lobo escutava atento, analisava a questão. E o cão disse ainda mais:

— Vou levá-lo ao patrão. Daqui por diante, terá comida na hora certa e cama quente. Em troca, você só terá que agradar às pessoas que nos vão sustentar.

Ora! Eram tantas as vantagens que o lobo não hesitou. E, sentindo uma terrível fome, olhou mais uma vez para o pelo do cão, que brilhava, e decidiu:

— Eu vou!

Lá se foram os dois, caminho afora, em direção à cidade. De repente, o lobo notou que em volta do pescoço o cão era pelado.

— Amigo, o que é isso? — perguntou intrigado.

— Nada, nada, meu caro. É apenas a marca da coleira que usam para me prender.

— Coleira? — falou o lobo horrorizado. — Mas... Como?! Você não é livre como eu? Não corre a mata inteira a qualquer hora?

E o cão respondeu:

— Não, não. Mas que importância tem isso? Afinal, eu vivo muito bem. Sou respeitado por todos e não sou magro como um caniço. Por que me importar com liberdade se tenho sempre um bom pernil?

— Amigo, muito obrigado — disse o lobo. — Não quero nem saber dessa sua vida de cão. — E voltou para a floresta, certo de que não havia jantar que pagasse sua liberdade. Lá de longe, antes de desaparecer entre as árvores, ele gritou:

— Dê lembranças ao patrão.

Fábulas 1, de Mary e Eliardo França. 4. ed. São Paulo: Ática, 1996. p. 21-24.

ATIVIDADES

1 A fábula se inicia com o encontro entre o cão e o lobo. Para relembrar algumas informações do texto, converse com o professor e os colegas sobre as seguintes questões.

a) Como está o lobo nesse momento?

b) Como está o cão?

c) Qual é o primeiro pensamento do lobo ao ver o cão?

d) Por que o lobo muda de ideia?

2 Você conhece a expressão "lobo em pele de cordeiro"?

a) O que essa expressão significa? Se necessário, converse com os colegas antes de responder.

b) Essa expressão poderia ser usada para explicar o comportamento do lobo diante do cão? Justifique.

_____
_____
_____

3 Na conversa com o lobo, o cão fala das vantagens da vida que ele tem.

a) Como reage o lobo?

_____

b) Ele se convence de que o cão tem uma vida melhor? Explique.

_____
_____

4 A lição passada por uma fábula também é chamada de moral. Qual é a moral (ou a lição) presente nessa fábula?

_____
_____

5 Releia a seguinte fala do lobo e responda ao que se pede:

— Não quero nem saber dessa sua vida de cão.

a) Explique com suas próprias palavras o que essa frase quer dizer.

_____
_____
_____
_____

b) Essa fala reforça ou rebate a moral da fábula? Justifique e explique o raciocínio do lobo.

_____
_____
_____
_____

c) É possível afirmar que o lobo está fazendo uma crítica? Comente.

_____
_____
_____

6 O lobo e o cão agem como seres humanos. Escolha no quadro os adjetivos que melhor caracterizam cada um deles.

| esperto | vaidoso | ingênuo | observador | livre |

a) O lobo é _____.

b) O cão é _____.

MERGULHO NA ESCRITA GRAMÁTICA

Pronome demonstrativo

1 Releia este trecho da fábula.

— Você não é livre como eu? Não corre a mata inteira a qualquer hora?

— Não, não. Mas que importância tem **isso**? Afinal, eu vivo muito bem.

a) Nesse caso, o pronome **isso** se refere a que partes da fala do lobo? Sublinhe-as.

b) Se, no lugar do pronome **isso**, o cão repetisse tudo o que o lobo disse antes, como ficaria a frase?

_____
_____
_____

c) Qual frase você prefere: com o pronome **isso** ou com a repetição? Justifique.

_____
_____
_____
_____

O **pronome demonstrativo** indica a posição dos seres em relação às pessoas do discurso, no tempo e no espaço. Veja no quadro quais são eles.

Pessoas do discurso	Variáveis	Invariáveis
1ª pessoa – quem fala	este, esta, estes, estas	isto
2ª pessoa – com quem se fala	esse, essa, esses, essas	isso
3ª pessoa – de quem se fala	aquele, aquela, aqueles, aquelas	aquilo

2 O termo **este** é um pronome demonstrativo que se refere à 1ª pessoa do discurso. Com base nessa informação, imagine a que distância do cão está o lobo no trecho a seguir.

— Este cão — pensou o lobo — goza de boa saúde. Pode-se notar que o animal está bem nutrido, forte como quê. Hum!... Ele daria um excelente jantar...

3 Complete as frases com pronomes demonstrativos.

a) O cão disse: "Eu tenho _____ pelo brilhante porque meus donos cuidam muito bem de mim.".

b) O lobo respondeu ao cão: "Você tem _____ pelo brilhante, mas usa coleira. Qual é a vantagem?".

4 Qual é o pronome demonstrativo no trecho abaixo? O que há de diferente nele? Explique.

— Amigo, muito obrigado — disse o lobo. — Não quero nem saber dessa sua vida de cão.

_____

_____

Milosz_G/Shutterstock

Os pronomes demonstrativos podem juntar-se às preposições **de**, **em** e **a**. Veja:

	este, esta, estes, estas, isto	esse, essa, esses, essas, isso	aquele, aquela, aqueles, aquelas, aquilo
de +	deste, desta, destes, destas, disto	desse, dessa, desses, dessas, disso	daquele, daquela, daqueles, daquelas, daquilo
em +	neste, nesta, nestes, nestas, nisto	nesse, nessa, nesses, nessas, nisso	naquele, naquela, naqueles, naquelas, naquilo
a +			àquele, àquela, àqueles, àquelas, àquilo

91

MEUS TEXTOS

Crônica

Neste capítulo, você leu a crônica **Um mundo lindo**, sobre a extinção do caracol da Polinésia. Como você viu, a cronista elaborou o texto com base em uma notícia. Agora é a sua vez de escrever uma crônica sobre algum acontecimento da semana! Depois, sua crônica será lida por um de seus colegas.

Reúna diversas notícias que foram publicadas durante a semana e escolha a que for de seu interesse. Depois, escreva sua crônica observando as etapas a seguir.

Planejamento

1 Pense no que vai escrever:

- O que chamou mais a sua atenção na notícia?
- O que você pensou ao ler a notícia?
- Qual posicionamento você vai expor em seu texto: crítico, reflexivo, de humor?
- A crônica será escrita na 1ª ou na 3ª pessoa?

Rascunho

2 Depois de planejar a escrita da crônica, faça um rascunho do texto. Lembre-se de que você deverá expor um ponto de vista sobre algum acontecimento real.

Vicente Mendonça/Arquivo da editora

Revisão

3 Utilize a tabela abaixo para avaliar o que precisa ser revisto no texto.

	Sim	Preciso fazer/refazer
Expus um ponto de vista sobre um acontecimento real?		
Usei adequadamente a pontuação (ponto-final, ponto de exclamação, ponto de interrogação e vírgula)?		
Evitei repetições e, quando necessário, usei pronomes demonstrativos?		

Meu texto

4 Depois de fazer a revisão, escreva a versão final do seu texto em uma folha à parte.

5 Ao terminar, troque seu texto com o de um colega. Conversem sobre o que cada um achou da crônica lida e do acontecimento a que ela se refere.

ATIVIDADES DO CAPÍTULO

1. Leia os dois diálogos de cada item e assinale com um **X** apenas aquele que recebeu pontuação correta.

   a) ☐ — Por que o caracol morreu.
      — Porque ele se sentia muito só?

      ☐ — Por que o caracol morreu?
      — Porque ele se sentia muito só.

   b) ☐ O lobo perguntou:
      — Você não tem liberdade?

      ☐ O lobo perguntou:
      — Você não tem liberdade!

   c) ☐ O cão ficou assustado com o aspecto do lobo e perguntou?
      — Você passa fome!

      ☐ O cão ficou assustado com o aspecto do lobo e perguntou:
      — Você passa fome?

2. Complete as frases com os pronomes demonstrativos adequados.

   a) O lobo disse que não queria saber _____ vida de cão, que preferia sua liberdade.

   Atenção: alguns dos pronomes virão associados às preposições **de** ou **em**.

   b) — Marina, nem mexa _____ colher aí! _____ gelatina é minha!

   c) — Não se esqueça _____ livro! — gritou Ana para seu irmão Pedro, enquanto corria até ele para entregar o livro de Ciências.

94

3. Resolva a cruzadinha seguindo as dicas abaixo. Se tiver dúvidas, utilize um dicionário.

   1. Dimensão, tamanho; ato ou efeito de estender.
   2. Ato ou efeito de eclodir.
   3. Ação de admitir.
   4. Ato de valorizar; aumento do valor de algo.
   5. Ato ou efeito de manter; preservação.
   6. Verbo **explodir** seguido do final **-em**.
   7. O nome que se dá ao desaparecimento de uma espécie animal ou vegetal.

4. Em apenas uma dessas palavras não se pronuncia o fonema **/s/**. Qual é ela?

_____

LEITURA DE IMAGEM

Animais em extinção

Nesta Unidade, você leu uma crônica sobre a extinção do caracol da Polinésia. Você sabia que no Brasil também há diversos animais que correm risco de extinção?

Muitos são os fatores responsáveis pela extinção de uma espécie animal: queimadas, caça, tráfico, desmatamento, etc.

Você saberia dizer de que forma cada um desses fatores pode levar uma espécie animal à extinção?

Observe

1 A devastação da Mata Atlântica brasileira, nas últimas décadas, tem aumentado o risco de extinção do mico-leão-dourado. Foto de 2011.

© Fabio Colombini/Acervo do fotógrafo

2 A espécie *Amazona aestiva*, ou papagaio-verdadeiro, é capturada na natureza para abastecer o comércio ilegal de aves no Brasil. Foto de 2010.

© Palê Zuppani/Pulsar Imagens

Analise

1. Observe os animais das duas imagens. Eles estão saudáveis ou precisam de cuidados?

   _____

2. Onde esses animais estão?

   _____

3. Se houvesse desmatamento na região em que vivem esses animais, eles seriam prejudicados? Como?

   _____

   _____

   _____

4. Os papagaios-verdadeiros estão em risco de extinção porque esses animais são retirados ilegalmente da natureza para serem vendidos a pessoas que desejam tê-los como animais de estimação. Você acha correto que isso aconteça? Por quê? Converse com os colegas e o professor.

Relacione

5. Faça uma pesquisa e assinale com um **X**, entre os animais a seguir, aqueles que correm risco de extinção.

   ☐ onça-pintada   ☐ gato doméstico   ☐ cobra cascavel

   ☐ pato   ☐ ararinha-azul   ☐ tartaruga marinha

   ☐ lobo-guará   ☐ baleia jubarte   ☐ formiga

6. Escolha um dos animais que você assinalou e escreva no caderno o que você sabe sobre ele. Depois, apresente aos colegas seu registro e ouça a leitura do registro deles. Observe se alguém escolheu o mesmo animal que você e complemente seu registro.

CAPÍTULO 5
ENTRE AMIGOS

LEITURA 1

Você costuma trocar *e-mails*? Com quem?

Que outros meios de troca de correspondência ou mensagem você conhece?

A seguir você vai ler *e-mails* trocados entre amigas com o assunto **Encontro**. Qual será o objetivo dessa troca de mensagens?

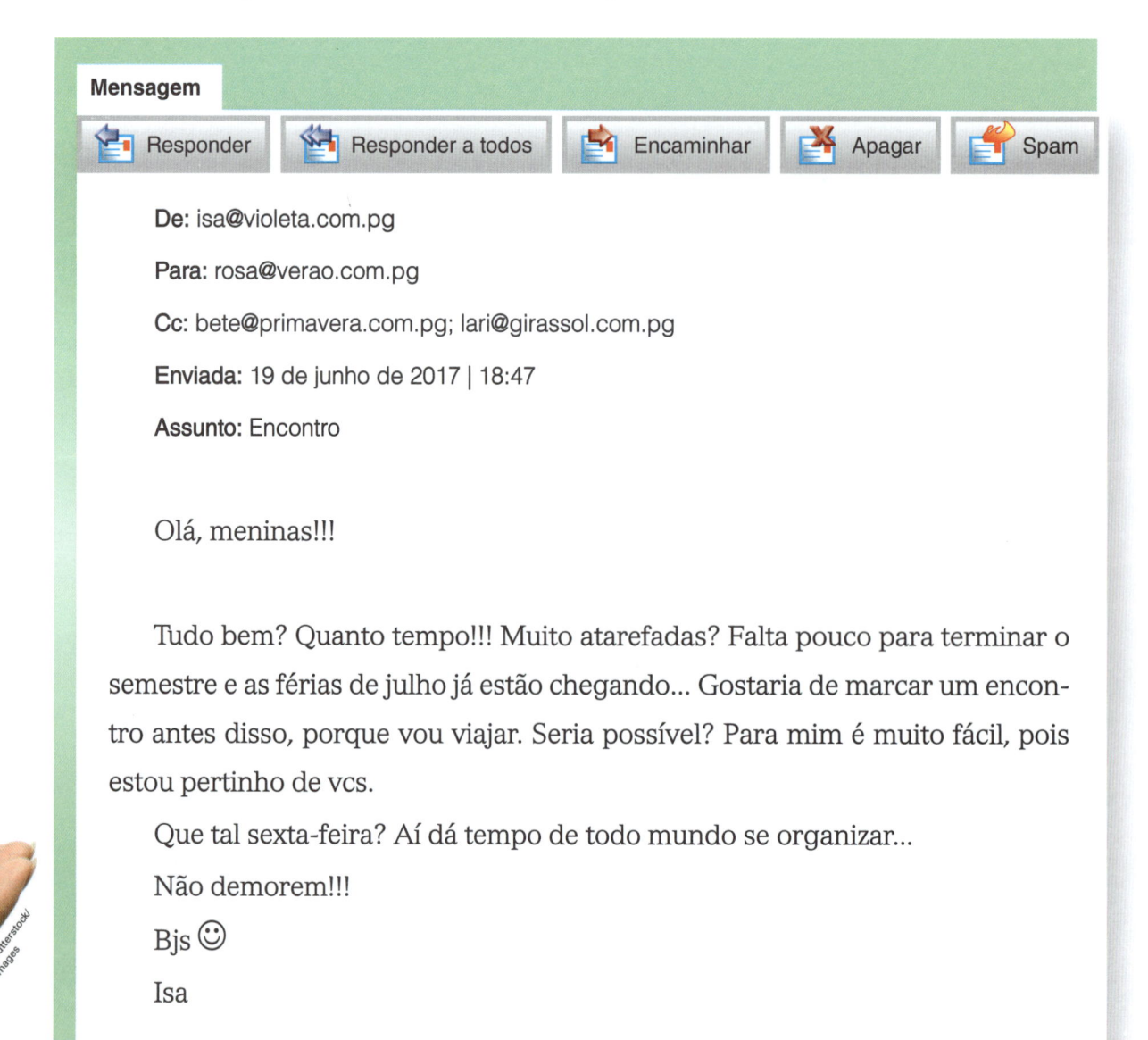

Mensagem

[Responder] [Responder a todos] [Encaminhar] [Apagar] [Spam]

De: isa@violeta.com.pg

Para: rosa@verao.com.pg

Cc: bete@primavera.com.pg; lari@girassol.com.pg

Enviada: 19 de junho de 2017 | 18:47

Assunto: Encontro

Olá, meninas!!!

Tudo bem? Quanto tempo!!! Muito atarefadas? Falta pouco para terminar o semestre e as férias de julho já estão chegando... Gostaria de marcar um encontro antes disso, porque vou viajar. Seria possível? Para mim é muito fácil, pois estou pertinho de vcs.

Que tal sexta-feira? Aí dá tempo de todo mundo se organizar...

Não demorem!!!

Bjs ☺

Isa

Mensagem

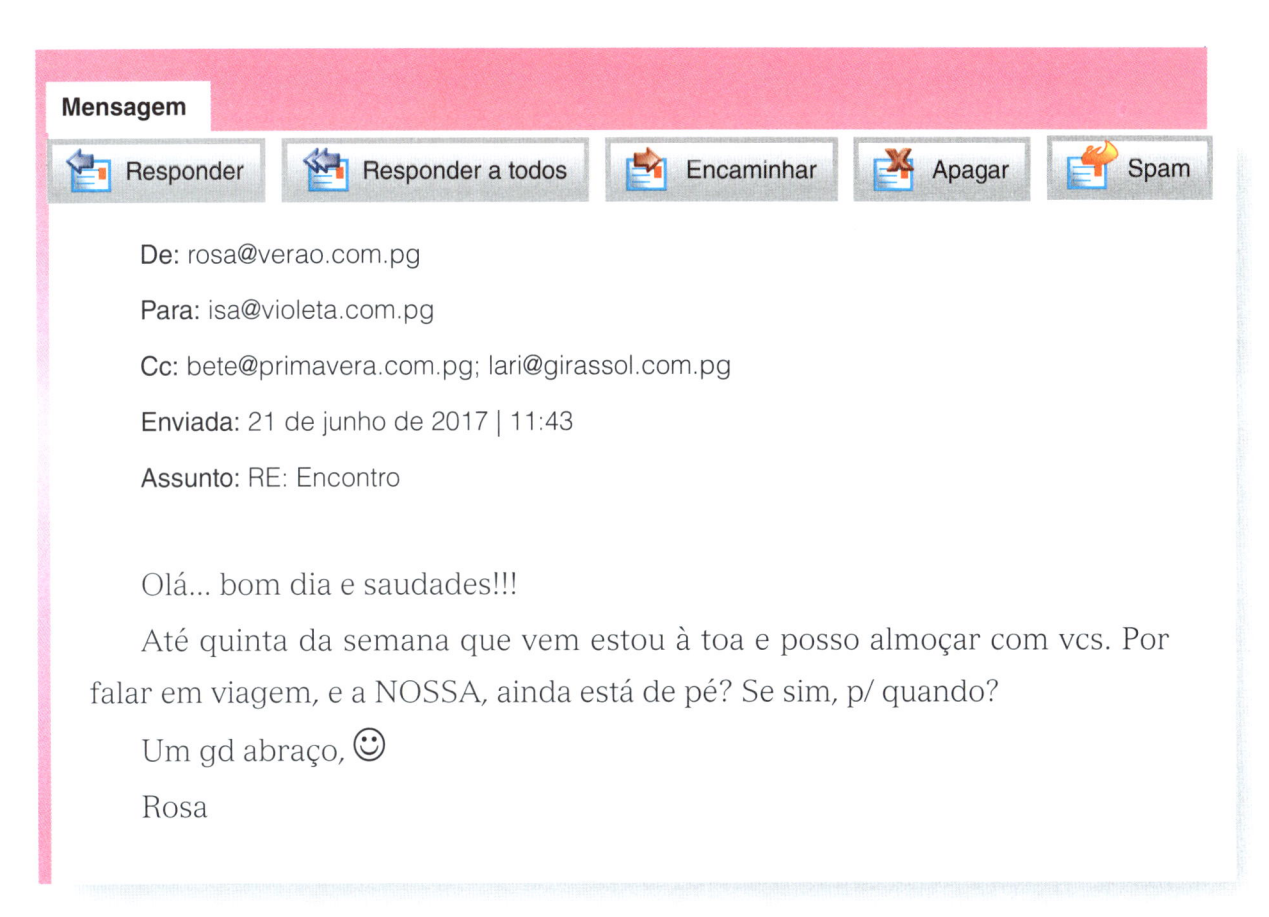

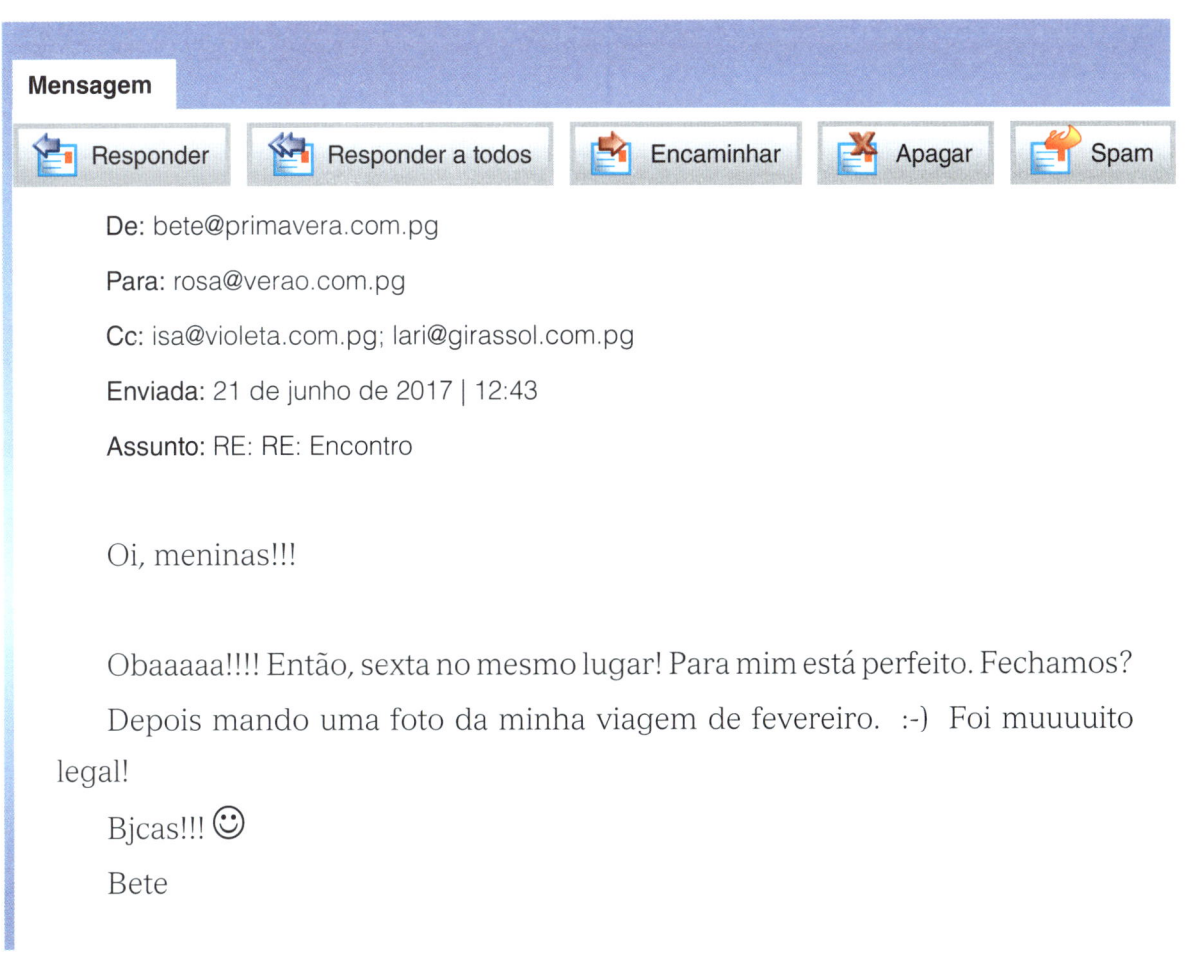

Responder | Responder a todos | Encaminhar | Apagar | Spam

De: rosa@verao.com.pg

Para: isa@violeta.com.pg

Cc: bete@primavera.com.pg; lari@girassol.com.pg

Enviada: 21 de junho de 2017 | 11:43

Assunto: RE: Encontro

Olá... bom dia e saudades!!!

Até quinta da semana que vem estou à toa e posso almoçar com vcs. Por falar em viagem, e a NOSSA, ainda está de pé? Se sim, p/ quando?

Um gd abraço, ☺

Rosa

Mensagem

Responder | Responder a todos | Encaminhar | Apagar | Spam

De: bete@primavera.com.pg

Para: rosa@verao.com.pg

Cc: isa@violeta.com.pg; lari@girassol.com.pg

Enviada: 21 de junho de 2017 | 12:43

Assunto: RE: RE: Encontro

Oi, meninas!!!

Obaaaaa!!!! Então, sexta no mesmo lugar! Para mim está perfeito. Fechamos? Depois mando uma foto da minha viagem de fevereiro. :-) Foi muuuuito legal!

Bjcas!!! ☺

Bete

ATIVIDADES

1 Quem é o remetente do primeiro *e-mail*? Onde você localizou essa informação?

_____

_____

2 O assunto dos *e-mails* que você leu é **Encontro**.

a) As mensagens trocadas estão de acordo com esse assunto? Explique.

_____

_____

b) Qual é a relação do segundo e do terceiro *e-mail* com o primeiro?

_____

3 Releia o texto abaixo. Depois, circule e identifique a saudação, a despedida e a assinatura do *e-mail*.

Olá, meninas!!!

Tudo bem? Quanto tempo!!! Muito atarefadas? Falta pouco para terminar o semestre e as férias de julho já estão chegando... Gostaria de marcar um encontro antes disso, porque vou viajar. Seria possível? Para mim é muito fácil, pois estou pertinho de vcs.

Que tal sexta-feira? Aí dá tempo de todo mundo se organizar...

Não demorem!!!

Bjs ☺

Isa

- Essas informações que você circulou foram escritas em linguagem formal ou informal? Explique.

_____

_____

_____

100

4 Abreviar as palavras é comum nas mensagens eletrônicas. Você sabe o significado de algumas dessas abreviações? Escreva.

a) vcs _____

b) bjs _____

c) gde _____

d) p/ _____

- Que outras palavras abreviadas usadas em trocas de mensagens você conhece? Para responder, escreva as abreviações e os seus significados.

_____
_____
_____
_____

5 Por que você acha que se escreve dessa forma na internet?

_____
_____
_____
_____

6 Essa forma de escrita é adequada em provas escolares, jornais e revistas? Explique.

_____
_____
_____
_____

> O **e-mail** é uma mensagem escrita de envio instantâneo pela internet. Para enviar um *e-mail*, é preciso ter uma conta em um provedor e um endereço eletrônico. Por ser um tipo de correspondência, no *e-mail* devem constar o destinatário, o assunto, uma saudação, a mensagem, uma despedida e o nome do remetente. Milhares de mensagens eletrônicas são enviadas diariamente nas relações sociais, familiares e de trabalho.

7 Observe o trecho abaixo e responda ao que se pede.

Enviada: 21 de junho de 2017 | 12:43

a) Que informações são mostradas nessa linha?

_____

_____

b) Elas são importantes? Por quê?

_____

_____

_____

> **Você sabe o que é netiqueta?**
>
> Formada de partes das palavras **internet** e **etiqueta**, a netiqueta dita normas de conduta social na internet.
>
> Segundo uma dessas normas, deve-se evitar escrever uma mensagem em letras maiúsculas, pois elas indicam que a pessoa está gritando.
>
> Dependendo da pessoa para quem se escreve e da intenção com que se escreve, é permitido utilizar maiúsculas como forma de destaque.

8 Sobre a netiqueta, responda:

a) Nos *e-mails* trocados entre as amigas, com que intenção uma delas escreveu **NOSSA** (em letra maiúscula)?

_____

_____

b) Em sua opinião, a remetente foi grosseira? Explique.

_____

_____

_____

Outro recurso muito utilizado na internet são os **emoticons**, símbolos que representam as emoções das pessoas que escrevem. Também são chamados de *emojis* ou *smileys*.

Os *emoticons* podem ser um conjunto de símbolos de escrita que formam uma expressão facial ou um único símbolo que representa um rosto. Veja:

Conjunto de símbolos

:-) sorrir, feliz   :-(triste, chateado   ;-) piscar

Símbolos únicos

9 Releia os *e-mails* da **Leitura 1** e responda: que *emoticons* foram usados nas mensagens? Explique.

_____

_____

10 Nos *e-mails* que você leu, as amigas conversaram rapidamente sobre o fim do semestre, sobre as viagens que já fizeram ou ainda vão fazer e marcaram um encontro.

a) Que outros meios, eletrônicos ou não, poderiam ser utilizados para essa troca de mensagens?

_____

_____

b) Quais deles você mais utiliza no seu dia a dia?

_____

11 O que você acha de endereços de *e-mail* que utilizam apelidos, principalmente aqueles muito íntimos, como **beto-irado@skate.com.pg** ou **lili-fofura@outono.com.pg**? Em sua opinião, eles podem ser usados em qualquer situação?

MERGULHO NA ESCRITA — GRAMÁTICA

Crase

1 Releia um trecho do *e-mail* de Rosa.

> Até quinta da semana que vem estou à toa e posso almoçar com vcs. Por falar em viagem, e a NOSSA, ainda está de pé? Se sim, p/ quando?

- Compare os acentos que aparecem em algumas das palavras desse *e-mail*. Existe algum acento diferente dos demais? Qual? Dê outros exemplos em que esse tipo de acento ocorre.

_____
_____
_____
_____

2 Leia as frases a seguir e observe as palavras destacadas.

Os meninos foram à **praia**.
João pediu permissão à **professora** e ao **diretor** para chegar mais tarde.
Eles estavam bem à **vontade** diante do mar.
Vi uma exposição de barcos a **remo** e a **vapor**.

a) Das palavras em destaque, quais são masculinas e quais são femininas?

_____
_____
_____

b) Assinale com um **X** as alternativas corretas. Nessas frases:

☐ antes de palavras femininas usou-se **à**.

☐ antes de palavras masculinas usou-se **a** e **ao**.

☐ usou-se **à** antes de palavras masculinas e femininas.

> **Crase** é a fusão de uma preposição e um artigo. Na escrita, essa fusão é indicada pelo acento grave ` . A crase, **à** (a + a), ocorre apenas antes de palavras femininas. Exemplos: à disposição, à tarde, à direita, etc.
>
> Para saber se ocorre crase, basta substituir a palavra feminina por uma masculina. Se no lugar do **a** puder ser usado **ao**, haverá crase na expressão feminina. Exemplos:
>
> *Fui **à casa** do Luís ontem. / Fui **ao restaurante** do Luís ontem.*
>
> *Estou **à disposição** para a reunião dessa semana. / Estou **ao seu dispor** para a reunião dessa semana.*

3 Reescreva as frases substituindo as palavras destacadas para descobrir se ocorre crase. Acentue, quando necessário.

a) Na cidade, as ciclofaixas funcionam as **sextas-feiras**.

_____

b) A velocista encarou a **briga** e venceu a corrida.

_____

> Quando se deve usar crase diante de nomes de lugares? Para saber, substitua **vou a** por **vim de**. Se o resultado for **vim da**, há crase. Exemplos:
>
> *Vou **a** Campinas. Vim **de** Campinas.* → não há crase.
>
> *Vou **à** Itália. Vim **da** Itália.* → há crase.

4 Use **a** ou **à**. Justifique o uso ou não da crase.

a) Vou _____ São Paulo e depois _____ Salvador.

_____

_____

b) Vamos _____ capital do país, ou seja, vamos _____ Brasília.

_____

_____

MERGULHO NA ESCRITA — ORTOGRAFIA

Sexta, cesta

1 Releia as frases a seguir.

> Que tal **sexta-feira**?

> Então, **sexta** no mesmo lugar!

a) O que indica a palavra **sexta**, na segunda frase? O significado é o mesmo ou é diferente do que essa palavra tem na primeira frase?

_____
_____

b) Que outro significado a palavra **sexta** pode ter? Dê um exemplo.

_____
_____
_____

2 Associe a palavra **cesta**, utilizada nas frases, a seus significados.

[1] Mamãe gosta de deixar as frutas sobre a mesa, em uma cesta.

[2] Daniel quis uma cesta no quintal para jogar basquete.

[3] Anita doou uma cesta básica para o orfanato.

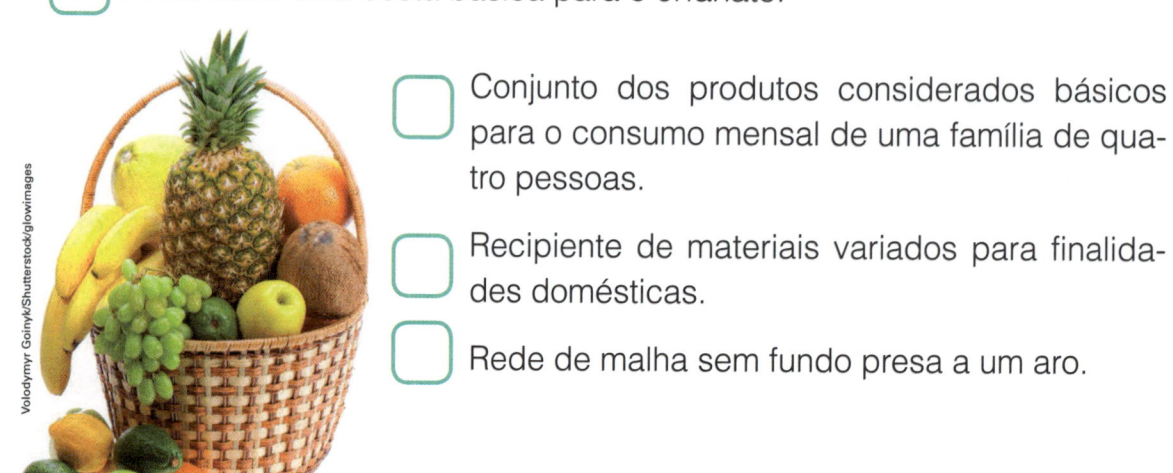

[ ] Conjunto dos produtos considerados básicos para o consumo mensal de uma família de quatro pessoas.

[ ] Recipiente de materiais variados para finalidades domésticas.

[ ] Rede de malha sem fundo presa a um aro.

3 Reescreva as frases substituindo as palavras destacadas por **sexto**, **sexta** ou **cesta**. Consulte um dicionário e faça adaptações nas frases, se necessário.

a) Só jogo papel de bala, copos descartáveis e guardanapos em **lixeiras** adequadas.

_____

_____

b) A bola bateu no aro e não entrou. Perdemos por um **ponto**!

_____

_____

c) Sua colocação foi a **de número seis**.

_____

d) Entrou no elevador e disse ao ascensorista: **seis**, por favor.

_____

_____

> Em português, existem palavras que têm a mesma pronúncia, mas grafias e significados diferentes. Por isso, é preciso muito cuidado ao escrevê-las. É o caso de **sexta** e **cesta**.
>
> Não confunda:
> - **sexta** é o feminino do numeral ordinal **sexto**: sexto lugar, sexta colocada. Pode ser também a forma reduzida de **sexta-feira**.
> - **cesta**, além de outros significados, é o nome que se dá, geralmente, ao recipiente feito de diversos materiais (vime, palha, etc.) usado para carregar coisas.

4 Agora, crie frases com **sexto**, **sexta** ou **cesta**, fazendo as adaptações necessárias.

_____

_____

LEITURA 2

Você já recebeu ou enviou um cartão-postal?

Leia o texto a seguir procurando pensar na situação de uso desse meio de comunicação: qual será o objetivo de quem envia um cartão-postal?

Downtown Chicago Waterfront, Illinois, USA

Olá, Carol.
   Chicago é uma cidade incrível: cosmopolita, agitada, porém linda, arrumada e com um lago maravilhoso.
   Evanston parece cidade de desenho animado, de tão fofa. Tem até coelhinhos pulando nos jardins.
   Estamos com muitas saudades!
                    Roberta e André

Rua Carlos
Gomes, 434
Vila Maria
São Paulo - SP
Brasil
05335-210

cosmopolita: referente a cidade muito grande, com muitos habitantes e com gente vinda de diversos lugares.

Chicago - USA

ATIVIDADES

1 Como se chamam o destinatário e os remetentes do cartão-postal mostrado?

_____

2 Os remetentes referem-se a Chicago e Evanston. Que palavras eles usaram para descrever as duas localidades?

_____

_____

_____

3 Qual é o grau de intimidade entre o destinatário e os remetentes? Explique.

4 Os cartões-postais têm uma frente e um verso. A frente mostra, geralmente, a foto de um lugar, e o verso apresenta o espaço da mensagem, do selo e dos campos para serem preenchidos pelo remetente.

a) Qual é o lugar mostrado na foto do cartão-postal enviado por Roberta e André? Como é possível identificar essa informação?

_____

_____

b) Pensando no cartão-postal que você leu e considerando que os cartões-postais sempre mostram uma bela imagem de locais diversos do mundo, qual seria a principal finalidade do envio de cartões-postais?

_____

5 Pense agora nas diferenças e semelhanças entre a comunicação por cartões-postais e a comunicação por *e-mail* e discuta com os colegas e o professor: será que receber um cartão-postal é diferente de receber um *e-mail* de alguém que está viajando? Por quê?

> **Cartão-postal** é um tipo de correspondência enviada pelas pessoas para mostrar pontos turísticos visitados por elas durante uma viagem. São enviados pelos correios, selados e sem envelope.

MERGULHO NA ESCRITA ORTOGRAFIA

Abreviatura, sigla e símbolo

1 Releia o verso do cartão-postal que você viu na **Leitura 2**.

a) A que se refere a sigla **SP**?

_____

b) O número **05335-210** é um CEP. Você sabe o que significa CEP e para que ele serve? Converse com seus colegas e o professor.

c) Você sabe que abreviaturas são usadas para escrever **rua** e **vila** em um endereço?

_____

- **Abreviatura** é a redução de uma palavra a algumas de suas letras, geralmente iniciais. Exemplos: Av. (**Av**enida), tel. (**tel**efone), prof. (**prof**essor), Dr. (**d**outo**r**). Também existem as abreviaturas informais, usadas em mensagens eletrônicas para comunicação rápida.

- **Sigla** é o conjunto de letras, sílabas ou partes iniciais de nomes de órgãos, entidades, códigos. Exemplos: ONU (**O**rganização das **N**ações **U**nidas), Embratel (**Em**presa **Bra**sileira de **Tel**ecomunicações), CEP (**C**ódigo de **E**ndereçamento **P**ostal).

- **Símbolo** é a representação de unidades de tempo, comprimento ou massa usada internacionalmente. Não é seguida de ponto nem tem plural. Exemplos: **h** (hora), **g** (grama), **m** (metro), **km** (quilômetro).

2 A sigla do estado de São Paulo é SP, como você viu no cartão-postal. Qual é a sigla do seu estado?

_____

3 Qual é a sigla de cada estado a seguir? Pesquise em um atlas geográfico ou na internet e responda.

Paraíba _____

Rio Grande do Norte _____

Pará _____

Rio Grande do Sul _____

Paraná _____

Bahia _____

Sergipe _____

Mato Grosso _____

Piauí _____

Mato Grosso do Sul _____

Ceará _____

Amazonas _____

Acre _____

Pernambuco _____

4 A seguir você vai encontrar o nome de programas e órgão do governo federal e a sigla de cada um. Pinte as letras que formam essas siglas.

a) O Programa Universidade para Todos (ProUni) foi criado em 2004.

b) Foi apresentada uma nova proposta para o Exame Nacional do Ensino Médio (Enem).

c) O Sistema Único de Saúde (SUS) tornou o acesso gratuito à saúde um direito de todo cidadão.

5 Você já viu alguma das placas abaixo? Nessas placas, preste atenção apenas aos números e à letra que aparece em seguida. Você sabe o que esses símbolos indicam? Se for preciso, faça uma pesquisa e peça ajuda ao professor para responder.

a)

b)

c)

_____

_____

_____

MEUS TEXTOS

Cartão-postal

Neste capítulo, você leu o cartão-postal que um casal enviou a uma amiga durante uma viagem e conheceu algumas das características principais desse tipo de correspondência. Agora você vai produzir um cartão-postal para enviar a um amigo ou parente seu.

Planejamento

1 Para criar o seu cartão-postal, você vai precisar de:
- um retângulo de cartolina branca;
- uma foto de um local bonito (pode ser na sua cidade ou em outra que você tenha visitado em uma viagem);
- cola branca.

2 Recorte a cartolina, deixando-a do tamanho da foto, e cole nela a imagem que você escolheu. Essa será a frente do seu cartão-postal. No verso, deixe um espaço em branco para escrever a mensagem e, à direita, faça algumas linhas para escrever o endereço do seu amigo ou parente. Você também pode pedir a um adulto que compre um cartão-postal de sua cidade.

3 Crie a mensagem e escreva-a no cartão-postal. Antes de começar a escrever, pense no amigo ou parente que receberá o seu cartão-postal. Peça o endereço completo, com CEP, para garantir que ele seja entregue. O ideal seria enviar o cartão a alguém de outra cidade.

Rascunho

4 Numa folha à parte, organize a mensagem do seu cartão-postal.
- Comece com o vocativo (o nome ou o apelido da pessoa a quem você enviará o cartão-postal), que poderá vir antecedido por uma saudação, como **Olá** ou **Oi**.
- Depois, no parágrafo, inicie a mensagem, com comentários sobre a imagem que você selecionou. Crie uma despedida e assine ou escreva seu nome. A data pode vir de forma simplificada, no final, indicando dia, mês e ano.
- Na parte reservada ao destinatário, escreva o endereço. Não se esqueça de escrever o CEP.

Revisão

5 Utilize o quadro abaixo, releia o texto e faça as correções necessárias.

	Sim	Preciso fazer/refazer
Escrevi uma saudação para meu amigo/parente?		
A mensagem destaca aspectos interessantes da imagem que escolhi?		
Escrevi a despedida e assinei?		
Escrevi o endereço do destinatário corretamente e com CEP?		

Meu texto

Quando estiver seguro de que seu texto está claro, copie-o cuidadosamente no cartão-postal que você produziu. A letra deve ser legível e o texto, sem rasuras.

Se possível, peça a um adulto que o acompanhe até uma agência do correio. Lá você poderá selar e enviar o seu cartão-postal. A pessoa escolhida por você como destinatário ficará bem feliz por recebê-lo!

(1) Leo Caldas/Pulsar Imagens; (2) Renato Soares/Pulsar Imagens; (3) Wagner Tavares/Pulsar Imagens; (4) Paulo Fridman/Pulsar Imagens; (5) Palê Zuppani/Pulsar Imagens; (6) Rubens Chaves/Pulsar Imagens

(1) Recife - PE
(2) Curitiba - PR
(3) Natal - RN
(4) Cáceres - MT
(5) Bonito - MS
(6) Ouro Preto - MG

ATIVIDADES DO CAPÍTULO

1. Assinale **V** para as alternativas verdadeiras e **F** para as falsas.

    ☐ O cartão-postal é enviado pelo correio.

    ☐ No *e-mail* não é necessário indicar o destinatário.

    ☐ O cartão-postal é enviado durante uma viagem e mostra algum ponto turístico.

    ☐ O *e-mail* é enviado instantaneamente.

    ☐ Podemos enviar um *e-mail* durante uma viagem.

    ☐ No cartão-postal não é necessário indicar o endereço completo do destinatário, basta colocar o nome.

2. Complete as frases com **a**. Coloque crase quando necessário.

    a) O aluno pediu _____ professora permissão para sair da sala.

    b) Amanhã meus primos farão um passeio _____ cavalo.

    c) Meu pai levou _____ mochila para meu irmão.

    d) Elaine foi _____ Europa no ano passado.

3. Assinale com um **X** os itens em que o uso da crase está correto.

    ☐ Ontem saí às 8 horas.

    ☐ Mariana fez o trabalho à mão.

    ☐ Entregamos o trabalho à você faz uma semana.

    ☐ Vamos viajar amanhã à tarde.

    ☐ Ela agradeceu à todos.

4. Lari escreveu um *e-mail* para Isa, mas se esqueceu de revisar o texto. Leia a mensagem.

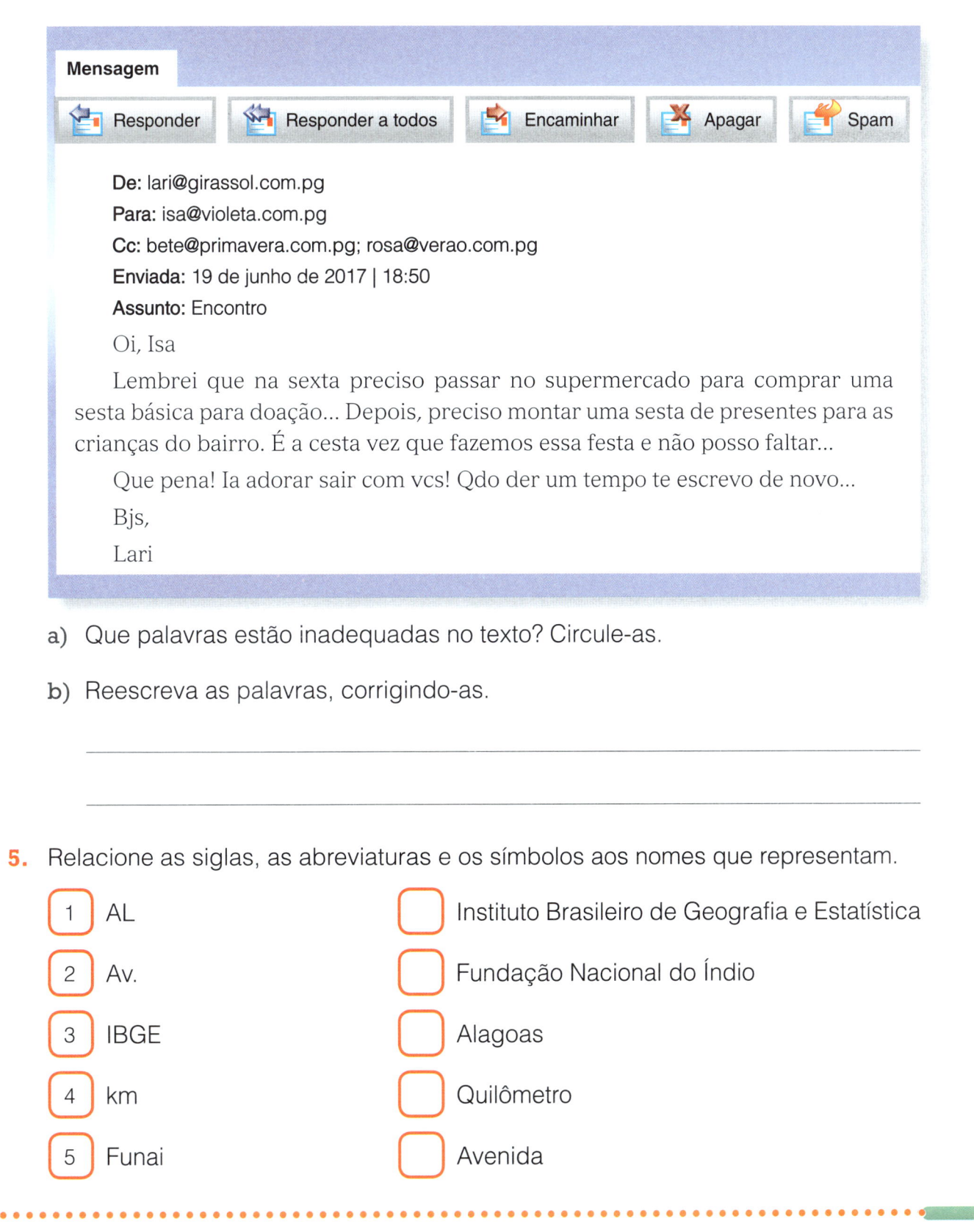

Mensagem

[Responder] [Responder a todos] [Encaminhar] [Apagar] [Spam]

De: lari@girassol.com.pg
Para: isa@violeta.com.pg
Cc: bete@primavera.com.pg; rosa@verao.com.pg
Enviada: 19 de junho de 2017 | 18:50
Assunto: Encontro

Oi, Isa

Lembrei que na sexta preciso passar no supermercado para comprar uma sesta básica para doação... Depois, preciso montar uma sesta de presentes para as crianças do bairro. É a cesta vez que fazemos essa festa e não posso faltar...

Que pena! Ia adorar sair com vcs! Qdo der um tempo te escrevo de novo...

Bjs,

Lari

---

a) Que palavras estão inadequadas no texto? Circule-as.

b) Reescreva as palavras, corrigindo-as.

_____

_____

5. Relacione as siglas, as abreviaturas e os símbolos aos nomes que representam.

1	AL		Instituto Brasileiro de Geografia e Estatística
2	Av.		Fundação Nacional do Índio
3	IBGE		Alagoas
4	km		Quilômetro
5	Funai		Avenida

CAPÍTULO 6

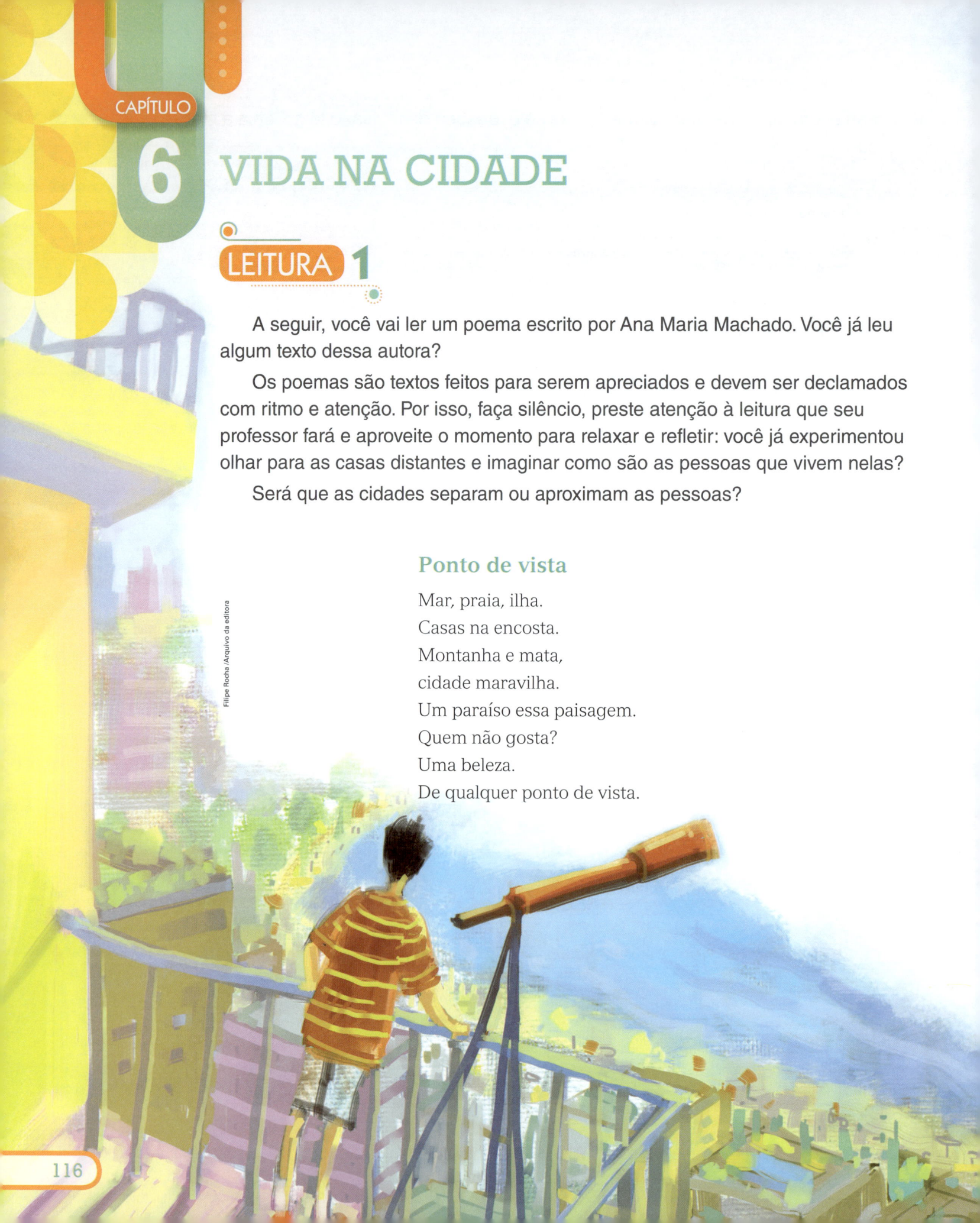

VIDA NA CIDADE

LEITURA 1

A seguir, você vai ler um poema escrito por Ana Maria Machado. Você já leu algum texto dessa autora?

Os poemas são textos feitos para serem apreciados e devem ser declamados com ritmo e atenção. Por isso, faça silêncio, preste atenção à leitura que seu professor fará e aproveite o momento para relaxar e refletir: você já experimentou olhar para as casas distantes e imaginar como são as pessoas que vivem nelas?

Será que as cidades separam ou aproximam as pessoas?

Ponto de vista

Mar, praia, ilha.
Casas na encosta.
Montanha e mata,
cidade maravilha.
Um paraíso essa paisagem.
Quem não gosta?
Uma beleza.
De qualquer ponto de vista.

Gente de toda cor e tamanho.
Cada um com seu jeito
e em seu lugar.
Um menino lá no alto.
Do morro.
Outro menino lá do alto.
Do prédio.
Cada menino,
um cisco de nada.
Um ponto à toa.

Uma criança pequena,
quase perdida,
numa cidade partida.

Não olhavam um para o outro.
Só viam a vista.
Céu azul, mata verde,
ruas de carros e gente,
mar toda hora diferente.
Paisagem de paraíso.
Cheia de cores, planos, pontos.
A paisagem via a vista também.
A cidade, o prédio e o morro.

Os meninos nem sabiam, mas eram a vista de alguém.
Um soltava pipa no azul sem fim.
O outro andava de bicicleta no jardim.
Um saía para a escola. O outro entrava no carro.
Um voltava e ia pra rua. O outro ficava no quarto.
Os dois tinham amigos, batiam bola.

Os dois sonhavam sonhos, curtiam um som,
imaginavam um mundo bom.
Um na quadra, lá na altura.
O outro na varanda da cobertura.
Um e outro.
Cada um bem isolado. Cada um para o seu lado.

[...]

Mas um dia os dois se viram.
Quando olhavam o mesmo mar, bem na mesma direção.
Mudaram o ponto de vista:
um viu o outro feito irmão.
Um dia de maré cheia,
de ressaca, onda batida,
comendo a faixa de areia
entre o mar e a avenida.
— Hoje nem dá futebol — disse um, desapontado.
— Está bom é pra surfar — falou o outro, animado.
— Quer prancha? Posso emprestar.

Nas asas do mar, de Ana Maria Machado. São Paulo: Ática, 2012.

ATIVIDADES

1 Quais sensações a leitura do poema despertou em você?

_____

_____

2 Qual aspecto do poema chamou mais a sua atenção? O tema, as pessoas retratadas, o ritmo, as rimas ou a forma como a autora descreve a paisagem? Justifique.

_____

_____

3 Se você tivesse lido uma reportagem sobre dois meninos que vivem na mesma cidade, mas em lugares diferentes, e se encontram na praia, será que a forma do texto seria a mesma? E as sensações despertadas pela leitura, seriam as mesmas? Converse com o professor e os colegas.

4 O texto **Ponto de vista** é um poema. Pensando nele e no que você sabe sobre poemas, assinale **V** para as alternativas verdadeiras e **F** para as falsas.

☐ Verso é cada linha do poema.

☐ Verso é cada conjunto de linhas do poema.

☐ O agrupamento de versos chama-se estrofe.

☐ Trata-se de um poema sem rimas.

☐ Há rimas no poema: perdida/partida, gente/diferente, entre outras.

☐ A separação entre as estrofes é indicada por um espaço maior.

☐ O poema tem ritmo.

5 O poema começa com a apresentação de uma cidade.

- Releia a primeira estrofe. Quais palavras são usadas para apresentar essa cidade? A que classe gramatical a maioria dessas palavras pertence? São verbos, substantivos, adjetivos?

  _____
  _____

6 Na segunda estrofe, os dois meninos são apresentados. Responda ao que se pede.

a) Onde eles moram e de onde eles são vistos?

   _____
   _____

b) As expressões "um cisco de nada" e "um ponto à toa" referem-se aos meninos. Por meio delas podemos visualizar o tamanho deles na paisagem? Explique.

   _____
   _____

7 Os meninos vivem na mesma cidade. Releia a sexta estrofe do poema e responda ao que se pede.

a) Apesar de morar na mesma cidade, os meninos vivem em locais distantes e diferentes. Sublinhe os versos dessa estrofe que evidenciam isso e explique: o que separa os meninos?

   _____
   _____

b) Os dois parecem ter o mesmo tipo de vida? Quais as semelhanças e as diferenças? Explique com exemplos do texto.

   _____
   _____
   _____

8 No poema, as seguintes palavras são repetidas várias vezes: **um** e **outro**. A quem essas palavras se referem? Por que provavelmente elas foram usadas? Você diria que isso dá certo ritmo ao poema? Explique.

_____

_____

_____

9 Um dia, os dois meninos finalmente se encontraram.

> Mas um dia os dois se viram.
>
> Quando olhavam o mesmo mar, bem na mesma direção.

a) Em relação à segunda estrofe do poema, o ponto de vista mudou? Por quê?

_____

_____

b) Nesse novo lugar, os dois são mais parecidos ou mais diferentes? Por quê?

_____

_____

_____

10 No final do poema, há um breve diálogo entre os meninos. É possível saber quem diz o quê? Isso é importante nesse momento?

_____

_____

_____

11 Discuta com os colegas, e, com base nas respostas dadas nas atividades anteriores, procurem explicar o título que foi dado ao poema.

MERGULHO NA ESCRITA — GRAMÁTICA

Verbo

1 Observe estes versos do poema.

Um **soltava** pipa no azul sem fim.

O outro **andava** de bicicleta no jardim.

- O que as palavras destacadas nestes versos indicam?

_____

2 Agora leia este trecho.

Um **saía** para a escola. O outro **entrava** no carro.

Um **voltava** e **ia** pra rua. O outro **ficava** no quarto.

a) As ações destacadas são fatos ou apenas possibilidades? Em que tempo elas se situam: presente, passado ou futuro?

_____

_____

b) Se acrescentarmos a palavra **amanhã** ao início desse trecho, como ficarão essas frases?

_____

_____

c) Reescreva o primeiro verso substituindo **Um** e **O outro** por **Eles**. Quais outras palavras de cada frase deverão sofrer alteração?

_____

_____

d) Reescreva o segundo verso substituindo **Um** e **O outro** por **Nós**. Quais outras palavras de cada frase deverão sofrer alteração?

_____

_____

A palavra que exprime ações, estados e fenômenos da natureza é chamada de **verbo**. O verbo é variável e admite várias flexões (mudanças) para indicar número, pessoa, tempo, modo e voz.

Na flexão de pessoa, os verbos mudam de acordo com a **pessoa do discurso**:

- **1ª pessoa**: quem fala → **eu** e **nós**
- **2ª pessoa**: com quem se fala → **tu** e **vós** (ou **você** e **vocês**)
- **3ª pessoa**: de quem se fala, assunto da conversa → **ele/ela**, **eles/elas**

3 Todo verbo possui um infinitivo, forma com terminação **-r**. Por exemplo, **ser** ou **estar**.

a) Retome os verbos destacados nas atividades 1 e 2 e escreva o infinitivo de cada um.

b) Você notou alguma diferença entre as terminações desses infinitivos? Qual?

Os verbos classificam-se em três grupos, de acordo com a terminação. Esses grupos são chamados de **conjugações**. Observe:

- **1ª conjugação**: verbos terminados em **-ar**. Exemplos: soltar, andar, entrar, voltar, ficar.
- **2ª conjugação**: verbos terminados em **-er**. Exemplos: ter, bater.
- **3ª conjugação**: verbos terminados em **-ir**. Exemplos: sair, ir.

4 No último verso do poema **Ponto de vista**, há um verbo que pertence à 1ª conjugação. Qual é?

5 O texto que você vai ler a seguir é o trecho de uma narrativa escrita por Ana Maria Machado. Nesse trecho, a menina Isabel reflete sobre ter respondido para sua mãe que não perderia nunca o retrato de sua bisavó, embora não soubesse onde ele estava.

> Falei aquilo com tanta certeza que eu mesma me espantei. Não era mentira. Comigo não tem essa de ficar dizendo mentira. Eu não sei mentir, se mentisse ia me atrapalhar toda, esquecer, repetir diferente depois, é uma coisa a que eu não estou acostumada. Acho que sou desligada demais para mentir direito. Por isso é que fui respondendo calma, contando a verdade mais funda e verdadeira, que só naquela hora eu estava entendendo [...].

Nas asas do mar, de Ana Maria Machado. São Paulo: Ática, 2012.

a) O trecho lido foi escrito em 1ª pessoa. Quais verbos evidenciam isso?

_____

b) O que é possível saber sobre a narradora desse texto apenas com as informações apresentadas no trecho?

_____
_____

c) Copie do trecho os verbos que estão no infinitivo.

_____

d) A que conjugação pertencem os verbos que você escreveu?

_____
_____

e) Nesse trecho, apenas um verbo representa uma possibilidade, uma hipótese. Qual? Que característica da narradora explica esse verbo ter sido usado dessa maneira?

_____
_____
_____
_____

6 Reescreva as frases substituindo as pessoas destacadas pelas indicadas nos quadrinhos e fazendo as adaptações necessárias.

a) **Os dois** sonhavam sonhos, curtiam um som. [eu / nós]

_____

_____

_____

b) **Eu** falei aquilo com muita certeza. [ela / nós]

_____

_____

_____

c) Acho que **eu** sou desligada demais. [nós / ele]

_____

_____

_____

7 Complete as frases transformando fatos em possibilidades.

a) Eu não sei mentir.

Talvez _____

b) Não era mentira.

Podia ser _____

8 Complete o quadro a seguir com o infinitivo de cada um dos verbos.

Verbo	Infinitivo	Verbo	Infinitivo
falamos		partirão	
esquecia		contasse	
sabendo		sairei	

MERGULHO NA ESCRITA — ORTOGRAFIA

Mas, mais

1 Leia os trechos a seguir.

> Cada um bem isolado. Cada um para o seu lado. [...]
> **Mas** um dia os dois se viram.

Nas asas do mar, de Ana Maria Machado. São Paulo: Ática, 2012.

> Por isso é que fui respondendo calma, contando a verdade **mais** funda e verdadeira [...]

Nas asas do mar, de Ana Maria Machado. São Paulo: Ática, 2012.

a) Quais das palavras abaixo poderiam substituir **mas** no primeiro trecho sem mudar o sentido da frase? Assinale as alternativas corretas.

☐ Porém   ☐ Também   ☐ Contudo   ☐ Inclusive   ☐ Entretanto

b) Que sentido tem a palavra **mais** no segundo trecho?

☐ de intensidade   ☐ de passagem de tempo

☐ de oposição

c) No caderno, faça testes substituindo a palavra **mais** no segundo trecho por outras que você considere semelhantes e verifique o sentido das frases. Há alguma outra palavra que pode manter o sentido parecido com o original?

___

2 No poema **Ponto de vista** há um verso em que duas situações são colocadas uma em oposição à outra: o fato de que cada menino era a vista de alguém (ou seja, eram vistos um pelo outro) e o fato de que eles não sabiam disso.

a) Copie esse verso.

___

b) Que palavra estabelece a oposição entre essas duas situações?

___

3 Complete as frases abaixo com **mas** ou **mais**.

a) Os dois meninos olhavam a paisagem, _____ um não via o outro.

b) Quanto _____ viajo, _____ tenho vontade de viajar.

c) Não faço _____ essas coisas porque cansei.

> A palavra **mas** é uma conjunção e indica oposição entre duas ideias. Pode ser substituída por **porém**, **contudo**, **todavia**, etc.
>
> A palavra **mais** é um advérbio e exprime intensidade, quantidade. Seu oposto é **menos**.

4 Assinale a alternativa que completa corretamente cada frase e utilize-a para preencher a lacuna.

a) Não sei se vou conseguir, _____ vou tentar mesmo assim.

☐ mais

☐ mas

b) Você não estava lá na hora combinada, _____ não tem problema.

☐ mais

☐ mas

c) Juliana tem _____ duas irmãs.

☐ mais

☐ mas

d) Você quer _____ suco de laranja?

☐ mais

☐ mas

LEITURA 2

O texto que você vai ler a seguir é um texto opinativo, isto é, busca expressar uma opinião. Em que meios de comunicação você acha que os textos opinativos aparecem? Qual será o público para o qual eles se dirigem?

Observe o título e tente responder à pergunta feita nele. Você acha possível a convivência entre carros e bicicletas nas vias públicas? Leia o restante do texto para saber o que o autor pensa sobre isso.

Irritação contra ciclistas é justa?

Gilberto Dimenstein

Reportagem publicada hoje pela **Folha** revela a irritação dos motoristas com as ciclofaixas aos domingos. Compreensível. Pelo menos aos domingos o trânsito fluía com menos dificuldade. O problema, porém, é mais complexo: as ciclofaixas atiçam os ânimos de uma cidade carro-dependente, onde são despejados milhares de carros novos por mês. É uma briga de futuro – e nela vai se redefinir a paisagem da cidade.

As cidades mais civilizadas estão impondo cada vez mais restrições aos carros, encarados como uma epidemia urbana. Mas, ao contrário de São Paulo, elas oferecem melhor transporte público. O esforço é oferecer mais e mais espaço aos pedestres e ciclistas – e o melhor exemplo hoje é Nova York, onde a prefeitura topou a briga e percebeu que, depois de algum tempo, a cidade, enfrentando a resistência, adapta-se e fica melhor. Foi um escândalo quando decidiram fechar a Times Square – e hoje quase todos comemoram. Bogotá mudou aos domingos ao fechar algumas de suas ruas aos pedestres.

Bogotá: capital da Colômbia.

ciclofaixas: faixas exclusivas para ciclistas, demarcadas nas vias públicas.

epidemia: doença que surge rapidamente e ataca um grande número de pessoas; um tipo de modismo que se espalha com facilidade.

Times Square: grande largo formado pelo encontro de duas das principais avenidas da região central de Nova York.

urbana: referente à cidade.

Gustavo Grazziano/Arquivo da editora

Na cidade carro-dependente, as pessoas usam mais o carro do que deveriam. Isso porque, além de o transporte público ser ruim, é uma questão de *status*. Ou, em alguns casos, simples falta de costume de andar a pé alguns quarteirões. Nem se fala em eventualmente compartilhar o carro e racionalizar seu uso.

Em São Paulo, onde os carros dominam todos os dias, abriu-se um único dia da semana de respiro para a convivência – e isso tem mudado a paisagem paulistana. Lugares que ficavam abandonados no centro ganham vida.

Mas, pelo jeito, nem isso a cidade carro-dependente está disposta a tolerar em nome da fluidez do trânsito. Ocorre que as ciclofaixas, mínimas, são apenas um sinal da briga maior para os próximos prefeitos: mesmo com mais transporte público, haverá necessidade mais cedo ou mais tarde de crescentes restrições ao carro.

Antes que tudo pare – com ou sem ciclistas nas ruas.

fluidez: qualidade do que é fluido, que corre como líquido.
restrições: limitações.

Disponível em: <www1.folha.uol.com.br/colunas/gilbertodimenstein/1191267-irritacao-contra-ciclistas-e-justa.shtml>. Acesso em: 31 mar. 2016.

ATIVIDADES

1 Na cidade de São Paulo, foram criadas ciclofaixas, como a da foto da página ao lado, para uso exclusivo dos ciclistas aos domingos, diminuindo em uma faixa o espaço para automóveis. Esse foi o fato que gerou a reportagem do jornal *Folha de S.Paulo*, comentado pelo autor do texto.

a) Segundo o texto, que reação esse fato gerou nos motoristas? Por quê?

_____

b) Releia o primeiro parágrafo e explique: como o autor do texto se posiciona sobre isso em um primeiro momento? Em seguida, o que ele comenta?

_____

_____

> **Texto opinativo** é aquele em que se expõe uma opinião a respeito de um assunto, posicionando-se em relação a ele.
>
> O texto opinativo está presente em nosso dia a dia em jornais, revistas, programas de rádio e de TV e na internet.

2 O que você entende por "cidade carro-dependente"?

_____

_____

3 O autor do texto cita Nova York e Bogotá como exemplos de cidades que conseguiram oferecer mais espaço para os ciclistas.

a) Esses exemplos reforçam uma opinião contrária ou favorável às ciclofaixas? Por quê?

_____

_____

b) Segundo o autor, o que é necessário para limitar o uso do carro na cidade de São Paulo?

_____

O **texto opinativo**, geralmente, organiza-se em: introdução ou apresentação do assunto e posicionamento; argumentação, com exemplos e motivos que sustentem a opinião; conclusão, com fechamento e sugestões de solução do problema.

4 Algumas vezes, ao concluir o texto, o autor sugere soluções para o problema em discussão. Assinale apenas as afirmativas que são verdadeiras na conclusão do texto que você leu.

☐ As ciclofaixas existentes em São Paulo ainda são poucas.

☐ Em São Paulo há ciclofaixas suficientes.

☐ Muito mais deve ser feito, como melhorar o transporte público e limitar o uso do carro.

☐ Essas medidas devem ser adotadas antes que tudo pare.

☐ Quando tudo parar, não haverá mais ciclistas nas ruas.

Ciclofaixa de lazer em São Paulo (SP). Foto de 2011.

5 Releia o título do texto: **Irritação contra ciclistas é justa?**. Depois de ler a opinião do autor, como você responderia a essa pergunta? Converse com os colegas.

6 O texto foi publicado em uma coluna do jornal *Folha de S.Paulo* na internet.

a) Discuta com os seus colegas e seu professor: que tipos de interesses são defendidos pelo autor do texto? Interesses relacionados a transporte, saúde, educação, meio ambiente?

b) Quem é o público para o qual ele se dirige?

MERGULHO NA ESCRITA GRAMÁTICA

Conjunção

1 Releia as frases a seguir e responda ao que se pede.

> As cidades mais civilizadas estão impondo cada vez mais restrições aos carros, encarados como uma epidemia urbana. **Mas**, ao contrário de São Paulo, elas oferecem melhor transporte público.

> Na cidade carro-dependente, as pessoas usam mais o carro do que deveriam. Isso **porque**, além de o transporte público ser ruim, é uma questão de *status*.

> Antes que tudo pare – com **ou** sem ciclistas nas ruas.

a) Qual é a função das palavras destacadas?

☐ Indicar ações.

☐ Dar nome a seres e eventos do mundo.

☐ Estabelecer relações entre as partes do texto.

b) Relacione cada uma das palavras destacadas com o sentido delas.

mas	estabelece relação de causa
porque	estabelece relação de oposição
ou	estabelece relação de opção, alternativa

2 Releia este trecho.

> Nem se fala em eventualmente **compartilhar** o carro e **racionalizar** seu uso.

- Cada verbo destacado nessa frase corresponde a uma sequência. O que separa uma sequência da outra?

_____

> A **conjunção** é a palavra que liga sequências de enunciados (chamadas de orações) em uma frase. Pode estabelecer relações de causa, tempo, condição, consequência, adição, oposição, etc. entre essas orações. Exemplos: **que**, **se**, **porque**, **embora**, **mas**, **ou**, **pois**, **e**, **porém**.
>
> **Oração** é cada enunciado que contém um verbo. As frases podem ser formadas de uma ou mais orações, dependendo da quantidade de verbos.
>
> Quando há mais de uma oração na frase, comumente elas são ligadas por conjunções.

3 Junte as orações a seguir em uma única frase utilizando uma das conjunções do quadro.

> que   se   mas   porque   ou   quando

a) Muitas pessoas respeitam os outros no trânsito. Algumas ainda têm de aprender muito.

_____

_____

b) O colunista disse. As ciclofaixas são mínimas.

_____

_____

c) Você vai trabalhar de carro? Deixa o carro em casa?

_____

_____

ENTENDER AS PALAVRAS: DICIONÁRIO

Sentido literal e figurado

1. Releia este trecho do poema **Ponto de vista**: "Cada menino,/um cisco de nada".

   a) Nesse trecho, a palavra **cisco** refere-se aos dois meninos do poema. Veja algumas acepções da palavra **cisco**.

   > **cisco** (*substantivo masculino*): **1.** Pó ou miudezas de carvão. **2.** Lixo. **3.** Material sólido e heterogêneo (gravetos, ramos, algas, etc.) trazido pelas enxurradas. **4.** Aparas (sobras de papel) miúdas. **5.** Partícula ou grânulo (de poeira, etc.) que entra acidentalmente no olho; argueiro. **6.** Conjunto de instrumentistas na folia de reis.
   >
   > **Dicionário eletrônico Houaiss da Língua Portuguesa.**
   > Rio de Janeiro: Objetiva, 2009. (Adaptado.)

   - Algum desses significados da palavra **cisco** corresponde ao sentido empregado no poema? Converse com os colegas e o professor e procure explicar por que isso acontece.

   b) Agora observe o que aconteceria se o texto fosse escrito da seguinte maneira: "Cada menino,/Tão pequeno como um cisco".
   - Nesse caso, seria possível substituir a palavra **cisco** por algum dos significados? Quais? Explique.

2. No poema, a palavra **cisco** foi empregada no **sentido figurado**. Cada menino não é um cisco de verdade, mas como a distância entre eles os tornava pequenos um para o outro, essa palavra foi utilizada para dar expressividade ao texto, torná-lo mais imaginativo, poético. Agora, releia este trecho:

   > [...], onda batida,
   > comendo a faixa de areia
   > entre o mar e a avenida.

   - Nesses versos, qual palavra foi utilizada no **sentido figurado**, ou seja, fora de seu sentido habitual? Explique no caderno.

3. Assim como **cisco** e **comendo**, muitas outras palavras podem ser usadas de forma criativa, com sentidos diferentes do habitual, do uso literal. Escolha uma das expressões a seguir.

- Entrar numa fria.
- Quebrar o galho.
- Ser um lobo em pele de cordeiro.
- Cair a ficha.
- Chutar o balde.
- Fazer uma vaquinha.

a) Imagine o sentido que essas expressões assumem, escolha duas delas e escreva frases pensando nas situações em que elas possam ser usadas.

_____
_____
_____
_____

b) Converse com os colegas e o professor sobre as frases criadas. As expressões foram empregadas em seu sentido usual, literal ou em situações específicas, criativas, em sentido figurado?

Além do seu sentido habitual, o **sentido literal**, as palavras e expressões podem ser usadas com **sentido figurado**. Por exemplo:

*Como ele não escova os dentes todos os dias, está com o **sorriso amarelo**.* (sentido literal)

*Ela ficou sem graça e deu um **sorriso amarelo**.* (sentido figurado)

Em poemas, é comum e apreciado o uso de palavras no sentido figurado. Já nos dicionários, encontramos o sentido literal dos verbetes e, algumas vezes, é explicado também o uso figurado de determinadas palavras.

MEUS TEXTOS

Texto opinativo

Crie com os colegas um painel para apresentar suas opiniões sobre fatos da região em que vocês moram: comportamento no trânsito, lixo nas ruas, pichações, calçadas em mau estado, etc.

Você pode escolher um fato que considere positivo ou negativo; você é quem decide se vai apoiar ou desaprovar o fato em seu texto.

O título do painel será **Ponto de vista**. Ele deverá ser colocado em um local de fácil acesso para que muitas pessoas possam ler os textos.

Planejamento

1 Quando já tiver escolhido o assunto de que vai falar, pense:

- Que aspectos (positivos ou negativos) você vê nele?
- Qual é sua opinião sobre o fato? Defina-a.
- Que exemplos você pode dar para sustentar sua opinião?
- Se não tiver informações suficientes, pesquise, converse com outras pessoas, discuta com elas para compreender bem o fato a respeito do qual você vai escrever.

Rascunho

2 Neste momento, você já deve ter uma opinião formada a respeito do fato. Assim, observe os seguintes passos:

- Inicie o texto apresentando-o e opinando sobre ele.
- Em seguida, fundamente sua opinião para o leitor: apresente argumentos, dê exemplos, explique. Essa parte não pode ser muito longa. Escreva no máximo dois parágrafos.
- Por fim, apresente sua conclusão. Será muito interessante se, nela, você conseguir sugerir uma solução para o problema.
- Escolha um título bem interessante para seu texto: ele deve chamar a atenção do seu leitor e provocar o interesse dele.

Revisão

3 Ao terminar a escrita, utilize o quadro abaixo e revise seu texto.

	Sim	Preciso fazer/refazer
Expus o fato claramente e apresentei minha opinião sobre ele?		
Expliquei, dei exemplos, argumentei para justificar meu posicionamento?		
Na conclusão, apresentei uma sugestão sobre como solucionar o problema?		

Meu texto

Finalizado o texto e feita sua revisão, passe-o a limpo na folha que será afixada no painel. Faça uma letra caprichada: ela deve ser bem legível!

Capriche também na apresentação: um texto limpo e sem rasuras facilita a leitura e a compreensão.

ATIVIDADES DO CAPÍTULO

1. Leia o trecho abaixo e faça o que se pede.

   Fui à casa de vovô e vovó. Nos abraçamos muito muito forte e nos cobrimos de beijos. Eles choravam de felicidade. Como eles emagreceram e envelheceram nestes quatro meses! Disseram que eu tinha crescido, que agora era uma menina grande. É a natureza. As crianças crescem, os velhos envelhecem.

   O diário de Zlata, de Zlata Filipovic. São Paulo: Companhia das Letras, 1994. p. 89.

   a) Circule os verbos que indicam ação, sublinhe os que indicam um fato e pinte os que indicam estado.

   b) Quem são as pessoas que praticam a ação do verbo **cobrir** nesse trecho?

   _____

   c) Esse verbo está sendo usado em seu sentido literal ou sentido figurado? Em outras palavras, você acha possível que alguém realmente cubra outra pessoa com beijos? Qual o efeito de sentido gerado pelo uso desse verbo no trecho?

   _____

   _____

2. Leia os dois trechos e separe os verbos destacados em dois grupos: os que indicam fato (**F**) e os que indicam possibilidade (**P**).

   a) "Sou obrigada a continuar aguentando isso tudo, com você, Mimmy, na esperança de que a guerra termine [...] e eu possa novamente ser uma criança que vive sua infância na paz."

   b) "Outra coisa: o gás foi cortado. Estão dizendo que talvez amanhã volte a luz."

   O diário de Zlata, de Zlata Filipovic. São Paulo: Companhia das Letras, 1994. p. 152; 161.

   ☐ sou obrigada, continuar aguentando, ser, vive

   ☐ termine, possa

   ☐ foi cortado, estão dizendo

   ☐ volte

3. Indique, em cada par de frases, se houve mudança de pessoa ou de tempo.

   a) As crianças crescem, os velhos envelhecem.
      A criança cresce, o velho envelhece.
      _____

   b) Sou obrigada a continuar aguentando isso tudo.
      Serei obrigada a continuar aguentando isso tudo.
      _____

4. Complete as frases com as palavras do quadro.

que	se	ou	porque
porém		quando	

   a) _____ a neta viu os avós, ficou emocionada _____ viu _____ tinham envelhecido muito com o sofrimento da guerra.

   b) A guerra foi longa; Zlata, _____, nunca perdeu a esperança.

   c) _____ não tivesse visto os avós, não teria ficado tranquila.

   d) Você vai trabalhar de bicicleta _____ de ônibus?

5. Complete as frases com **mas** ou **mais**.

   a) Ela ficou _____ velha ontem.

   b) Papai foi ao circo, _____ não gostou do espetáculo.

   c) Quanto _____ eu corro, _____ demoro a chegar.

   d) Fui comprar um carro, _____ não vi nenhum de que gostasse.

O QUE APRENDI?

1. A fotografia do início da Unidade mostra uma vista noturna do centro da cidade de São Paulo. Imagine que, inspirado pela fotografia:

   a) Você resolvesse escrever uma crônica. Relacione as características que o seu texto deveria ter.

   _____

   _____

   b) Você quisesse escrever um texto dando a sua opinião sobre um fato ou um problema que ocorre na cidade em que vive. Seria mais apropriado que você escrevesse um texto opinativo, um poema ou uma fábula?

   _____

2. Na imagem, você pode ver alguns pontos turísticos da cidade de São Paulo, como o Viaduto do Chá, no vale do Anhangabaú. É comum que fotografias de pontos turísticos apareçam na parte da frente de que tipo de correspondência? Explique.

   _____

3. Leia algumas informações sobre o trânsito da cidade de São Paulo e responda ao que se pede.

> Devido às características de grande metrópole que São Paulo apresenta, o trânsito apresenta-se geralmente intenso nos horários de pico. Para diminuir este desconforto foi instituído um processo plenamente aprovado pela população, [...] comumente chamado de Rodízio.
>
> Disponível em: <www.cidadedesaopaulo.com/sp/br/transportes>. Acesso em: 12 maio 2014.

a) No texto, aparecem dois tipos diferentes de sinais de pontuação. Que sinais são esses? Para que eles foram usados?

_____

_____

b) Circule o pronome demonstrativo que aparece no texto.

c) A ocorrência de crase no texto se justifica porque **características** é uma palavra:

☐ feminina.   ☐ masculina.

d) Assinale as palavras em que a letra em destaque tenha o mesmo som representado pela letra **ç** na palavra **população**.

☐ **c**ebola   ☐ profe**ss**ora

☐ **c**inema   ☐ apre**s**enta

☐ mar**c**ar

● MINHA COLEÇÃO DE PALAVRAS

Escreva, com suas palavras, o que você entende por:

- verbo: _____

_____

- conjunção: _____

_____

UNIDADE 3
EXTRA, EXTRA!

Muita iluminação, pouca visão
A poluição luminosa das grandes cidades está tirando o brilh...
NOTÍCIAS - 05-03-2013 | ASTRONOMIA | IMPRIMIR

14/06/2012 às 14:00 | Vasto Mundo
Invento de garoto de 15 anos revoluciona o combate ao câncer de pâncreas

- É importante estar bem informado? Por quê?
- Como você fica sabendo do que acontece no mundo?
- Você acha que são noticiados mais acontecimentos bons ou ruins?
- Que elementos desta imagem estão relacionados com o universo da informação?

CAPÍTULO 7

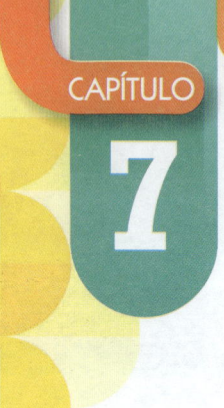

O QUE ACONTECE NO MUNDO

LEITURA 1

Você costuma ler notícias? Em quais veículos? Em jornais, revistas, pela internet?

A notícia que você vai ler a seguir foi retirada do *site* de uma revista, ou seja, foi publicada originalmente na internet.

Você já leu notícias sobre grandes desastres ambientais? Para que servem essas notícias? Por que é importante ter conhecimento a respeito disso?

Lama tóxica atinge ponto de desova de tartarugas-gigantes

Os rejeitos de minério do desastre ambiental em Mariana chegaram à reserva de Comboios, no Espírito Santo, único ponto fixo de desova dos animais no Brasil

Por Ana Luísa Fernandes | Editado por Camila Almeida | Publicado em 26/11/2015

Os ambientalistas tentaram, mas, infelizmente, não conseguiram barrar a lama que chegava pelo Rio Doce. Os rejeitos de minério do desastre ambiental em Mariana chegaram à reserva de Comboios, no Espírito Santo, único ponto fixo de desova de tartarugas-gigantes no Brasil. Alguns filhotes conseguiram ser salvos e foram liberados em outros pontos do mar, mas ainda não dá para saber se eles serão ou não contaminados.

Há uma semana, 9 km de boias foram colocados na região como medida emergencial para barrar a entrada da lama. A Samarco, mineradora responsável pelo caso, informou que a ação conseguiria barrar até 80% dos resíduos. Não foi isso que aconteceu.

Paulo de Araújo/Ministério do Meio Ambiente

Imagem aérea de praia no Espírito Santo atingida por rejeitos de mineração provenientes do rompimento de uma barragem em Minas Gerais. Foto de 2015.

A tartaruga-gigante está criticamente ameaçada no Brasil e pesa em média 400 quilos. O único lugar em que ela desovava regularmente era na reserva, mas, ocasionalmente, o processo acontece em outros lugares, como Rio Grande do Norte, Bahia e Rio de Janeiro. As tartarugas fêmeas sempre botam os seus ovos na praia em que nasceram, em intervalos de dois a quatro anos. "O mecanismo que permite que isso aconteça é chamado de orientação magnética. As tartarugas marinhas possuem cristais de magnetismo no cérebro, que fazem com que elas registrem o local do nascimento e consigam se localizar geograficamente, voltando sempre à mesma região", explica o biólogo Jonathas Barreto.

Filhotes de tartaruga marinha.

Segundo o Projeto Tamar, a reserva de Comboios é uma das pioneiras, instalada em 1982. Protege 37 quilômetros de praias semidesertas e foi criada com o objetivo principal de preservar a fauna, flora e desovas de tartarugas marinhas.

Site da revista **Superinteressante**. Disponível em: <http://super.abril.com.br/ciencia/lama-toxica-atinge-ponto-de-desova-de-tartarugas-gigantes>. Acesso em: 7 abr. 2016.

Lama tóxica atinge ponto de desova de tartarugas-gigantes

Os rejeitos de minério do desastre ambiental em Mariana chegaram à reserva de Comboios, no Espírito Santo, único ponto fixo de desova dos animais no Brasil

POR *Ana Luísa Fernandes* | EDITADO POR *Camila Almeida* | ATUALIZADO EM 02/12/2015

Os ambientalistas tentaram, mas, infelizmente, não conseguiram barrar a lama que chegava pelo Rio Doce. Os rejeitos de minério do desastre ambiental em Mariana chegaram à reserva de Comboios, no Espírito Santo, único ponto fixo de desova de tartarugas-gigantes no Brasil. Alguns filhotes conseguiram ser salvos e foram liberados em outros pontos do mar, mas ainda não dá para saber se eles serão ou não contaminados.

Há uma semana, 9 km de boias foram colocados na região como medida emergencial para barrar a entrada da lama. A Samarco, mineradora responsável pelo caso, informou que a ação conseguiria barrar até 80% dos resíduos. Não foi isso que aconteceu.

reserva: reserva natural é um espaço geográfico delimitado por órgão oficiais com o objetivo de preservar diferentes espécies animais e vegetais.

ATIVIDADES

1 Copie este quadro no caderno e preencha-o com as principais informações da notícia.

Elementos da notícia	Dados da notícia
1. **O que** aconteceu?	
2. **Quem** e **o que** estão envolvidos nesse fato?	
3. **Quando** isso aconteceu?	
4. **Onde** o fato aconteceu?	
5. **Por que** isso aconteceu?	

> A **notícia** é um texto curto e objetivo que apresenta logo no início alguns elementos essenciais para seu entendimento. Tais elementos são: o fato ocorrido (o quê?), as pessoas e demais seres envolvidos no fato (quem?), o local onde o fato ocorreu (onde?) e a data do fato (quando?). A notícia pode apresentar também, ainda no início, as razões do fato (por quê?) e o modo como ocorreu (como?). Essa parte da notícia que costuma apresentar os elementos essenciais para seu entendimento é chamada de **lide**.

2 Em qual parágrafo da notícia está o lide?

_____

3 Se você tivesse lido apenas o título ou apenas o lide, já entenderia o essencial sobre o fato noticiado? Explique.

_____

_____

4 A notícia que você leu tem um **olho** (subtítulo mais explicativo, posterior à manchete). É possível dizer que esse olho explica melhor as informações que estão sintetizadas na manchete? De que forma isso acontece? Converse com os colegas e o professor.

5 De acordo com a notícia, como funciona o processo de escolha do local para desova das tartarugas-gigantes? Escreva a resposta no caderno.

6 O que é a reserva Comboios? Com que intenção essa região do Espírito Santo foi preservada?

_____
_____
_____

7 Qual foi a tentativa de impedir que a lama chegasse ao litoral do Espírito Santo? Ela obteve sucesso?

_____
_____
_____

8 Releia o primeiro parágrafo do texto e aponte o trecho em que é possível identificar uma opinião sobre o que aconteceu. Explique qual pode ser essa opinião.

_____
_____
_____
_____

9 Que recurso de pontuação foi usado para reproduzir e isolar a fala do biólogo na notícia?

_____
_____

MERGULHO NA ESCRITA — GRAMÁTICA

Verbo: modo indicativo

1 Releia o título da notícia: "Lama tóxica atinge ponto de desova de tartarugas-gigantes".

a) O verbo **atinge** passa que ideia de tempo?
A de que a chegada da lama tóxica:

☐ acontecerá posteriormente (no futuro).

☐ acontece simultaneamente ao momento em que se lê (no presente).

☐ aconteceu anteriormente (no passado).

b) Reescreva o título da notícia de modo que indique as outras duas ideias de tempo.

_____
_____

2 Imagine o momento pontual em que a lama tóxica atinge a praia na reserva ambiental de Comboios.

a) Pensando nisso, podemos dizer que esse acontecimento é anterior, posterior ou simultâneo ao momento da escrita do texto? Explique.

_____
_____
_____
_____

b) Por que, então, o tempo em que a ação acontece e o tempo do verbo escolhido para narrar o acontecimento não são os mesmos?

_____
_____
_____

3 O tempo presente costuma ser empregado em notícias:

☐ para que o leitor tenha a impressão de que o fato está acontecendo naquele momento.

☐ porque realmente os fatos sempre estão acontecendo no momento em que as notícias são escritas.

> Os **tempos verbais do modo indicativo** indicam certeza de que uma ação já aconteceu (passado), está acontecendo (presente) ou ainda vai acontecer (futuro).
>
> Exemplos:
>
> *Famoso atleta **perde** a medalha de ouro.*
>
> *Famoso atleta **perdeu** a medalha de ouro.*
>
> *Famoso atleta **perderá** a medalha de ouro.*
>
> Existe também um modo verbal que expressa dúvida, o **modo subjuntivo**. Observe:
>
> *E se o famoso atleta **perdesse** a medalha de ouro?*
>
> *Talvez o famoso atleta **perca** a medalha de ouro.*

4 Complete as frases com os verbos indicados usando o modo indicativo presente.

a) Comércio ilegal _____ espécies do planeta. [ameaçar]

b) _____ todos responsáveis pelo lixo. [ser]

5 Agora, complete as frases com os verbos sugeridos utilizando o modo subjuntivo e observe a diferença de sentido.

a) O ideal seria que todos os bairros _____ com coleta seletiva de lixo. [contar]

b) Que maravilha se o tráfico de animais _____! [acabar]

c) Seria ótimo se todos _____ o lixo na lixeira. [jogar]

d) Imagine como o mundo seria se todos _____ e _____ a natureza. [respeitar/preservar]

MERGULHO NA ESCRITA ORTOGRAFIA

Uso de mesmo e próprio

1 Leia o início da reportagem **Roubaram nossa liberdade**, que também trata do rompimento da barragem em Minas Gerais.

> Magrela e barulhenta, Berenice salvou 40 pessoas da morte quando a primeira camada de lama atingiu a comunidade, pouco depois das 16 h do dia 5 de novembro. Ou quase. Berenice, na verdade, é uma motocicleta de 50 cilindradas, "uma cinquentinha". E a verdadeira heroína é sua dona, Paula Geralda Alves, de 36 anos, auxiliar de serviços gerais da Samarco. Quando soube do estouro da barragem, apavorada, Paula pegou a moto e saiu corajosamente gritando e buzinando pelas ruas, avisando aos moradores que uma onda de sujeira estava prestes a destruir a comunidade. "A barragem rompeu, a barragem rompeu", gritava entre as casas.
>
> O combustível da motocicleta acabou. E Paula ainda ajudou a família e vizinhos a fugir na caçamba de um caminhão que, por sorte, passava por ali. Quando pensou em voltar para casa para pegar ao menos seus documentos, era tarde demais. Ela **mesma** perdeu tudo, até um de seus bens mais valiosos: um *smartphone* que havia acabado de comprar a prestações e nem sequer começou a pagar. [...]

Disponível em: <www.dw.com/pt/roubaram-nossa-liberdade/a-18896685>. Acesso em: 7 abr. 2016.

- Quem é a personagem principal retratada nesse trecho da reportagem? Por quê? Conte como ela é caracterizada no texto.

2 Na frase "Ela mesma perdeu tudo, até um de seus bens mais valiosos":

a) A quem se refere a palavra **mesma**?

_____

b) A palavra **mesma** é usada com qual sentido na frase?

☐ a própria pessoa ☐ realmente, de verdade

3 Reescreva a frase da atividade anterior substituindo o pronome **Ela** por **Os familiares**.

_____

_____

4 Leia as frases e responda às questões a seguir.

Nós **mesmas**, as professoras, enviamos as medalhas.

Ele **próprio** recolheu as assinaturas.

Eu **mesma** fiz toda a lição de casa.

a) Circule as palavras às quais os pronomes em destaque se referem.

b) O que você nota em relação às palavras **mesmo** e **próprio**?

5 Use as palavras do quadro para completar as frases a seguir.

> próprios   próprias   mesmo   mesma

a) Eles _____ já verificaram o freio do automóvel.

b) Ela _____ quis ver o recibo assinado.

c) Elas _____ mandaram todos os convites da festa.

d) Ele _____ preencheu os recibos.

6 Leia agora estas frases.

Aline, você está **mesmo** cansada?

Pedro, você está **mesmo** aborrecido?

Amigos, vocês estão **mesmo** confiantes em relação ao resultado do jogo?

- Nessas frases, a palavra **mesmo** não varia. Em sua opinião, essas frases estão corretas ou incorretas? Por que, nesses casos, isso acontece?

> **Mesmo** e **próprio** (no sentido de "idêntico" ou "em pessoa") devem concordar em gênero e número com a palavra à qual se referem. Exemplos:
> *Elas **próprias** prepararam o bolo.*
> *Elas **mesmas** prepararam o bolo.*
> A concordância, porém, não ocorre quando a palavra **mesmo** significa **realmente**. Exemplo:
> *Elas já prepararam **mesmo** tudo para a festa?*

LEITURA 2

Você já ouviu falar de declarações que são aprovadas internacionalmente para garantir direitos das pessoas?

Conhece alguns dos princípios dessas declarações (de direitos humanos, de direitos da criança, etc.)?

Imagine uma **Declaração de Direitos de nosso Planeta**! Se nosso planeta pudesse falar, o que ele pediria? E a quem ele mandaria uma "carta" com os pedidos? Leia o texto e pense se você concorda ou não com essas propostas.

CARTA DA TERRA

PREÂMBULO

Estamos diante de um momento crítico na história da Terra, em uma época em que a humanidade deve escolher o seu futuro. À medida que o mundo torna-se cada vez mais interdependente e frágil, o futuro enfrenta, ao mesmo tempo, grandes perigos e grandes promessas. Para seguir adiante, devemos reconhecer que, no meio de uma magnífica diversidade de culturas e formas de vida, somos uma família humana e uma comunidade terrestre com um destino comum. Devemos somar forças para gerar uma sociedade sustentável global, baseada no respeito pela natureza, nos direitos humanos universais, na justiça econômica e em uma cultura da paz. Para chegar a esse propósito, é imperativo que nós, os povos da Terra, declaremos nossa responsabilidade uns para com os outros, com a grande comunidade da vida, e com as futuras gerações. [...]

PRINCÍPIOS

I. RESPEITAR E CUIDAR DA COMUNIDADE DA VIDA

1. Respeitar a Terra e a vida em toda sua diversidade.
2. Cuidar da comunidade da vida com compreensão, compaixão e amor.
3. Construir sociedades democráticas que sejam justas, participativas, sustentáveis e pacíficas.
4. Garantir as dádivas e a beleza da Terra para as atuais e as futuras gerações.

II. INTEGRIDADE ECOLÓGICA

5. Proteger e restaurar a integridade dos sistemas ecológicos da Terra, com especial preocupação pela diversidade biológica e pelos processos naturais que sustentam a vida.

é imperativo: é necessário; é urgente.

interdependente: que dependem um do outro.

preâmbulo: parte inicial de um documento em que se anuncia ou se justifica uma lei ou uma declaração.

6. Prevenir o dano ao ambiente como o melhor método de proteção ambiental e, quando o conhecimento for limitado, assumir uma postura de precaução.
7. Adotar padrões de produção, consumo e reprodução que protejam as capacidades regenerativas da Terra, os direitos humanos e o bem-estar comunitário.
8. Avançar o estudo da sustentabilidade ecológica e promover a troca aberta e a ampla aplicação do conhecimento adquirido.

III. JUSTIÇA SOCIAL E ECONÔMICA

9. Erradicar a pobreza como um imperativo ético, social e ambiental.
10. Garantir que as atividades e instituições econômicas em todos os níveis promovam o desenvolvimento humano de forma equitativa e sustentável.
11. Afirmar a igualdade e a equidade de gênero como pré-requisitos para o desenvolvimento sustentável e assegurar o acesso universal à educação, à assistência de saúde e às oportunidades econômicas.
12. Defender, sem discriminação, os direitos de todas as pessoas a um ambiente natural e social, capaz de assegurar a dignidade humana, a saúde corporal e o bem-estar espiritual, concedendo especial atenção aos direitos dos povos indígenas e minorias.

IV. DEMOCRACIA, NÃO VIOLÊNCIA E PAZ

13. Fortalecer as instituições democráticas em todos os níveis e proporcionar-lhes transparência e prestação de contas no exercício do governo, participação inclusiva na tomada de decisões e acesso à justiça.
14. Integrar, na educação formal e na aprendizagem ao longo da vida, os conhecimentos, valores e habilidades necessárias para um modo de vida sustentável.
15. Tratar todos os seres vivos com respeito e consideração.
16. Promover uma cultura de tolerância, não violência e paz.

Paris, março de 2000.

Disponível em: <www.mma.gov.br/estruturas/agenda21/_arquivos/carta_terra.pdf>.
Acesso em: 8 abr. 2016.

---

discriminação: distinção; preconceito.
equidade: igualdade.
equitativa: igualitária.
erradicar: eliminar.
regenerativas: que podem se renovar, regenerar.

ATIVIDADES

1 Releia o preâmbulo (introdução) da declaração e responda:

a) Em nome de quem esse texto fala? Ou seja, quando diz "nós", a quem o texto se refere?

_____

b) A quem a declaração se dirige? Explique.

_____

_____

_____

2 Qual é o principal assunto da declaração? Em sua opinião, por que ela se chama **Carta da Terra**?

_____

_____

_____

3 Releia os princípios da **Carta da Terra** e responda:

a) Quais são os quatro princípios propostos?

_____

_____

b) Qual das alternativas a seguir explica melhor o que seriam esses princípios?

☐ São pensamentos que algumas pessoas deveriam ter para contribuir para um mundo melhor.

☐ São propostas de ação que todas as pessoas deveriam pôr em prática para contribuir para um mundo melhor.

☐ São perigos que devem ser evitados para garantir um futuro melhor para o planeta.

4 Todos os itens da declaração começam com qual destas categorias de palavra?

☐ substantivo

☐ verbo

☐ adjetivo

5 No preâmbulo, afirma-se que estamos em "um momento crítico na história da Terra". Qual é a solução apontada para enfrentar esse momento?

_____
_____
_____
_____
_____

6 Se pudesse, você alteraria algo na **Carta da Terra**? O quê?

_____
_____
_____

7 Em sua opinião, nós vivemos em um momento crítico da história da Terra? Por quê?

_____
_____
_____

> A **Carta da Terra** é uma declaração. As **declarações** têm a finalidade de apresentar princípios que sejam seguidos por todos. Em geral, são escritas em uma data precisa, decorrente de algum acontecimento.

Vicente Mendonça /Arquivo da editora

MERGULHO NA ESCRITA ORTOGRAFIA

Traz, trás, detrás e atrás

1 Leia as frases prestando atenção às palavras e à expressão destacadas.

> Ninguém **traz** de volta as vidas levadas pela lama tóxica.
>
> O bosque maior fica lá **atrás**.
>
> Para chegar aqui, passei **por trás de** um portão do parque.
>
> Um esquilo se escondeu **detrás de** uma árvore e logo voltou ao bosque.

a) Qual é o sentido das palavras e da expressão destacadas no contexto de cada frase? Converse com o professor e os colegas.

b) Embora elas sejam parecidas, há diferenças no modo como são escritas. Quais são essas diferenças?

c) Quais delas são locuções prepositivas?

Usa-se **traz**, forma conjugada do verbo **trazer** no presente do indicativo, para indicar ação. Exemplo:

*O documento **traz** paz a nossas consciências.*

Usa-se **trás** em locuções prepositivas, para relacionar palavras, podendo indicar lugar físico ou não. Exemplos:

*Qual é a intenção **por trás de** seu gesto?*

*O gato se escondeu **por trás de** um arbusto.*

Usa-se **atrás** para indicar lugar físico ou não. Exemplos:

*Sente-se **atrás** de mim.*

*Eu vou **atrás** da realização dos meus sonhos.*

Já **detrás** costuma ser usado apenas para indicar lugar físico. Exemplo: *O mercado fica **detrás** do prédio.*

2 Reescreva as frases com **traz**, **trás**, **detrás** ou **atrás**.

a) Muitos estão correndo _____ do sonho de um planeta sustentável.

b) A **Carta da Terra** _____ uma mensagem de esperança ao planeta.

c) Por _____ da **Carta da Terra** há mais de 4 500 organizações.

d) Eu me sento _____ da Mariana na sala de aula.

3 Nestas frases há erros no emprego de **trás**, **atrás** e **traz**. Reescreva-as empregando corretamente as formas.

a) O jornal não **tras** boas notícias sobre o meio ambiente.

_____

b) Falta de informação só **tráz** dúvidas.

_____

c) Deixe para **atrás** a indiferença e a irresponsabilidade.

_____

d) Não vá **atráz** de assuntos fúteis.

_____

e) Corra **detrás** do que você quer e seja feliz.

_____

157

MEUS TEXTOS

Notícia

Junte-se a um colega para vocês escreverem uma notícia sobre algum fato importante que tenha ocorrido na região em que vocês estudam. As notícias produzidas pela turma poderão ter como leitores todos os membros da comunidade escolar e moradores da região.

Planejamento

1 Para melhor planejar a produção da notícia, copiem, em uma folha à parte, o quadro a seguir. Nesse quadro, vocês vão indicar os dados do fato que aconteceu na região de vocês e que não podem faltar no texto da notícia. A coluna **Dados da notícia** traz informações importantes que explicam como deve ser o preenchimento de seu quadro.

Elementos da notícia	Dados da notícia
O quê?	[Trata-se do fato ocorrido. A resposta a essa pergunta revela **o fato em si**.]
Quem?	[São as pessoas e seres envolvidos no fato. A resposta a essa pergunta aponta para **aqueles que participam do fato**.]
Quando?	[Trata-se da data do acontecimento do fato. A resposta a essa pergunta indica o **momento quando ocorreu o fato**.]
Onde?	[Refere-se ao local de acontecimento do fato. A resposta a essa pergunta mostra o **lugar em que ocorre o fato**.]
Como?	[Trata-se do modo como aconteceu o fato. A resposta a essa pergunta esclarece a **maneira como o fato ocorreu.**]
Por quê?	[São as razões que justificam o fato. A resposta a essa pergunta elucida os **motivos envolvidos no acontecimento do fato**.]

Rascunho

2 Escrevam um rascunho da notícia.

- Concentrem as informações principais no lide, o primeiro parágrafo. Nos demais, explorem os detalhes do acontecimento.

- Contem o fato como se estivessem de fora da situação. Não se incluam no momento de redigir.

- Deem um título chamativo à notícia para que seus leitores sintam vontade de ler o texto.

Revisão

3 Copiem o quadro abaixo no caderno e vejam em que pontos o texto que vocês produziram precisa ser melhorado.

	Sim	Preciso fazer/refazer
Apresentamos no lide os elementos essenciais para o entendimento da notícia?		
Escrevemos um título que desperta interesse no leitor?		
Usamos linguagem direta e objetiva, sem nos incluirmos no texto?		

Meu texto

Cada dupla deve retomar seu texto para escrever a versão final da notícia. Corrijam e mudem tudo que for necessário para aperfeiçoar o texto.

Depois, juntem-se a outra dupla: troquem os textos e observem como vocês redigiram a notícia, quais informações vocês destacaram, quais deixaram em segundo plano.

Vocês podem, ainda, juntar todas as notícias para fazer um jornal da turma. Esse jornal pode circular pela escola e pela comunidade da região para que outras pessoas possam ler as notícias que vocês escreveram!

ATIVIDADES DO CAPÍTULO

1. Leia esta tirinha.

   Quadrinho 1: — EU VI VOCÊ DEIXAR CAIR O PAPEL!
   Quadrinho 2: — POR QUE NÃO CUIDA DA SUA VIDA?... GURI! — ESTOU CUIDANDO!
   Quadrinho 3: — ESTE É O MEU PLANETA!... ...COROA!

   Armandinho, de Alexandre Beck. Acervo do autor.

   - Qual é o tema abordado nessa tirinha do menino Armandinho? De que forma esse mesmo tema aparece nos textos que você leu neste capítulo?

   _____
   _____
   _____
   _____

2. Associe cada item do quadro (elementos da notícia) à descrição a qual ele corresponde. Siga o modelo.

   | corpo da notícia | ~~manchete~~ | ~~título~~ | lide |
   | fotografias | subtítulo | primeiro parágrafo | |

   a) Atrai a atenção do leitor: manchete ou título.

   b) Antecipa informações: _____.

   c) Apresenta as informações essenciais da notícia: _____ ou _____.

   d) Ilustra a notícia: _____.

   e) Informa o acontecimento com exatidão e detalhes: _____.

3. Reescreva as frases passando os verbos para o modo presente do indicativo. Faça as adaptações necessárias, conforme o exemplo.

> Talvez ele **venha** para a festa.
> Ele **vem** para a festa.

a) Talvez o mundo **seja** um lugar bom para viver.

_____

b) Nós **seremos** todos conscientes dos problemas do meio ambiente.

_____

4. Complete os diálogos utilizando a palavra adequada entre as que estão no quadro.

> próprios   mesma   mesmo   próprias

a) — Preciso que a senhora _____ preencha os formulários.

— Obrigada pela orientação, rapaz.

b) — Eles _____ trouxeram de volta a carteira que o senhor havia perdido ontem.

— É _____ verdade? Que bom!

- Reescreva a frase em que o sentido de **mesmo** é igual ao de **realmente**. Faça essa substituição.

_____

5. Complete as frases com **traz**, **trás**, **detrás** ou **atrás**.

a) Todos os dias ele _____ lanche para dividir com os colegas.

b) Ele sempre _____ a lição de casa incompleta.

c) Mariana sempre _____ boas notícias.

6. As palavras que você usou para completar as frases da atividade anterior são:

☐ verbos   ☐ locuções prepositivas

CAPÍTULO 8

DESAFIOS DA ATUALIDADE

LEITURA 1

Você costuma ler reportagens? E você tem ideia do trabalho que existe por trás de uma reportagem?

Na reportagem que você vai ler, afirma-se que, no mundo todo, já há mais pessoas morando em cidades do que no campo. Você sabia disso?

Leia o texto para entender como é possível deixar uma cidade mais verde e que benefícios isso pode trazer à população.

A revolução das cidades – Da terra aos telhados

Uma tendência mundial, as hortas urbanas — em rios, paredes e tetos — estão aproximando as cidades das plantações.

Por Luiz Romero

Vai ser difícil comer em 2050. Seremos 9 bilhões de pessoas lutando por pastos e fazendas que não conseguem alimentar direito nem 7 bilhões, nossa população hoje. A resolução para este problema é simples: aproximar a fonte da comida dos compradores e utilizar novos espaços para plantar.

Um grupo de agricultores de São Paulo aceitou este desafio. Claudia Visoni faz parte do time, que está começando a mudar o jeito que os paulistanos lidam com a comida. A iniciativa é nova: começou no meio deste ano, com uma pequena horta no bairro da Vila Madalena. Mas já cresceu para outra plantação, localizada na Avenida Paulista. Para Claudia, "plantar no espaço urbano significa eliminar a embalagem e o transporte, duas coisas que causam enorme impacto ambiental".

Valter Ferrari/Arquivo da editora

As iniciativas, humildes em tamanho, mas carregadas de significado, reproduzem uma tendência mundial, muito bem representada pela cidade de Nova York. A metrópole mais movimentada do mundo chegou ao ponto de ter empresas que investem nas plantações urbanas e orgânicas. A Bright Farms teve a sacada de plantar perto de supermercados, ajudando a diminuir o caminho percorrido pela comida e economizando o dinheiro dos administradores. Outras duas, a Brooklyn Grange e a Gotham Green, vivem de hortas e estufas espalhadas pelo topo dos prédios do Brooklyn. E a coisa está crescendo: a Brooklyn Grange, que possuía 4 km² de hortas, inaugurou no começo deste ano outro espaço verde, com 6 km², enquanto a Bright Farms deve inaugurar a maior horta urbana do mundo no ano que vem, com nada menos que 9 km² de produção verde.

Acha impressionante? O mexicano Fernando Ortiz acha que é pouco. "Quando converso com meus amigos que plantam nos tetos de Nova York, sempre provoco: eu tenho quatro vezes mais trabalho do que vocês." E é verdade: o arquiteto acredita que os tetos não são suficientes e que devemos plantar também nas paredes. É isso que ele faz na Cidade do México. "Nova York consegue solucionar parte do problema, mas, para realmente transformar o cenário, precisamos usar todas as superfícies. E não apenas as exteriores, mas também as paredes de dentro, das salas, dos banheiros."

É muita gente: a Claudia, na Vila Madalena, e o Fernando, nas paredes da Cidade do México [...]. Atuando em áreas tão diferentes e representando grupos tão diversos, todos eles têm algo em comum: acreditam nas metrópoles e não querem fugir delas. Em vez disso, estão tentando revolucionar as cidades onde vivem. E a melhor parte: estão conseguindo.

orgânicas: que são cultivadas sem o uso de adubos químicos ou agrotóxicos.

HORTAS EM TODO LUGAR

Cidades mais verdes, com produção de comida local, parecem um sonho. Mas existem.

1
PRODUÇÃO PRÓPRIA

Na Cidade do México, as paredes também produzem comida. "Eu acredito que, pelas próximas décadas, começaremos cada vez mais a consumir produtos plantados por nós mesmos", conta Ortiz, responsável pelo projeto.

2
TETOS VERDES

As hortas de Nova York estão crescendo: a Brooklyn Grange, que tinha 4 km², inaugurou outro espaço, com 6 km², no começo deste ano. E a Bright Farms deve abrir a maior horta urbana do mundo, com 9 km².

❸
CHÃO, TETO, PAREDE E...

E nem os rios são o limite. Esta estufa, que aproveita a água da chuva para irrigar as plantas, pode ser vista navegando pelo rio Hudson, em Nova York. Ela é usada para educar a população sobre plantações orgânicas e sustentáveis.

❹
NATUREZA VERTICAL

A ideia de construir as fazendas verticais é antiga. Mas o plano saiu do papel. Uma fazenda vertical e comercial abriu as portas em Cingapura no final deste ano com capacidade para produzir meia tonelada de vegetais diariamente.

Fontes: Marco Bontje, professor da Universidade de Amsterdã; Larry Susskind, professor do Instituto de Tecnologia de Massachusetts (MIT); Mitchell Joachim, arquiteto da agência Terreform; Pam Warhurst, criadora do programa de hortas comunitárias *Incredible Edible*; Willian Cruz, cicloativista e responsável pelo *blog* Vá De *Bike*; Casemiro Tércio, diretor do Departamento Hidroviário de São Paulo; Fabio Toledo, superintendente de tecnologia e inovação da Light.

A revolução das cidades, de Luiz Romero. Revista **Superinteressante**, São Paulo, Abril, n. 313, dez. 2012. p. 54-55.

ATIVIDADES

1 Numere as informações a seguir de acordo com a ordem em que aparecem nos parágrafos da reportagem.

☐ O que há de comum na atitude dos criadores de hortas urbanas é a tentativa de revolucionar as cidades.

☐ Uso das paredes dos prédios para plantações como outra solução possível.

☐ Desafio é aceito: criação de pequenas hortas em espaços urbanos.

☐ Empresas de Nova York que investem em quilômetros de plantações urbanas e orgânicas.

☐ Problema futuro de falta de comida, provocado por escassez de pastos e fazendas.

2 Segundo o texto, por que plantar no espaço urbano:

a) poderia solucionar o problema da falta de alimento?

_____
_____
_____
_____

b) pode auxiliar a preservar o meio ambiente, causando menos impacto?

_____
_____

3 O que provavelmente o repórter fez para conseguir as informações da reportagem?

_____
_____

4 Releia a declaração do arquiteto Fernando Ortiz e responda ao que se pede.

a) Para ele, as plantações nos topos do prédios são suficientes? Explique.

_____

_____

b) Se a ideia dele for aceita e adotada por muitas pessoas, que mudanças podem ocorrer na paisagem urbana?

_____

_____

5 Procure se lembrar da notícia que você leu no capítulo anterior. Pensando na reportagem que você acabou de ler e comparando o formato e o tipo de conteúdo que as duas apresentam, responda: quais são as diferenças e semelhanças entre uma notícia e uma reportagem?

_____

_____

_____

_____

_____

6 Essa reportagem apresenta um infográfico. Ele ajudou você a compreender a reportagem? Qual é a relação entre a imagem e os textos apresentados no infográfico e o restante da reportagem?

> A **reportagem**, assim como a notícia, tem título, fotografias, e baseia-se em acontecimentos reais. As principais diferenças da reportagem é que ela apresenta os assuntos de modo mais aprofundado e não precisa estar relacionada a algo que acabou de acontecer.
>
> Depoimentos de especialistas e de estudiosos costumam fazer parte das reportagens, que podem ou não ser assinadas.

MERGULHO NA ESCRITA GRAMÁTICA

Numerais

1 Relembre alguns trechos da reportagem:

> Vai ser difícil comer em **2050**. Seremos **9 bilhões** de pessoas [...].
>
> [...] plantar no espaço urbano significa eliminar a embalagem e o transporte, **duas** coisas que causam enorme impacto ambiental.
>
> [...] eu tenho **quatro** vezes mais trabalho do que vocês.

a) Observando as informações em destaque nos trechos, é correto afirmar que elas:

- ☐ não fariam falta caso não aparecessem.
- ☐ dão precisão (exatidão) às informações.
- ☐ despistam o leitor.
- ☐ revelam dados de maneira vaga.

b) Escreva por extenso os dados numéricos destacados que estão escritos em algarismos.

_____

_____

O **numeral** é a classe de palavras que devemos usar para indicar quantidades de elementos (inteiros, múltiplos, frações) ou a posição que ocupam.

Os numerais que indicam quantidade simples são os **cardinais** (um, três, mil). Os que indicam a multiplicação são os **multiplicativos** (dobro, triplo) e os que indicam a divisão de uma quantidade, os **fracionários** (terço, quinto). Os que servem para ordenar elementos dentro de uma série, mostrando a posição ocupada, são os **ordinais** (terceiro, milésimo).

2 Leia agora esta frase e observe os numerais em destaque.

O **primeiro** passo foi plantar a horta na Vila Madalena; o **segundo**, foi providenciar a plantação na Avenida Paulista.

a) Qual é a função desses numerais na frase?

b) Os numerais em destaque são:

☐ cardinais.

☐ multiplicativos.

☐ fracionários.

☐ ordinais.

3 Leia a frase a seguir e assinale com um **X** as alternativas corretas.

[...] eu tenho **quatro vezes mais** trabalho do que vocês.

☐ A expressão em destaque indica uma multiplicação.

☐ A expressão em destaque poderia ser substituída por um numeral ordinal.

☐ A expressão em destaque poderia ser substituída por "o quádruplo de".

☐ A expressão em destaque indica a divisão de uma quantidade.

4 Releia:

A ideia de construir as fazendas verticais é antiga. Mas o plano saiu do papel. Uma fazenda vertical e comercial abriu as portas em Cingapura no final deste ano com capacidade para produzir **meia tonelada** de vegetais diariamente.

a) A palavra **tonelada** não é um numeral, mas uma unidade de medida que equivale a certa quantidade de quilos. Você sabe quantos quilos equivalem a uma tonelada? Pesquise e responda.

_____

b) Já a palavra **meia**, no contexto da frase que você leu, é um numeral. Considerando sua resposta à atividade anterior, quanto é meia tonelada?

_____

MERGULHO NA ESCRITA ORTOGRAFIA

Meio, meia

1 Os numerais fracionários são aqueles que indicam partes de uma quantidade. Relembre:

> Uma fazenda vertical e comercial abriu as portas [...] com capacidade para produzir **meia** tonelada de vegetais diariamente.

- Nessa frase, se mudarmos a quantidade e trocarmos a palavra **tonelada** por **milhão de quilos**, o que deve acontecer com o termo **meia**?

_____
_____
_____

2 Leia agora esta frase com a palavra **meio**.

> Minha gata dorme o dia todo, ela é **meio** preguiçosa.

a) A palavra **meio**, nessa frase, significa **metade** ou **um pouco**?

_____
_____

b) Nesse caso, seria possível usar a forma feminina de **meio**? Por quê?

_____
_____
_____

3 Qual a diferença de sentido que existe entre a palavra **meia**, usada na frase da atividade 1, e a palavra **meio**, usada na frase da atividade 2?

_____
_____
_____
_____

4 Complete as frases com as palavras **meio**, **meia**, **meios** ou **meias**.

QUE COISA! POR _____ PONTO VOU TER DE FAZER OUTRA PROVA!

QUE PENA, SÉRGIO! DESTA VEZ EU ME SAÍ BEM! TIREI OITO E _____!

ESTUDEI TANTO PARA A PROVA QUE JÁ ESTOU ATÉ _____ TONTO, SABE? SÓ PENSO NISSO!

EU SEI COMO É... DA ÚLTIMA VEZ, FIQUEI TÃO ANSIOSA QUE COMI UMA BARRA E _____ DE CHOCOLATE!

5 Numere as frases de acordo com os itens a seguir, referentes às palavras destacadas.

[1] equivale a "um pouco".   [2] equivale a "metade".

[ ] Na receita desta torta vou usar **meio** quilo de maçãs.

[ ] Ela anda **meio** adoentada.

[ ] Ficamos todos **meio** aborrecidos com a briga.

[ ] Adicione o suco de **meia** laranja à bebida.

6 Complete as frases com **meio** ou **meia**.

a) Vi que ela ficou _____ abalada com a notícia.

b) O jogo começou meio-dia e _____ (hora).

c) Ele ainda está _____ atordoado com a freada brusca.

> Quando indica quantidade, a palavra **meio** varia em gênero.
> Exemplos: *Ele só comeu **meio** biscoito, pois queria experimentar.*
> Já quando a palavra **meio** significa **um pouco** ou **mais ou menos**, ela é invariável. Exemplos: *Estou **meio** cansada hoje./ Ele chegou **meio** atrasado para a festa.*

LEITURA 2

Que motivos levam uma pessoa a ser entrevistada?

Em sua opinião, as entrevistas apresentam informações interessantes para o leitor?

Você gostaria de ser entrevistado? Por quê?

Leia a entrevista a seguir para descobrir o que levou um garoto de 15 anos a revolucionar o combate ao câncer de pâncreas. Quem poderia ser esse garoto? A que ele provavelmente gosta de assistir? Por que se interessou por pesquisar esse tipo de doença? Será que ele se parece com você ou com alguém que conheça?

Invento de garoto de 15 anos revoluciona o combate ao câncer de pâncreas

Projeto vencedor da maior feira de ciências do mundo abre caminho para o diagnóstico precoce de um dos tipos mais letais da doença

Reportagem de Marco Túlio Pires

Jack Andraka é um garoto americano de 15 anos que adora o seriado de TV *Glee*. Filho de pai polonês e mãe inglesa, mora com a família em Maryland, na vizinhança da capital, Washington, onde cursa o primeiro ano do *High School* (equivalente ao Ensino Médio no Brasil) no North County High School, um colégio normal. Gosta de remar em seu caiaque e fazer *origamis*.

A princípio, não há nada que o destaque especialmente dos demais estudantes de sua idade. Jack, porém, é um gênio. No dia 18 de maio, venceu a Feira Internacional de Ciência e Engenharia da Intel, a maior do mundo para pré-universitários. Levou 100 mil dólares para casa, 75 mil pelo prêmio principal, 25 mil em prêmios especiais.

Seu feito: desenvolver um teste simples e barato para fazer o diagnóstico precoce de três tipos de câncer, incluído o do pâncreas, um dos mais letais. O custo é de três centavos de dólar e o resultado é obtido em menos de cinco minutos. Segundo o *site* da Intel, o teste que Jack criou é 28 vezes mais barato e cem vezes mais sensível do que o conjunto de técnicas atualmente utilizado para o diagnóstico.

A comparação com o teste Elisa, o mais difundido método de detecção atual, é ainda mais impactante: o método de Jack se mostra 26 667 vezes mais barato e quatrocentas vezes mais sensível.

Jack é persistente

Depois que um tio morreu de câncer do pâncreas, ele passou meses pensando em formas de atacar a doença. Cerca de 95% dos pacientes morrem em até cinco anos se o tumor no pâncreas não é descoberto cedo. Segundo a Organização Mundial de Saúde, todos os anos são registrados quase 145 mil novos casos de câncer de pâncreas e cerca de 139 mil mortes. Steve Jobs, cofundador da Apple, foi uma das vítimas da doença [...].

cofundador: aquele que cria uma instituição com alguém.
detecção: identificação, ato de captar sinais.
letais: mortais.
pâncreas: glândula que ajuda a realizar a digestão.

Jack Andraka, 15 anos, vencedor da Feira Internacional de Ciência e Engenharia da Intel.

Diagnóstico rápido e barato

Como você teve a ideia de desenvolver um teste para diagnosticar o câncer do pâncreas?
A única forma de saber se alguém tem câncer de pâncreas é realizar exames periódicos de sangue. Desenvolvi um sensor que identifica uma proteína encontrada no sangue e na urina. Em grandes quantidades, ela indica que o indivíduo tem câncer de pâncreas, de ovário ou de pulmão. Trata-se então de um sensor genérico para esses três tipos de câncer.

Quanto tempo levou para trabalhar a ideia?
Levei dois meses para pensar em como montar o sensor, quais reagentes usar e planejar quanto tempo eu precisaria em um laboratório. Disparei duzentos *e-mails* para instituições como o Instituto Nacional de Saúde e fui rejeitado 197 vezes. Duas mensagens nunca chegaram. Finalmente fui aceito pelo dr. Maitra, na Universidade John Hopkins.

Você já está trabalhando em outro projeto?
No momento estou me esforçando para comercializar o novo sensor. Várias empresas já entraram em contato comigo e registrei um pedido de patente, que aguarda aprovação.

Como o sensor funciona?
Trata-se de uma pequena tira de papel com reagentes. O melhor método diagnóstico para o câncer de pâncreas requer três sensores e leva horas. Meu teste não precisa de treinamento nem equipamento especial. Uma gota de sangue basta para seis tipos de testes diferentes em cinco minutos. Além disso, ele pode ser aplicado em outras formas de câncer, pode monitorar medicamentos e ser adaptado para detectar outras doenças infecciosas [...].

A ideia é fazer o teste realmente simples, para que todos os pacientes possam realizar uma vez por semana, a um custo de três centavos de dólar por teste, de modo que o plano de saúde possa cobrir.

Você se considera à frente da sua geração?

Eu me considero à frente da minha geração, mas acho que a inteligência natural é superestimada pelas pessoas. Não acho isso o fator principal. O mais importante é quanto cada um se dedica àquilo que gosta de fazer.

O que espera conquistar nos próximos 15 anos da sua vida?

Espero poder continuar minha pesquisa. Quero ser um patologista e talvez funde a minha própria empresa de biotecnologia. Mas ainda tenho muito tempo para pensar nisso, certo?

O que você diria para jovens que desejam começar uma carreira de cientista?

O mais importante é encontrar aquilo que te apaixona. Todo mundo tem a chance de se tornar um grande cientista. É apenas uma questão de encontrar sua paixão e fazer as perguntas certas. Se isso acontecer, continue fazendo as perguntas, deixe a curiosidade fluir e trabalhe duro. Sempre valerá a pena.

Disponível em: <http://veja.abril.com.br/noticia/ciencia/jovem-de-15-anos-revoluciona-o-combate-ao-cancer-de-pancreas>. Acesso em: 8 abr. 2016.

---

patente: registro de uma invenção ou de uma marca.

reagentes: substâncias que reagem quando misturadas com outras.

biotecnologia: tecnologia baseada na biologia (estudo dos seres vivos).

patologista: aquele que estuda as origens, as causas e os sintomas das doenças.

ATIVIDADES

1 A entrevista que você leu tem como foco principal:

☐ a maior feira de ciências do mundo.

☐ um importante invento científico de um garoto de 15 anos.

☐ a personalidade excêntrica de Jack Andraka.

2 Na apresentação, Jack é chamado de gênio. O que o destaca das outras pessoas é:

☐ sua vida escolar, pois Jack estuda em um colégio que forma apenas cientistas.

☐ sua descoberta, pois Jack criou, aos 15 anos, uma invenção que revolucionou o combate ao câncer de pâncreas.

☐ seu gosto pessoal, pois é incomum haver estudantes jovens que gostem de ciência.

3 Ainda na apresentação, o texto informa quem são os pais de Jack, o que ele faz, onde estuda, que esporte pratica, etc. Por que o repórter dá ao leitor todas essas informações?

☐ Para mostrar que Jack é um garoto como os demais da sua idade.

☐ Para revelar a intimidade de Jack, que tem uma vida bastante incomum.

4 O que motivou Jack a desenvolver esse sensor?

_____
_____
_____
_____

5 Em sua opinião, essa entrevista poderia incentivar outros garotos que têm como sonho se tornar cientistas? Por quê?

6 Você concorda com a afirmação de Jack de que todo mundo pode se tornar um grande cientista? Por quê?

_____
_____
_____
_____

> A **entrevista** costuma ocorrer oralmente entre duas pessoas: o entrevistador, que faz as perguntas, e o entrevistado, que responde. As entrevistas podem ser apresentadas no rádio, na televisão ou em publicações escritas, como jornais e revistas.

7 Nas páginas 174 e 175, como podemos identificar os trechos que correspondem às falas do entrevistador e do entrevistado?

_____
_____
_____
_____

8 Analisando a sequência das perguntas, você diria que o entrevistador se preparou para realizar a entrevista? Por quê?

9 Se você pudesse fazer uma pergunta a Jack, o que perguntaria? Por quê?

_____
_____
_____
_____

MERGULHO NA ESCRITA GRAMÁTICA

Verbo: modo subjuntivo

1 Você viu que os verbos são usados no modo indicativo para indicar certeza sobre algo que ocorre no tempo presente, passado ou futuro. Observe, agora, esta frase de Jack:

Quero ser um patologista e talvez **funde** a minha própria empresa de biotecnologia.

- O verbo em destaque na frase indica certeza ou possibilidade?

___

> Para expressar dúvidas, levantar hipóteses, expressar desejos ou tratar de algo de que não se tem certeza, usam-se verbos no **modo subjuntivo**.

2 Observe os seguintes versos de uma letra de canção:

> Quando você ficar triste / Que seja por um dia e não o ano inteiro /
> E que você descubra que rir é bom

Amor pra recomeçar, de Frejat. CD Amor pra recomeçar, WMB, 2001.

a) Qual é o sentido da expressão "Que seja" nesses versos?

☐ Indica uma certeza. ☐ Indica um desejo. ☐ Indica uma ordem.

b) Circule os verbos no modo subjuntivo.

c) Sublinhe os verbos no infinitivo (que não estão conjugados).

d) Por que foi usado o modo subjuntivo nesses versos?

___

e) Complete agora os versos do modo que você quiser, exprimindo algo que você gostaria que acontecesse:

Quando você _____.

Que seja _____.

E que _____.

3 Passe os verbos para o modo subjuntivo. Faça as adaptações necessárias, conforme o modelo.

> Ele **mandará** 200 e-mails.   Talvez ele **mande** 200 e-mails.

a) Ele se **tornará** um grande cientista.

Talvez _____

b) Muitos outros testes como esse **aparecerão**.

Talvez _____

c) O prêmio **será** um incentivo a outros jovens.

Talvez _____

4 Complete as frases com os verbos no modo subjuntivo.

a) Quando eu _____ 15 anos, vou participar de uma feira de Ciências. (fazer)

b) Se eu _____ cientista, inventaria remédios para todas as doenças. (ser)

> O modo subjuntivo pode ser expressado nos tempos verbais **presente**, **passado** e **futuro**. Veja:
> *Talvez eu seja **cientista** quando crescer.* (presente)
> *Se eu **fosse** médico, cuidaria dos pacientes com atenção.* (passado)
> *Quando as crianças **crescerem**, a medicina estará muito mais desenvolvida.* (futuro)

5 Indique o tempo verbal em destaque em cada frase.

a) Se ele se **inscrevesse**, ganharia o prêmio. _____

b) Quando eu **tiver** tempo, irei à premiação. _____

c) Eu quero que você **ganhe** o prêmio. _____

ENTENDER AS PALAVRAS: DICIONÁRIO

Palavras terminadas em -isse, -ice

1. Empregue no modo subjuntivo os verbos indicados nos quadrinhos.

   a) Que bom seria se eu ★ voar! [conseguir]

   _____

   b) Que bom seria se eu ★ a tantos doces! [resistir]

   _____

   _____

   c) Que bom seria se eu nunca ★ dos meus sonhos! [desistir]

   _____

   _____

   d) Que bom seria se eu ★ sempre! [sorrir]

   _____

2. Os verbos que você usou para completar as frases acima terminam em:

   ☐ -ice   ☐ -isse

3. Complete as frases a seguir usando palavras derivadas das que estão em destaque. Consulte o dicionário, se necessário.

   a) Você não é mais **criança**! Deixe de fazer _____.

   b) Você não é **tolo**, mas o que está dizendo é uma _____.

   c) Esse jogo é **chato**. Essa brincadeira está uma _____.

4. Pesquise no dicionário as palavras que você usou para completar a atividade anterior. Qual é a classificação dessas palavras?

   ☐ São substantivos.   ☐ São verbos.

5. Nas frases a seguir há palavras terminadas em **-ice** e **-isse**. Circule as que são substantivo e sublinhe as que são verbo.

   a) Ele devia ter confessado o erro. O que ele fez foi burrice.

   b) Se ele se sentisse mais seguro, faria uma declaração de amor.

   c) Se o médico não agisse, o paciente teria desmaiado.

   d) Não é preciso ser mais velho para compreender a velhice.

   > As terminações **-ice** e **-isse** são pronunciadas do mesmo modo. Para saber qual das duas terminações usar, fique atento se a palavra é substantivo ou verbo.
   >
   > A terminação **-ice** é usada em **substantivos**. Exemplo:
   >
   > *A decoração da sala ficou uma **cafonice**.*
   >
   > A terminação **-isse** é usada em **verbos**. Exemplo:
   >
   > *Eu não ficaria aqui se você **partisse**.*

6. Para você memorizar as terminações, encaixe as palavras nos quadros a seguir. Mas, antes, siga as dicas dos grupos **A** e **B** para descobrir quais palavras devem entrar nos quadros.

   Dicas: grupo A
   - Substantivo que indica ação própria de um maluco.
   - O que é típico de uma pessoa "careta".
   - Ato de doido.
   - Palavra ou ação tola, inoportuna.

   Dicas: grupo B

   Verbos conjugados na terceira pessoa do singular, no passado do modo subjuntivo:
   - aplaudir
   - partir
   - deduzir
   - fugir

   Grupo A -ICE

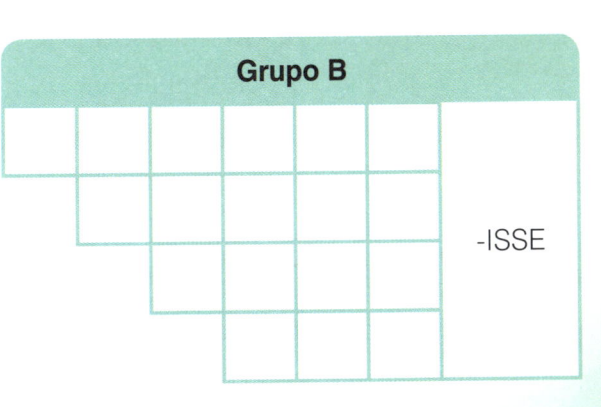

   Grupo B -ISSE

MEUS TEXTOS

Entrevista

Você viu que ler entrevistas é uma maneira de conhecer as pessoas: o que fazem, do que gostam, que opiniões têm, etc. Agora é a sua vez de fazer uma entrevista! O tema serão os problemas existentes em seu bairro ou na região em que você mora.

Escolha uma pessoa do seu convívio que se destaque por conhecer bem o lugar onde você mora. Veja se essa pessoa pode lhe conceder uma entrevista.

Explique que a entrevista será exposta num painel para que alunos de outras classes, funcionários ou pais de alunos possam vê-la. O painel terá como título **A região em que vivemos: problemas e soluções**.

Planejamento

1. Uma vez marcados hora e local da entrevista, prepare o **roteiro** das perguntas.

- Comece por perguntas que permitam a você e aos leitores conhecer o entrevistado: qual é a idade dele, quais são as lembranças marcantes que tem da região, desde quando mora lá, o que gosta de fazer nesse lugar, etc.

- Essas informações o auxiliarão a escrever a parte introdutória da entrevista. É interessante, se possível, tirar uma fotografia do entrevistado para colocar na versão final da entrevista. Pergunte-lhe se ele concorda em ser fotografado.

- Na sequência, entre no assunto: "Quais os problemas mais graves existentes no local onde mora? O que pode ser feito para solucioná-los?". Há inúmeros assuntos que você pode abordar: escolas; postos de saúde; transporte público; trânsito; conservação de ruas, praças e monumentos públicos; coleta seletiva de lixo; enchentes; etc.

- Apesar de estar com o roteiro pronto, fique atento para improvisar alguma pergunta caso as respostas do entrevistado levem a conversa para outro rumo.

- É importante incentivar o entrevistado a dar sugestões práticas para tentar resolver os problemas que os moradores enfrentam.

- Ao realizar a entrevista, escreva as respostas do entrevistado ou registre-as com o auxílio de um gravador de áudio do celular, por exemplo.

Rascunho

2 Depois de ter feito a entrevista, elabore o rascunho de seu texto, redigindo um primeiro parágrafo para apresentar seu entrevistado. Esse trecho inicial poderá indicar também a razão pela qual você escolheu essa pessoa.

3 Depois, transcreva as perguntas, seguidas das respostas. Se você gravou a entrevista, ouça-a atentamente e, nesse momento, elimine as marcas de oralidade, como repetições, frases interrompidas e expressões como **então**, **daí**, **né**, etc.

Revisão

4 Copie no caderno o quadro abaixo e observe se seu texto atende aos seguintes critérios:

	Sim	Preciso fazer/refazer
Escrevi a apresentação do entrevistado antes das perguntas e respostas?		
Fiz a entrevista tendo um roteiro de perguntas e respostas?		
Escrevi perguntas e respostas deixando claro para o leitor quais são as minhas falas e quais são as do entrevistado?		

Meu texto

Revise seu texto e escreva a versão final. Se possível, digite-o em fonte grande e imprima-o. As entrevistas deverão ser afixadas no mural da escola e deverão estar legíveis, mesmo a certa distância.

Com seus colegas, reúna as sugestões dadas pelos entrevistados para solucionar os problemas da região em que vocês moram. Façam uma lista e, se possível, encaminhem-na para a associação do bairro, a subprefeitura ou a um vereador.

ATIVIDADES DO CAPÍTULO

1. Vamos lembrar alguns pontos importantes dos textos jornalísticos? Complete as frases com as palavras do quadro.

   > notícia   imediato   aprofundamento   reportagem
   > entrevista   conteúdo   roteiro   título

   a) A diferença entre uma _____ e uma _____ é que esta última exige maior _____ nos assuntos e não precisa tratar de um fato _____.

   b) Antes de redigir ou gravar uma _____, o jornalista precisa se preparar. É fundamental pesquisar o tema e elaborar previamente um _____ das perguntas e respostas.

   c) A reportagem precisa ter um _____ coerente com o _____.

2. Relacione as informações.

   A) Numerais cardinais   ( ) primeiro, quinto, décimo
   B) Numerais multiplicativos   ( ) um, dois, vinte, mil
   C) Numerais fracionários   ( ) meio, um terço
   D) Numerais ordinais   ( ) dobro, triplo

3. Complete os diálogos usando no modo subjuntivo os verbos indicados em cada quadrinho.

   a) — Mãe, vamos assistir ao filme de terror?
      — Querida, esse filme tem restrição de idade. Você só poderá assistir a ele quando _____ 14 anos. (ter)

   b) — Parabéns, Fabi! Que você _____ sempre saúde e que todos os seus sonhos _____ realizados. (ter/ser)
      — Obrigada.

   c) — O que você faria se _____ na loteria? (ganhar)
      — Se eu _____ milionário de repente? Viajaria pelo mundo todo! (ficar)

4. Complete o quadro com palavras derivadas. Atenção à grafia dos substantivos.

Palavras de origem	Palavras derivada
velho	
menina	
tagarela	

5. Crie frases que sirvam de exemplo para as definições abaixo.

   • Quando tem o sentido de 'metade', a palavra **meio** varia em gênero e número.

   _____
   _____

   • Quando tem o sentido de 'um pouco', a palavra **meio** é invariável.

   _____
   _____

185

LEITURA DE IMAGEM

Transportes poluentes e não poluentes

Um dos graves problemas ambientais das grandes cidades é a poluição causada pelos meios de transporte.

E você, vive em uma grande cidade?

Em sua opinião, nos locais em que há trânsito intenso de automóveis, o ar é puro ou poluído?

Observe

1

Estudantes voltando da escola, na cidade de Urubici (SC). Foto de 2009.

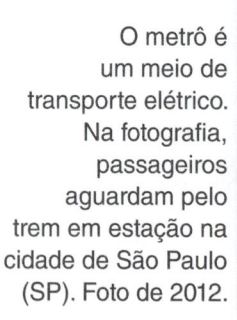

2

O metrô é um meio de transporte elétrico. Na fotografia, passageiros aguardam pelo trem em estação na cidade de São Paulo (SP). Foto de 2012.

Analise

1. Na imagem 1, quais características indicam que as crianças são estudantes?

   _____
   _____
   _____

2. Na imagem 1, um menino está transitando em uma ciclovia ou ciclofaixa? Ele está usando equipamentos de segurança adequados para andar de bicicleta (joelheira, capacete, etc.)?

   _____
   _____
   _____

3. Em sua opinião, os meios de transporte que aparecem nas fotografias são poluentes ou não poluentes? Por quê? Converse com os colegas e o professor.

Relacione

4. O que aconteceria se todas as pessoas que usam metrô passassem a usar carros?

   _____
   _____
   _____

5. Discuta com seus colegas: vocês consideram importante e necessário criar ciclofaixas e ciclovias na região onde moram? Por quê?

6. Faça uma roda de conversa com seus colegas e discutam: o que deveria ser feito na região onde vocês moram para que a poluição do ar fosse reduzida? Como melhorar o transporte urbano sem afetar a natureza? Vocês podem registrar as conclusões dessa conversa em um cartaz e organizar uma exposição com o tema **Transporte sustentável** para os demais alunos da escola.

CAPÍTULO 9

IMPACTOS AMBIENTAIS

LEITURA 1

Você já se perguntou por que há excesso de lixo nas grandes cidades? Quase tudo o que você consome gera resíduos (lixo). Para onde eles vão?

Que tipo de atitude poderia ser tomada para deixar a cidade mais limpa? Como você convidaria as pessoas para participar dessa ação?

E se um dia alguém lhe pedisse ajuda para limpar a região em que você mora, o que você faria?

Disponível em: <http://atitudesustentavel.com.br/ecocardiograma/2012/05/21/27-de-maio-movimento-limpa-brasil-let´s-do-it-em-sp/>. Acesso em: 9 abr. 2016.

ATIVIDADES

1 O texto que você leu é uma propaganda que faz parte de uma campanha institucional. Sobre o que trata essa propaganda? Como você chegou a essa conclusão?

_____
_____
_____

2 Leia este trecho retirado do *site* da campanha:

> **let's do it:** expressão em inglês que significa 'vamos fazer isso'.

Limpa Brasil! Let's do it!

O projeto

O *Let's do it!* é o maior movimento mundial de cidadania e cuidado com o meio ambiente, cujo objetivo é a conscientização em relação ao descarte correto do lixo. A campanha surgiu na Estônia em 2008 e, desde então, já percorreu mais de 140 países no mundo inteiro.

Disponível em: <www.limpabrasil.net/o_projeto/>. Acesso em: 9 abr. 2016.

- Segundo esse texto, qual é o objetivo dos responsáveis pela campanha?

_____
_____

3 Como a propaganda que você leu nas páginas 188 e 189 colabora com o objetivo da campanha?

_____
_____

4 Discuta com os colegas e o professor: propagandas como essa que você leu podem conscientizar as pessoas desse problema e incentivá-las a agir para solucioná-lo?

5 Nessa propaganda, com relação aos recursos empregados para convencer as pessoas, é correto dizer que:

☐ a imagem está integrada aos textos escritos.

☐ a imagem do enorme saco de lixo é desnecessária.

☐ a imagem do enorme saco de lixo causa impacto e simboliza o excesso de lixo das cidades.

☐ na frase "Ajude a limpar **sua** cidade", o pronome possessivo foi empregado com a intenção de incluir o cidadão na campanha.

> As **campanhas** e **propagandas institucionais** divulgam uma ideia, não um produto. Para convencer o público a que se destina, dirigem-se diretamente às pessoas usando recursos impactantes, como imagens e *slogans*.
>
> ***Slogans*** são frases curtas que resumem a informação, costumam propor atitudes ou questões para reflexão e, em geral, são fáceis de lembrar. Eles são usados em propagandas para levar as pessoas a memorizar determinadas características de um produto ou da ideia divulgada.

6 Observe novamente a propaganda que você leu e responda ao que se pede.

a) Qual é o *slogan* da campanha?

_____

b) Você achou esse *slogan* impactante? Por quê?

_____

_____

c) Você se lembra de outros *slogans*? Se sim, por que você acha que eles ficaram em sua memória?

_____

_____

7 Em sua opinião, a campanha analisada é convincente? Por quê?

_____

_____

MERGULHO NA ESCRITA GRAMÁTICA

Verbo: modo imperativo

1 Releia estas frases retiradas da propaganda que você analisou.

Ajude a limpar sua cidade.

Inscreva-se: limpabrasil.com

- As palavras destacadas acima são verbos. Esses verbos revelam uma atitude dos criadores da campanha. Trata-se de uma atitude de:

  ☐ pedido/conselho

  ☐ lamento/dúvida

  ☐ afirmação

2 A intenção de quem escreve frases como essas em propagandas é a de:

☐ provocar sentimentos no leitor.

☐ levar o leitor a realizar certas ações.

☐ dar um aviso ao leitor.

> O modo verbal em que alguém se dirige a uma ou a várias pessoas com o objetivo de levá-la(s) a cumprir uma ordem ou atender um pedido é o **modo imperativo**. **Imperar** quer dizer comandar.
>
> O modo imperativo apresenta uma forma afirmativa e uma forma negativa. Exemplos:
>
> ***Jogue*** *(você) o lixo na lixeira.* (imperativo afirmativo)
>
> ***Não jogue*** *(você) o lixo nas ruas.* (imperativo negativo)

3 As frases de propagandas, anúncios e avisos têm principalmente a função de levar o público a realizar determinada ação. Pense nos temas da propaganda da **Leitura 1** e crie uma frase para fazer parte dessa campanha. Sua frase deve ter, pelo menos, um verbo no modo imperativo.

_____

_____

4 Leia a seguir instruções sobre como montar um jogo com material reciclado.

O nome desse jogo é **cai não cai**, e ele funciona assim: cada jogador tira uma vareta por rodada, mas não pode deixar as tampinhas caírem. Aquele que deixar cair menos tampinhas ganha o jogo!

Material necessário: 2 garrafas PET de 2 litros; palitos de churrasco; tintas guache; tampinhas de garrafas PET (usamos 12); pirógrafo ou objeto com ponta que possa ser aquecido; tesoura; estilete.

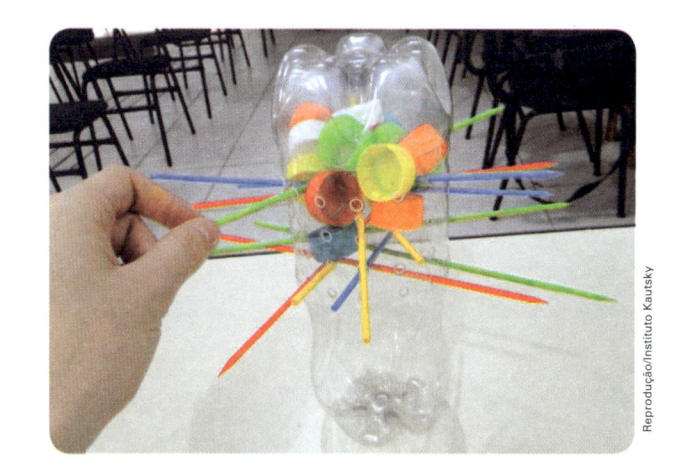

Modo de fazer: Corte o bocal de uma das garrafas PET e descarte (corretamente). Corte o fundo da outra garrafa. Usando o pirógrafo, ou outro objeto com ponta que possa ser aquecido, peça a um adulto que faça vários furinhos em volta da garrafa PET cortada. [...]

Agora é hora de montar o jogo: os palitos devem ser dispostos nos furinhos da garrafa, e cada jogador tem de tirar um palito por rodada sem deixar cair as tampinhas. [...]

Disponível em: <http://institutokautsky.blogspot.com.br/2011/10/cai-nao-cai-reciclado.html>. Acesso em: 11 abr. 2016. (Adaptado).

> **Atenção:** Caso você queira montar o jogo, as instruções deverão ser seguidas com o acompanhamento de um adulto.

a) Qual é o objetivo desse texto?

_____

b) Circule as formas verbais que estão no modo imperativo.

c) Por que foi usado o modo imperativo nesse texto?

_____

_____

> **pirógrafo:** aparelho que, por meio de uma ponta aquecida, faz gravação em diversas superfícies: madeira, vidro, couro, plástico, acrílico, etc.

MERGULHO NA ESCRITA — GRAMÁTICA

Formas nominais do verbo

1 Na frase abaixo, há dois verbos.

Ajude a limpar sua cidade.

a) Qual é o verbo que está no modo imperativo? Circule-o.

b) Qual é, portanto, o verbo que está na forma nominal? Sublinhe-o.

c) Reescreva a frase substituindo a forma nominal do verbo por um substantivo. Faça as adaptações necessárias.

___

> As **formas nominais** do verbo são aquelas que podem exercer a função de nomes (de substantivo ou de adjetivo, por exemplo). O **infinitivo** é a forma do verbo que equivale a um substantivo e exerce a função dessa classe de palavra.
>
> Por exemplo, se trocarmos o verbo **vencer** pelo substantivo **vitória**, fazendo as adaptações necessárias, o sentido da frase permanece o mesmo:
>
> Ajude a **vencer** a batalha contra o lixo.
>
> Ajude na **vitória** da batalha contra o lixo.
>
> O infinitivo termina em **-ar**: limp**ar**; **-er**: venc**er**; **-or**: comp**or** e **-ir**: ped**ir**.

2 Agora, releia este trecho das instruções do jogo:

Usando o pirógrafo, ou outro objeto com ponta que possa ser **aquecido** [...].

a) As ações dos verbos que estão em destaque indicam o tempo (passado, presente ou futuro) em que ocorrem? É possível atribuir essas ações a alguma pessoa do discurso (primeira, segunda ou terceira)?

___

b) Quando se diz "Usando o pirógrafo", pretende-se dar a ideia de:

☐ uma ação já terminada.

☐ uma ação que está em curso.

3 Reescreva a frase "Usando o pirógrafo, ou outro objeto com ponta que possa ser aquecido [...]", fazendo a concordância de **aquecido** com a palavra **ponta**, e não com a palavra **objeto**.

___

___

> Como você viu, as **formas nominais** são assim chamadas porque se parecem mais com nomes (substantivos, adjetivos e advérbios) do que com verbos.
>
> As ações expressas por palavras como **usando** e **aquecido** não podem ser atribuídas a uma pessoa (eu, você, nós, eles). Elas não indicam nem tempo nem modo verbal.
>
> A forma nominal que equivale a um advérbio e indica uma ação que se prolonga é chamada **gerúndio**. O gerúndio termina em **-ndo**: usa**ndo**, compo**ndo**, vence**ndo**, parti**ndo**.
>
> A forma nominal que equivale a adjetivo e indica uma ação finalizada é chamada **particípio**. O particípio termina em **-ido/-ado**: aquec**ido**, us**ado**, venc**ido**, part**ido**. Concorda em gênero e número com o substantivo a que se refere.

4 Complete a tabela com as formas nominais dos verbos **pintar** e **aquecer**.

Verbo	Infinitivo	Gerúndio	Particípio
cortar			
pintar			
aquecer			

5 Complete as frases com **gerúndio** ou **particípio**. Faça as concordâncias necessárias.

a) A data da campanha já foi _____? (marcar)

b) Estamos _____ a confirmação da prefeitura. (aguardar)

c) Os materiais recicláveis serão _____ às cooperativas de catadores. (doar)

d) Os artistas locais acabaram _____ do movimento Limpa Brasil. (participar)

LEITURA 2

Já imaginou nosso mundo de hoje sem energia elétrica?

Você acha que a energia elétrica poderia trazer algum mal à nossa sociedade?

Leia o texto a seguir para entender mais sobre o assunto.

Muita iluminação, pouca visão

A poluição luminosa das grandes cidades está tirando o brilho das estrelas

por: Fernanda Távora

Você sabia que está cada vez mais difícil observar as estrelas no céu à noite? Esse é apenas um dos diversos problemas que a poluição luminosa causa. Além disso, ela pode prejudicar os animais, dificultar o trabalho de astrônomos e até atrapalhar a nossa saúde! Que perigo, não é? Mas você sabe do que estamos falando?

"Poluição luminosa é quando a iluminação artificial é usada de forma exagerada e inadequada", explica a astrônoma Tânia Dominici, do Laboratório Nacional de Astrofísica. Se você mora em uma cidade grande, pode dar um passeio à noite e conferir: são muitos postes de luz, decorações luminosas em prédios e monumentos públicos, além das casas e prédios com muitas lâmpadas acesas.

Um dos problemas causados pela poluição luminosa é atrapalhar a vida dos animais que se guiam pelo brilho das estrelas. Os pássaros, por exemplo, usam as estrelas como guia na fase migratória. Quando passam por uma cidade muito iluminada, eles podem se perder do seu bando, não completar o processo de migração e até mesmo colidir com prédios durante o voo, o que pode levá-los à morte.

fase migratória: época em que os pássaros deslocam-se em busca de alimentos e de temperaturas mais elevadas.

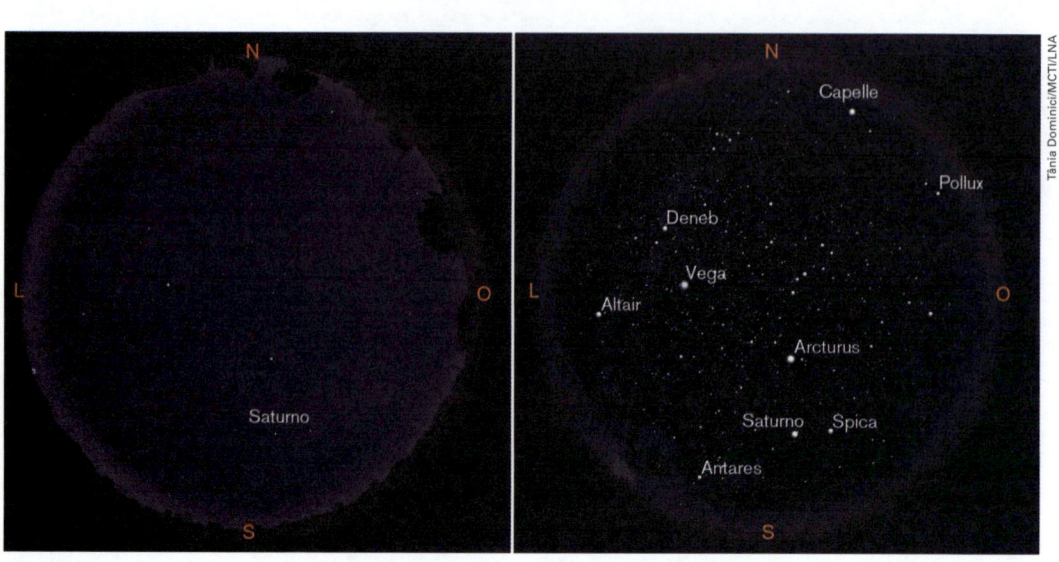

Veja, à esquerda, a simulação do céu em uma cidade de médio porte. À direita, como seria o céu no mesmo local e horário caso não houvesse nenhuma interferência da iluminação artificial (Foto: Tânia Dominici).

Filhotes de tartaruga, quando saem dos ovos, se guiam pela luz das estrelas refletida no mar. Luzes artificiais fortes fazem com que eles se percam, fiquem vulneráveis a predadores ou morram de desidratação por não conseguir alcançar a água.

Em relação à nossa saúde, a poluição luminosa age sobre a produção de melatonina, um importante hormônio fabricado pelo corpo humano e que nos ajuda a descansar durante o sono e a acordar bem no dia seguinte. Porém, ela só é produzida adequadamente quando dormimos na completa escuridão – se ficarmos expostos à iluminação artificial ao longo da noite, nosso corpo fabrica menos melatonina do que o necessário e acordamos cansados.

Já na astronomia, o problema é a visibilidade dos astros: quando existe muita iluminação em uma cidade, o céu fica com uma cor esbranquiçada ou alaranjada, o que prejudica sua observação. "Além de aumentar o brilho de fundo do céu e impedir a observação de objetos celestes mais fracos, a iluminação urbana emite luz em certas frequências que interferem no estudo do brilho das estrelas e outros corpos", conta Tânia. "Assim, fica mais complexo diferenciar, nas observações em telescópio, o que é iluminação artificial e o que é emitido pelos corpos celestes."

Segundo a astrônoma, uma das soluções para esse problema é o planejamento da iluminação nas cidades na linha abaixo do horizonte – de modo a iluminar somente o solo, e não o céu – e a opção por lâmpadas mais amareladas, que são mais econômicas e menos prejudiciais para o meio ambiente. "Combater a poluição luminosa não é iluminar pouco, mas, sim, iluminar corretamente uma área específica e apenas durante o tempo em que a luz é realmente necessária", afirma. Na sua casa, você pode evitar, por exemplo, deixar lâmpadas acesas desnecessariamente. O céu agradece!

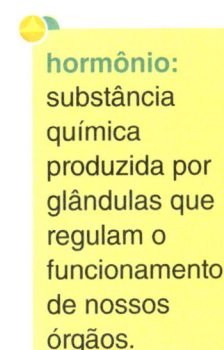

hormônio: substância química produzida por glândulas que regulam o funcionamento de nossos órgãos.

A poluição prejudica os instrumentos de observação astronômica. O telescópio do Observatório do Pico dos Dias, em Itajubá, Minas Gerais, tem sua capacidade afetada pela poluição luminosa.

Muita iluminação, pouca visão, de Fernanda Távora. *Site* da revista **Ciência Hoje das Crianças**. Disponível em: <http://chc.cienciahoje.uol.com.br/muita-iluminacao-pouca-visao>. Acesso em: 11 abr. 2016.

ATIVIDADES

1 O texto que você leu:

☐ apresenta explicações de uma astrônoma para mostrar que a informação tem fundamento científico.

☐ explica em linguagem mais simples um problema complexo.

☐ foi divulgado em publicação exclusiva para pesquisadores.

2 O público a que se dirige o texto é constituído de:

☐ especialistas e cientistas.

☐ crianças e jovens interessados em ciência.

3 Copie do texto trechos que comprovem sua resposta à atividade anterior.

_____
_____
_____
_____
_____

4 Segundo a astrônoma Tânia Dominici, o que provoca a poluição luminosa? Sublinhe a resposta no texto.

5 Em sua opinião, o título dessa matéria busca atrair o leitor? Que efeito de sentido é gerado pelo uso das palavras **muita** e **pouca** nesse título? E com que sentido foi empregada a palavra **visão**?

_____
_____
_____
_____

6 Podemos imaginar que, com o crescimento da população e com o desenvolvimento tecnológico, a poluição luminosa tenderá a aumentar.

a) Que soluções são apresentadas para tentar evitar que isso ocorra?

_____

_____

b) Como você, individualmente, pode evitar a poluição luminosa?

_____

_____

7 Releia os trechos a seguir.

> "Poluição luminosa é quando a iluminação artificial é usada de forma exagerada e inadequada", explica a astrônoma Tânia Dominici [...].

> Já na astronomia, o problema é a visibilidade dos astros: quando existe muita iluminação em uma cidade, o céu fica com uma cor esbranquiçada ou alaranjada, o que prejudica sua observação.

- Qual é a função dos trechos destacados? Eles facilitam ou dificultam o entendimento do texto?

_____

_____

8 Em sua opinião, qual é o objetivo do texto **Muita iluminação, pouca visão**?

> Você consegue se informar sobre o que há de mais avançado nos estudos científicos por meio de **artigos de divulgação científica**.
>
> Esses artigos são escritos em linguagem mais acessível para facilitar ao leitor o entendimento de determinados assuntos, muitos deles bastante complexos.
>
> Como se fosse uma aula, os fatos vão sendo citados e exemplificados de modo simples e autoexplicativo.

MERGULHO NA ESCRITA GRAMÁTICA

Locução verbal

1 Leia a tirinha e observe os verbos empregados.

O melhor de Calvin, de Bill Watterson. **O Estado de S. Paulo.** São Paulo, 17 jul. 2009. Caderno 2, p. D8.

a) Qual é o assunto abordado nessa tirinha? Ele tem relação com os assuntos trabalhados nos textos que você leu neste capítulo?

_____

_____

b) A tirinha trata do assunto com qual objetivo?

☐ levar o leitor a tomar uma atitude   ☐ informar   ☐ provocar humor

c) Circule as formas nominais das locuções verbais abaixo e classifique-as.

ouvi falar: _____   vai estar: _____

[es]tão dizendo: _____   vou estar: _____

estão retendo: _____   está me deixando: _____

vão derreter: _____   quer andar: _____

d) Releia as frases em que essas locuções aparecem e, em cada caso, substitua a locução por uma única forma verbal. Escreva as respostas.

_____

_____

2 Agora releia o último quadrinho da tirinha e responda: haveria mudança de sentido se a locução verbal fosse substituída por um único verbo? Por quê?

> Nas **locuções verbais**, as flexões de tempo, modo, número e pessoa ocorrem nos verbos que acompanham as formas nominais.

3 Complete as frases com os verbos indicados nos quadrinhos conjugando-os no presente do modo indicativo ou do modo subjuntivo.

a) _____ ser que os especialistas _____ chamados para que _____ a tratar desses problemas. (poder/ser/começar)

b) Campanhas institucionais _____ ser impactantes para que _____ sensibilizar os cidadãos a manter suas cidades limpas. (dever/conseguir)

> Os verbos que se flexionam e acompanham as formas nominais, formando as locuções verbais, são chamados de **verbos auxiliares** porque ajudam na conjugação. Os verbos **ter**, **estar**, **haver**, **ser** são alguns deles.
>
> Os verbos que estão na forma nominal (infinitivo, gerúndio e particípio) expressam a ação principal. Por isso são chamados de **verbos principais**.

4 Complete as frases com **gerúndio** ou **particípio**. Utilize os verbos do quadro.

(falar   ofuscar   deixar)

a) Mas você sabe do que estamos _____?

b) A poluição luminosa tem _____ o brilho das estrelas.

c) — Belo planeta você está me _____!

5 Nas frases a seguir, sublinhe as locuções verbais e circule os verbos auxiliares.

a) A poluição luminosa pode prejudicar os animais.

b) Na sua casa, você pode evitar deixar lâmpadas acesas sem necessidade.

> Verbos como **poder**, **dever**, **deixar [de]**, **começar [a]** podem ser usados como auxiliares. Nesse caso, acrescentam outras ideias, como possibilidade, necessidade.

ENTENDER AS PALAVRAS: DICIONÁRIO

Prefixos des- **e** i-, im-, in-, ir-

1. Releia um trecho do artigo de divulgação científica que você leu neste capítulo.

   Em relação à nossa saúde, a poluição luminosa age sobre a produção de melatonina, um importante hormônio fabricado pelo corpo humano e que nos ajuda a **descansar** durante o sono [...].

   Dica: volte ao texto da **Leitura 2** para responder.

   a) De acordo com o texto, a melatonina é um hormônio fundamental para que a gente possa ter uma boa noite de sono. Em que condições esse hormônio é produzido adequadamente?

   _____
   _____

   b) Pesquise as palavras **cansar** e **descansar** no dicionário. Com o acréscimo do prefixo **des-**, o que mudou no sentido do verbo original?

   _____
   _____

   c) O prefixo **des-** significa: ☐ aproximação   ☐ ação contrária

2. Observe o quadro de substantivos abaixo.

   > abrigo   conselho   agrado   confiança   afinação   equilíbrio   proporção

   a) Escreva verbos que correspondam a esses substantivos.

   _____
   _____

   b) Agora, acrescente o prefixo **des-** para formar outros verbos, de sentido contrário aos do item anterior.

   _____
   _____

O prefixo **des-** é usado para dar o sentido de oposição, negação ou falta.

Quando esse prefixo se une a uma palavra iniciada por vogal, a letra **s** é pronunciada do mesmo modo que a letra **z**.

3. Releia mais um trecho do texto.

    Poluição luminosa é quando a iluminação artificial é usada de forma exagerada e inadequada [...].

    a) Circule, nesse trecho, uma palavra com prefixo que indique negação ou falta.

    b) Pesquise o sentido dessa palavra no dicionário e responda: por que foi usado o prefixo **in-**?

    _____

Os prefixos **i-**, **in-**, **im-** indicam, em geral, negação. Exemplos:

i + legal → ilegal   **in** + devido → indevido   **im** + popular → impopular

Quando a palavra começa por **r**, o prefixo deve se transformar em **ir-**.

Exemplos: **i(r)** + real = irreal   **i(r)** + regular = irregular

4. Complete o quadro abaixo.

Palavra sem prefixo	Palavra com prefixo	Significado
móvel		O que não se _____
prudente		O que não tem _____
feliz	infeliz	O que não é _____
	impossível	O que não é _____
permeável		O que não é _____
responsável		O que não é _____

203

MEUS TEXTOS

Campanha/propaganda

No início deste capítulo você analisou uma propaganda que faz parte de uma campanha institucional para a coleta de lixo em alguns pontos da cidade de São Paulo. Agora é sua vez! Junte-se a seus colegas para que, em grupos, vocês idealizem uma campanha de consumo consciente.

Planejamento

1. Para elaborar o texto que será usado na campanha, é preciso ter em mente:
    - **Objetivos:** O que vocês desejam com a campanha? Mudar o comportamento consumista de algumas pessoas? Mostrar que o consumo exagerado não é sustentável quando se pensa na população mundial? Fazer com que as pessoas reflitam sobre a forma como usam os recursos naturais do planeta?
    - **Público-alvo:** Quem vocês desejam atingir com a campanha? Os colegas de classe, as séries do mesmo turno ou toda a escola? Desejam atingir também os pais e parentes dos alunos e os funcionários da escola, ou seja, a comunidade escolar?
    - **Estratégias:** Que meios vocês vão empregar para divulgar a campanha? Criar cartazes com as propagandas e espalhá-los no ambiente escolar? Ir de classe em classe divulgá-los ou divulgá-los nas imediações, fora do ambiente escolar? Ou, ainda, divulgá-los por meios eletrônicos como *e-mails* e redes sociais?
    - **Evento:** Haverá um evento para a divulgação da campanha? Quem vocês convidarão para o evento? Onde o evento ocorrerá? O evento terá relação com a campanha?

Rascunho

2 Reúnam todas as ideias para fazer o rascunho do texto. As propagandas de vocês deverão ter predominantemente imagens (desenhos ou colagens), textos curtos que tenham um apelo e *slogans* – estes devem ser eficazes, apresentar recursos de linguagem (sons parecidos, frases de impacto) e estabelecer a identidade da campanha de vocês. Façam muitas tentativas até encontrarem a frase ideal.

3 Usem as formas verbais no modo imperativo, como se vocês estivessem falando diretamente com o leitor.

Revisão

4 Faça a revisão utilizando as informações do quadro abaixo.

	Sim	Preciso fazer/refazer
O texto e o *slogan* que criamos são convincentes?		
As imagens que escolhemos são pertinentes? Combinam com o texto?		
Nosso texto apresenta grafia correta e pontuação adequada?		
Transmitimos todas as informações sobre o evento? Conseguimos deixá-las bem legíveis?		

Meu texto

Após discutido e feito o esboço, passem o texto a limpo em uma folha de papel grande. Façam letras bem grandes (primeiro a lápis, depois passem a caneta por cima e apaguem o rascunho). Usem pincéis marcadores ou canetas hidrográficas bem coloridas para que as letras possam ser lidas de uma distância considerável. As cores também devem ser adequadas à ideia que vocês querem transmitir. Distribuam imagens e texto de forma harmoniosa no espaço da folha.

Organizem a apresentação da campanha com os demais colegas de turma.

ATIVIDADES DO CAPÍTULO

1. Pinte os quadrinhos que apresentam informações incorretas sobre propaganda. Em seguida, reescreva as informações corrigindo-as.

1. Articula perfeitamente texto e imagem.	2. O texto é longo e complexo.	3. Os recursos visuais são pertinentes ao assunto.	4. O *slogan* é eficaz e apresenta recurso de linguagem.
5. Não tem identificador de quem emitiu a mensagem.	6. As imagens são pertinentes à ideia divulgada.	7. Quer convencer as pessoas a terem determinada ação.	8. Apresenta nome das instituições responsáveis pela campanha.
9. O texto é curto e objetivo; diz muito em poucas palavras.	10. Os verbos são usados no modo imperativo.	11. O *slogan* é difícil de ser memorizado.	12. Incentiva atitude para problemas que precisam ser solucionados.

_____
_____
_____
_____

2. Complete com os prefixos corretos. Lembre-se: você estará formando palavras pelo processo de derivação.

a) _____ + arrumar = desarrumar

b) _____ + racional = irracional

c) _____ + parcial = imparcial

d) _____ + moral = imoral

3. O modo verbal indica a atitude daquele que fala em relação ao fato que ele expressa. Escreva qual modo verbal está sendo descrito em cada exemplo.

Descrição	Exemplos	Modo verbal
Expressa ordem, convite, pedido ou conselho a outra pessoa.	Leia (você) agora.	_____
Faz referência a fatos considerados incertos, prováveis, possíveis.	Presente → Ele quer que eu leia. Pretérito → Ele queria que eu lesse. Futuro → Ele ficará feliz quando eu ler.	_____
Faz referência a fatos reais.	Presente → eu leio Pretérito → eu li Futuro → eu lerei	_____

4. Agora assinale as características dos textos jornalísticos e dos textos de divulgação científica.

Características	Texto jornalístico	Texto de divulgação científica
Trata exclusivamente de assuntos relativos às ciências.		
É escrito por jornalistas.		
Apresenta linguagem acessível e os conceitos científicos têm tratamento didático.		
Há declarações de especialistas entrevistados.		
Busca despertar o interesse do leitor.		
Procura apresentar as informações com clareza, objetividade e imparcialidade.		

O QUE APRENDI?

1. Na imagem de abertura da Unidade aparecem alguns títulos de textos que você leu ao longo dos capítulos. Os títulos de quais dos gêneros textuais estudados aparecem na imagem?

    ☐ notícia
    ☐ entrevista
    ☐ artigo de divulgação científica
    ☐ declaração de princípios
    ☐ reportagem
    ☐ campanha institucional

2. Complete as frases com as palavras do quadro. Faça adaptações se necessário.

    | meio | meia | mesmo | próprio |

    a) Câmeras e microfones são instrumentos de trabalho _____ dos jornalistas.

    b) Nem ela _____ sabia que estava levando os livros para casa.

    c) — Fiquei _____ triste por saber que muitas pessoas ainda não se conscientizaram, disse a menina que participou da campanha de limpeza.

    d) Algumas cidades podem produzir até _____ tonelada de lixo diariamente.

3. Leia as frases e faça o que se pede.

   1. Toda a poluição luminosa das grandes cidades está escondendo o brilho das estrelas.

   2. A irresponsabilidade e o descuido com a limpeza das cidades são atitudes que devemos evitar, pois o lixo jogado nas ruas _____ consequências graves para todos nós.

   a) Copie as locuções verbais que aparecem nas duas frases.

   _____

   b) Quais são as formas infinitivas do primeiro e do segundo verbos da locução da frase 1? Em que modo ou forma nominal cada um deles aparece?

   _____
   _____
   _____
   _____

   c) Na frase 2, complete o texto com a palavra **trás** ou **traz**.

   d) Sublinhe os prefixos que aparecem na frase 2.

● MINHA COLEÇÃO DE PALAVRAS

Escreva, com suas palavras, o que você entende por:

- propaganda institucional: _____
  _____
  _____

- *slogan*: _____
  _____
  _____

UNIDADE 4
MISTÉRIOS

Cena do filme **Coraline e o mundo secreto**, de Henry Selick (dir.). Estados Unidos: Universal, 2009.

- Os personagens que aparecem nesta cena são a menina Coraline e seu amigo Wybie. Você já assistiu a esse filme?

- Observe as expressões de Coraline e Wybie: o que você acha que eles estão sentindo?

- O que será que pode existir dentro do poço?

- Você já passou por alguma situação que fez você sentir muito medo?

CAPÍTULO 10 — SER OU NÃO SER

LEITURA 1

Será que tudo que vemos corresponde à realidade?

Leia o título do texto e observe as imagens que o acompanham. Quem é e o que fará Abad Alfau? Como uma caveira aparecerá na história?

Que mistério aparecerá no conto? Você acha que ele será desvendado?

Leia a história e confirme suas hipóteses.

Abad Alfau e a caveira

Até mais ou menos o ano de 1905, via-se no alto da parede chanfrada da igreja do convento de São Domingos, que ficava na esquina da rua dos Estudantes com a rua da Universidade, na capital dominicana, um nicho vazio, que desapareceu com a parede quando esta foi derrubada.

Entretanto, nem sempre esse nicho esteve vazio. Dentro dele, apoiada num pequeno suporte de ferro, havia outrora uma caveira, visível durante o dia graças à luz do sol e durante a noite graças à luz de uma lamparina de azeite pendurada no alto, e que sempre era acesa ao toque do Ângelus, ao entardecer. Embaixo, como se fossem palavras saídas da boca da caveira, lia-se numa lápide rústica, em letras comuns, quase ilegíveis, escritas em preto:

Oh, tu, que passando vais,
Fixa os teus olhos em mim.
Qual tu te vês eu me vi.
Qual me vejo, tu te verás.

capital dominicana: trata-se da cidade de São Domingos, capital da República Dominicana.
chanfrada: cortada em ângulo, com quinas ou arestas.
lápide: pedra que contém frases, localizada, em geral, sobre túmulos.
nicho: cavidade que se faz nas paredes para colocar estátuas.
outrora: antigamente.
toque do Ângelus: toque dos sinos nas igrejas às seis da manhã, ao meio-dia e às seis da tarde para lembrar o anjo que anunciou a Maria que ela seria mãe de Jesus.

Pedro Hamdan/Arquivo da editora

Muito tempo transcorreu sem que a caveira nem o verso chamassem a atenção do público. Até a noite em que um morador do bairro, a caminho de casa, ouviu um ruído proveniente da caveira e, ao voltar os seus olhos para ela, observou que se mexia, inclinando-se para frente ou virando-se de um lado para o outro, como se dissesse: "Sim, sim...", "Não, não...".

Ao ver tal coisa, saiu em disparada até chegar em casa.

A caveira, que àquela altura já não merecia sequer o olhar indiferente dos transeuntes, passou a ser, no dia seguinte, o tema de todas as conversas. Os prudentes não se aventuravam a passar de noite nas proximidades do convento. E os valentes que se atreviam a fazê-lo juravam que a caveira se mexia dizendo: "Sim, sim...", "Não, não...". E ainda acrescentavam que ela movia as mandíbulas, que ria fazendo um barulho parecido ao das castanholas e uma porção de outras histórias.

Durante o dia, a caveira ficava quietinha. Por isso, o encarregado de acender e apagar a lamparina fazia isso sempre de tarde ou de manhã. O problema era de noite.

Os que moravam por ali davam uma volta enorme para chegar em casa, a fim de se livrarem de ver a caveira. Nem mesmo os guardas da polícia militar ousavam se aproximar dessa esquina do medo.

Certa noite, desafiando o seu próprio temor, um desses guardas caminhou nessa direção e, ao ver os meneios da caveira, correu espavorido sem parar até o portão do quartel.

castanholas: instrumento musical usado em danças flamencas, constituído de dois pedaços de madeira em forma de castanha, unidos por um cordão.

mandíbulas: queixo, parte inferior e móvel da boca.

transeuntes: pessoas que transitam por determinados lugares.

Abad Alfau tinha então dezenove anos e era subtenente do batalhão que guarnecia a praça de São Domingos. Estava de serviço na noite em que o guarda correu de medo da caveira e ficou muito contrariado. Na noite seguinte, soube que um outro guarda havia dado uma volta para fugir da bruxaria da esquina e ficou mais contrariado ainda.

— Ou acabo com essa palhaçada ou não me chamo Abad Alfau! — afirmou ele.

No dia seguinte, muniu-se de uma escada e esperou que anoitecesse. Mais ou menos às onze horas, dirigiu-se ao tal lugar que tantos temores provocava, levando uma espada na mão e acompanhado de dois soldados. Estavam a poucos metros da caveira, quando começaram os remelexos.

— Ponham a escada na esquina! — ordenou Abad, antes que o medo paralisasse os seus companheiros.

De espada na mão, começou a subir. A cada degrau que subia, os movimentos da caveira para frente e para os lados ficavam mais violentos. Quando o subtenente já estava bem próximo dela, a caveira se mexia tanto que parecia querer girar sobre si mesma e de dentro dela saíam uns guinchos agudos. O jovem oficial, no entanto, continuava imperturbável. Finalmente, tão próximo do nicho que poderia alcançá-lo com os dedos, apoiou com força os pés num degrau enquanto com a mão esquerda se agarrava ao degrau mais alto, jogou o corpo para trás e, levantando a espada, acertou-lhe duas pranchadas que a fizeram dar várias voltas.

E aí se desfez o mistério. Porque de baixo da caveira saiu um rato de mais ou menos um palmo de comprimento, que pulou do nicho para a rua e se perdeu na escuridão da noite, enquanto Abad Alfau, descendo, exclamava:

— Bicho desgraçado!

guarnecia: fortalecia; ocupava.
pranchadas: movimentos frontais, completos e precisos feitos com uma espada.

Abad Alfau e a caveira, de Manuel de Jesús Troncoso de la Concha. Versão: Silva Nolasco. In: **Contos de assombração**. São Paulo: Ática, 1985. p. 43-46.

ATIVIDADES

1. O primeiro parágrafo do texto lido localiza os fatos no tempo e no espaço.

    a) Em que época se passa a história?

    _____

    _____

    b) A história se passa na cidade de São Domingos, capital da República Dominicana. Que lugares são especificamente citados?

    _____

    _____

2. Numere os fatos de acordo com a ordem em que são apresentados no texto. Depois, explique por que é esperado que o leitor desse conto fique cada vez mais temeroso.

    ☐ Até os guardas fugiam, com muito medo.

    ☐ Ele desfez o mistério, que não era sobrenatural.

    ☐ Havia uma caveira na parede do convento de São Domingos.

    ☐ Temerosos, os moradores não passavam pelo convento. Os que passavam por lá diziam que ela se mexia.

    ☐ Um dia, um morador viu a caveira se mexer.

    ☐ Abad Alfau decidiu enfrentar o problema.

    _____

    _____

3. Assinale apenas a alternativa correta. Os versos que estavam abaixo da caveira podem ser entendidos da seguinte maneira:

    ☐ "somos diferentes porque você está vivo e eu estou morto".

    ☐ "o que você é hoje, eu já fui; o que eu sou, você será".

    ☐ "você me vê exatamente como eu vejo você".

215

4 A história é contada por:

☐ um personagem que tem participação nos acontecimentos.

☐ alguém que está fora dos acontecimentos, mas é capaz de relatar tudo o que ocorre.

5 O único personagem que recebe nome nesse conto é Abad Alfau. Sugira uma explicação.

_____

_____

6 **Abad Alfau e a caveira** é um conto que explora os mistérios da morte. Provavelmente, essa história foi escrita com a intenção de provocar:

☐ alegria e entusiasmo.

☐ tristeza e desânimo.

☐ suspense e medo.

7 Pinte no texto os trechos referentes às fases da narrativa de acordo com a legenda abaixo.

〰️ Situação inicial: apresentação dos elementos que compõem a história: lugar, época, personagens.

〰️ Quebra da normalidade: acontecimento que provoca desequilíbrio na história.

〰️ Conflito: desencadeamento de ações que buscam retomar um equilíbrio; desafio ao personagem principal.

〰️ Auge do conflito (clímax): momento de maior tensão na narrativa.

〰️ Desfecho: resolução do conflito; volta à normalidade, com mudanças.

8 No conto, os acontecimentos são apresentados em sequências que reproduzem ações, as chamadas sequências narrativas. As palavras destacadas na sequência abaixo indicam ações.

Certa noite, **desafiando** o seu próprio temor, um desses guardas **caminhou** nessa direção e, ao **ver** os meneios da caveira, **correu** espavorido sem **parar** até o portão do quartel.

• A que classe de palavra elas pertencem?

_____

216

9 Há também, nesse conto, as chamadas sequências descritivas, que caracterizam espaços ou pessoas de maneira a provocar medo. E essa é outra estratégia para criar mistério.

- Indique em quais parágrafos do texto estão as sequências descritivas que buscam caracterizar:

a) o aspecto sobrenatural da caveira → parágrafo _____.

b) a atitude de Abad Alfau em relação à covardia dos demais → parágrafo _____.

c) a atitude de Abad Alfau diante da caveira → parágrafo _____.

10 Em sua opinião, os moradores relatavam o que realmente viam quando falavam da caveira? Explique.

_____
_____
_____

11 O desfecho do conto foi como você esperava? Explique.

_____
_____
_____

O **conto** é uma narrativa curta que, em sua origem, era transmitida oralmente.

Hoje, os contos podem ser textos escritos ou orais. Suas narrativas apresentam um conflito vivido por personagens que enfrentam desafios em épocas e locais determinados.

Os contos costumam seduzir os leitores pelo ritmo da narrativa e pelo final surpreendente. Há contos policiais, humorísticos, de amor, de suspense, de terror.

Nos contos de terror ou de assombração, o que costuma atrair a atenção é o desconhecido, o inexplicável, o que pode existir após a morte.

MERGULHO NA ESCRITA — GRAMÁTICA

Advérbio e locução adverbial

1 As histórias, principalmente as de mistério, costumam apresentar detalhes sobre os fatos citados. Releia este parágrafo do conto.

> Entretanto, nem **sempre** esse nicho esteve vazio. **Dentro dele**, apoiada num pequeno suporte de ferro, havia **outrora** uma caveira, visível **durante o dia** graças à luz do sol e **durante a noite** graças à luz de uma lamparina de azeite pendurada **no alto**, e que **sempre** era acesa ao toque do Ângelus, **ao entardecer**. **Embaixo**, como se fossem palavras saídas da boca da caveira, lia-se **numa lápide rústica** [...].

- As palavras e expressões que estão em destaque no parágrafo acima dão mais precisão aos fatos narrados. Separe-as em dois grupos: em um deles, escreva as palavras que indicam noção de tempo; no outro, as que indicam noção de lugar.

Noção de tempo	Noção de lugar

É possível especificar a ação dos verbos com palavras ou expressões (locuções) que lhes acrescentem circunstâncias de tempo, lugar, modo, intensidade, negação, afirmação e dúvida.

Essas palavras, que são invariáveis, são chamadas **advérbios**. Exemplos:

*Cheguei **aqui**.* (**aqui** expressa circunstância de lugar)

*Cheguei **cedo**.* (**cedo** expressa circunstância de tempo)

*Cheguei **de repente**.* (**de repente** expressa circunstância de modo)

2 Circule os advérbios nas frases abaixo e classifique-os quanto à circunstância que expressam.

a) Para chegar ao parque, siga adiante. _____

b) Ontem foi um dia cansativo. _____

c) Certamente as crianças ficarão felizes. _____

d) Estou muito feliz. _____

3 A seguir, há algumas expressões que funcionam como advérbios. Escreva em frente a cada item a circunstância que elas expressam.

a) com certeza, sem dúvida: _____

b) de modo algum, de jeito nenhum: _____

c) quem sabe: _____

d) à noite, de manhã, às vezes, em breve: _____

e) de fora, à esquerda, em cima, embaixo: _____

f) à vontade, à toa, às pressas, em silêncio: _____

g) de todo, em excesso: _____

> As **locuções adverbiais** são compostas de duas ou mais palavras e funcionam como advérbios. Geralmente, elas são formadas por preposição e substantivo ou por preposição e advérbio. Exemplo: *Os hóspedes chegaram **de manhã** e foram embora **à noite**.*

4 Substitua as locuções adverbiais em destaque por advérbios terminados com o sufixo **-mente**. Veja o exemplo.

Abad desafiou a caveira **com coragem** / **corajosamente**.

a) Os moradores agiam **com desespero** / _____.

b) Abad ficou preocupado **de novo** / _____.

c) Colocaram a escada **com rapidez** / _____.

MERGULHO NA ESCRITA ORTOGRAFIA

Mau, mal

1 Leia a tirinha a seguir.

Macanudo, n. 5, de Liniers. Campinas: Zarabatana Books, 2012. p. 4.

a) Explique o que aconteceu com Lorenzo e Teresita durante a semana.

b) Que advérbio de modo foi utilizado para indicar como os personagens se sentiam? Circule-o na tirinha.

2 Leia a frase abaixo e faça o que se pede.

Ele é um mau cidadão, pois cuida mal da cidade.

a) Circule o adjetivo usado para qualificar um substantivo. Pinte esse substantivo de azul.

b) Sublinhe o advérbio usado para modificar um verbo. Pinte esse verbo de vermelho.

A palavra **mau** é um adjetivo e, como todos os adjetivos, qualifica ou caracteriza um substantivo. Veja:

*Ficou de castigo por **mau** comportamento.* (o adjetivo **mau** qualifica o substantivo **comportamento**)

Já a palavra **mal** pode ser um advérbio ou um substantivo. Veja:

*Apesar de usarem espadas, lutavam **mal**.* (nesta frase, **mal** é um advérbio, pois está modificando o verbo **lutar**)

*O **mal** vencerá o bem?* (nesta frase, **mal** é um substantivo, pois aparece precedido de um artigo)

Embora **mau** e **mal** sejam palavras com a mesma sonoridade, como você viu, elas são muito diferentes em relação ao significado.

220

3 Você já sabe que adjetivos e substantivos podem variar em número e em gênero. Complete as frases abaixo com as variações do adjetivo **mau** (má/maus/más) e do substantivo **mal** (males).

a) São muitos os _____ da atualidade.

b) Nem sempre as bruxas são _____.

c) Não seria _____ ideia irmos ao parque.

d) Os moradores daquela cidade tinham _____ hábitos.

4 A palavra **mal** é antônimo de **bem**, pois as duas palavras têm sentidos opostos. Preencha as lacunas das frases observando qual delas você deverá usar para completar adequadamente os provérbios a seguir.

a) Falar _____ dos outros é fácil; difícil é falar _____.

b) A ignorância do _____ é a causa do _____.

c) Não há _____ que sempre dure nem _____ que nunca se acabe.

d) Faça o _____ e não olhe a quem.

5 Complete as frases com **mau** ou **mal**.

a) Melhor ter um inimigo do que um _____ amigo.

b) _____ chegaram já começaram a bater palmas.

c) Ele não só escreve _____ como também fala _____ inglês.

d) Um _____ pensamento pode atrair o _____ para perto de si.

> Fique atento para não confundir o adjetivo **mau** (que modifica o substantivo) com o advérbio **mal** (que modifica o verbo). Apenas o primeiro pode ser flexionado: mau/má; maus/más. Há também o substantivo **mal** e seu plural: **males**.
>
> Procure lembrar-se dos antônimos: **bom** é o contrário de **mau**, **bem** é o contrário de **mal**.

LEITURA 2

Quem nunca imaginou que havia seres terríveis escondidos em seu próprio quarto?

O que dá mais medo: desconfiar da presença de seres estranhos ou ir verificar se eles realmente existem? Leia a tirinha a seguir e descubra o que os personagens da história pensam sobre isso.

- Você acha que tem monstros debaixo da cama esta noite?
- Eu não sei. Como se pode saber sem olhar?
- Um jeito é contar uma história sobre um garotinho sendo atacado e devorado vivo.
- Como ISSO lhe diz se há monstros?
- Às vezes eles riem.

Calvin e Haroldo: A vingança da babá, de Bill Watterson. São Paulo: Best News, 2002. vol. 1. p. 13.

O que você achou da solução proposta por Calvin?

Calvin e Haroldo são personagens criados por Bill Watterson. O cartunista norte-americano nasceu em 5 de julho de 1958, em Washington D.C. Exerceu esse ofício no jornal da faculdade e, em 1980, formou-se em Artes com ênfase em Ciências Políticas. Em 1985, foi publicada a primeira tirinha apresentando Calvin, o imaginativo garoto de 6 anos de idade e cabelos espetados, e Haroldo, seu fiel tigre de pelúcia, que povoam o imaginário popular no mundo todo.

ATIVIDADES

1 Qual é o nome dos personagens da tirinha e de seu autor? Onde foi possível obter essas informações? Como é possível identificar quem é cada um dos personagens?

_____

_____

_____

_____

> A **tirinha** é um gênero textual que costuma agradar aos leitores por apresentar situações com humor e, em geral, ter um desfecho inesperado.
>
> Em uma sequência de apenas três ou quatro quadrinhos, nos quais se combinam texto e imagem, com todos os recursos que as histórias em quadrinhos oferecem (balões variados, palavras que indicam sons, linhas de expressão, cores, letras de tamanhos e formatos diferentes), muitos artistas criam situações que nos fazem rir ou refletir sobre nossas atitudes.

Pedro Hamdan /Arquivo da editora

2 A história que você leu foi publicada em um livro que traz uma coletânea de tirinhas desse personagem. No entanto, as tirinhas podem ser encontradas em diversos outros suportes e publicações.

a) Em sua opinião, em quais destes meios a seguir as tirinhas poderiam aparecer? Assinale-os.

☐ em redes sociais ☐ em revistas de diferentes assuntos

☐ em gibis ☐ em *blogs*

☐ em textos legislativos (relativos a leis) ☐ em jornais

b) Converse com os colegas e o professor e explique sua resposta ao item **a**.

3 Calvin é um garotinho de 6 anos que tem em seu tigre de pelúcia, Haroldo, um confidente. O menino sempre desconfia de que monstros estejam escondidos em seu quarto, prestes a devorá-lo. Converse com seus colegas e explique como esse medo é revelado na tirinha.

4 No primeiro quadrinho aparecem algumas expressões que funcionam como advérbios.

   a) Que expressões são essas?

   _____

   b) Essas expressões são importantes na fala de Calvin? Por quê?

   _____

   _____

   _____

   _____

5 No segundo quadrinho, o que Haroldo quis dizer? Assinale apenas a alternativa que mostra a intenção do tigre de pelúcia.

   ☐ É preciso olhar sob a cama para saber se há monstros.

   ☐ Melhor não saber se há monstros.

   ☐ Não existe a menor possibilidade de haver monstros sob a cama.

6 No terceiro e quarto quadrinhos, Calvin fez uma sugestão para tentar resolver a dúvida. Em sua opinião, a ideia proposta pelo garoto resolveu o problema de saber se há monstros debaixo da cama? Por quê?

_____

_____

_____

_____

_____

Pedro Hamdan /Arquivo da editora

7 Releia os dois últimos quadrinhos prestando atenção às falas de Calvin e Haroldo.

a) No balão de fala de Haroldo, o pronome **isso** aparece destacado. Explique o porquê.

_____

_____

_____

b) O que o pronome **isso** está substituindo?

_____

_____

8 A fala de Calvin no último quadrinho aumenta ou diminui o clima de tensão e mistério da história? Explique sua resposta.

_____

_____

9 Assinale com um **X** apenas a alternativa correta. De acordo com a tirinha, pode-se dizer que Calvin acha que os monstros vão rir da história de um garotinho sendo devorado vivo por acreditar que eles:

☐ ficariam nervosos e aflitos.

☐ são malvados e sentem prazer com o sofrimento do outro.

☐ são indiferentes; nem ligariam para a história do garotinho.

10 Você gostou de ler essa tirinha? Por quê?

_____

_____

_____

_____

225

MERGULHO NA ESCRITA GRAMÁTICA

Verbo haver

1 Releia estes dois quadrinhos e observe as palavras destacadas:

> VOCÊ ACHA QUE TEM MONSTROS DEBAIXO DA CAMA ESTA NOITE?
>
> COMO ISSO LHE DIZ SE HÁ MONSTROS?
>
> ÀS VEZES ELES RIEM.

a) As palavras destacadas nos balões de fala apresentam o mesmo sentido? Qual é o sentido delas nessas frases?

_____
_____
_____

b) Em sua opinião, qual desses dois verbos costuma ser empregado com o sentido de **existir** em situações mais informais?

_____

c) Sugira uma explicação para o fato de Calvin ter usado o verbo **ter** e Haroldo, o verbo **haver**.

_____
_____
_____
_____

2 Agora, observe os verbos destacados nestas frases.

> **Havia** monstros embaixo da cama de Calvin?
> **Existiam** monstros embaixo da cama de Calvin?

- Que diferença você percebe entre o verbo **existir** e o verbo **haver** nessas frases?

_____
_____

O verbo **haver**, com o sentido de **existir**, deve ser sempre empregado na terceira pessoa do singular.

O verbo **ter**, com o sentido de **existir**, costuma ser empregado em situações cotidianas, informais.

3 Reescreva as frases, substituindo o verbo **haver** pelo verbo **existir**.

a) Há muitas histórias sobre assombrações na memória das pessoas.

_____

b) Houve várias tentativas de aproximação com a caveira.

_____

4 Reescreva as frases a seguir no plural.

a) Haveria ainda muito perigo a enfrentar.

_____

b) Existe muita lenda em torno de um assunto como esse.

_____

5 Nas frases abaixo, o verbo **poder** é auxiliar dos verbos principais **haver** e **existir**:

Poderá haver muitos monstros embaixo da cama.
Poderão existir muitos monstros embaixo da cama.

- O que acontece com o verbo auxiliar (**poder**) nessas frases?

_____

_____

_____

_____

MEUS TEXTOS

Tirinha

E já que falamos bastante sobre tirinhas, que tal produzir a sua?

Depois, ela será exposta e, finalmente, reunida em um livro de tirinhas de sua turma. Esse livro também poderá circular entre os familiares de vocês.

Planejamento

1 Você tem revistas com tirinhas ou histórias em quadrinhos em casa? Se tiver, leve-as para a sala de aula e observe como essas histórias são construídas: tipos diferentes de balão de fala, recursos para expressar sentimentos dos personagens, cores, formatos, linhas, etc.

2 No início deste capítulo, você leu o conto **Abad Alfau e a caveira**. Viu que ele foi dividido em fases, que são os momentos marcantes de uma narrativa. Agora, imagine que cada fase da narrativa corresponda a um quadrinho da tirinha que você vai produzir. Serão cinco quadrinhos:

- **Quadrinho 1 — situação inicial:** século passado, convento de São Domingos, na República Dominicana, há uma caveira em um nicho na parede.
- **Quadrinho 2 — quebra da normalidade:** em uma noite, um morador vê a caveira se mexendo.
- **Quadrinho 3 — conflito:** moradores entram em pânico; quem não evita a caveira assusta-se ao vê-la se mexer e foge, apavorado. Até os soldados correm de medo.
- **Quadrinho 4 — auge do conflito:** Abad Alfau, um subtenente de 19 anos, vai enfrentar a caveira com uma espada.
- **Quadrinho 5 — desfecho:** você vai criar um novo final. Pense em algo que surpreenda o leitor.

Rascunho

3 Pense antes nas características de sua tirinha:

- Ela será colorida? Em preto e branco? Como você vai representar os personagens?

- Não é necessário ser um ótimo desenhista para fazer uma tirinha. Você só precisa atribuir um traço que identifique facilmente cada personagem, como cores diferentes, um chapéu, um formato específico para o corpo, etc.
- Você pode usar o recurso das legendas (na parte superior ou inferior dos quadrinhos) para reproduzir a voz do narrador. Para os personagens, use balões de fala, de pensamento, de grito.
- Desenhe a lápis as cenas com os personagens.
- Deixe bastante espaço para os balões e, por último, escreva as falas dentro deles.

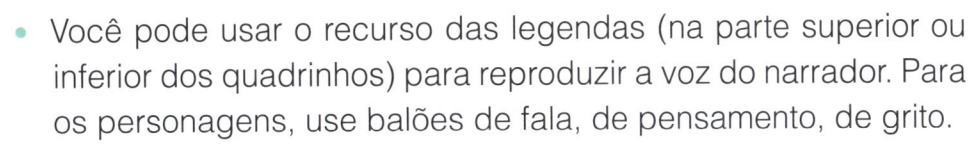

Revisão

4 Utilize a tabela abaixo para fazer a revisão da sua tirinha.

	Sim	Preciso fazer/refazer
As imagens que desenhei nos cinco quadrinhos estabeleceram uma sequência narrativa?		
É possível identificar os personagens por meio dos desenhos?		
As legendas esclarecem a situação?		
Os balões que criei foram empregados de forma correta?		
A letra dentro dos balões está bem legível?		
O texto dos balões está correto?		
Meu novo desfecho surpreenderá o leitor?		

Meu texto

Agora que você já fez o rascunho, terá uma ideia melhor de como distribuir as imagens em cada quadrinho.

Passe tudo a limpo em uma folha avulsa, usando-a no sentido horizontal. Você e todos os seus colegas precisam usar o mesmo formato de papel, para conseguir depois reunir as tirinhas e encadernar os trabalhos. Identifique a tirinha com seu nome. Não se esqueça de dar também um título a ela.

Os trabalhos de vocês ficarão um tempo expostos no mural, para que todos possam ver as tirinhas dos colegas. Depois de encadernadas, leve as tirinhas para casa e mostre o trabalho aos seus familiares.

ATIVIDADES DO CAPÍTULO

1. As frases abaixo apresentam importantes características de um conto de assombração. Complete-as com as palavras do quadro.

   > inesperados   suspense   advérbios   adjetivos   conflito   medo

   - Os personagens são envolvidos em um _____.
   - Os fatos são revelados aos poucos, causando _____.
   - São usados _____ para indicar circunstâncias variadas, principalmente tempo, modo e lugar.
   - As descrições são feitas com o uso de _____ que transmitem a ideia de _____, angústia, tristeza, solidão.
   - Há acontecimentos e desfechos _____.

2. Complete o quadro abaixo. Se a palavra correspondente não existir, faça um traço.

Palavra	Classe de palavra	Plural	Feminino	Feminino/Plural	Antônimo
mau	adjetivo	maus	_____	más	_____
mal	substantivo	_____	—	_____	bem
mal	advérbio	—	_____	—	_____

   - Complete a frase abaixo com palavras do quadro.

     Não falem _____ das bruxas, pois nem sempre elas são _____; algumas delas praticam o _____, mas há outras que praticam o _____.

3. Leia a história a seguir e faça o que se pede.

Quadrinho 1: — PRINCESA SURIÁ! VOU TRANSFORMAR VOCÊ EM BICHO! / — À VONTADE, BRUXA MARGÔ!

Quadrinho 2: — É SÓ EU CHAMAR, QUE O PRÍNCIPE FELIPE CORRE PRA ME SALVAR! / — COMO?

Quadrinho 3: — GIRAFA É MUDA!

Quadrinho 4: — RECEBI SEU E-MAIL, PRINCESA, E VIM CORRENDO!

Suriá, de Laerte. **Folha de S.Paulo.** 2 ago. 2003. Folhinha.

a) O que causa humor no final da tirinha?

_____

_____

b) No primeiro quadrinho, há uma locução adverbial. Circule-a e, depois, escreva a circunstância que ela expressa.

_____

4. Para evitar a repetição do verbo **haver** no texto a seguir, podemos substituir algumas ocorrências pelo verbo **existir**. Copie o texto em seu caderno, fazendo substituições.

Há muitas maneiras de criar suspense em um texto. Há o jogo que se faz com o leitor, escondendo certas pistas. Há os adjetivos e os advérbios cuidadosamente escolhidos para criar um clima de mistério; há os fatos inexplicáveis e há também uma forma de encadeá-los de modo que sugiram ideias em vez de revelar o mistério. Há, ainda, além do cenário assustador, o medo dos próprios personagens, que domina o leitor.

CAPÍTULO 11

PARECER E SER

LEITURA 1

Alguma vez você já teve a sensação de ter presenciado algo sobrenatural? Como você reagiu? Você acha que um boneco poderia ganhar vida?

Leia a seguir o trecho inicial de um livro e depois discuta com os colegas: que sensação essa narrativa despertou em você?

Tiridá

O carro entrou na estrada de terra, virou à esquerda, passou pela represa, subiu a ladeira e, logo depois do bosque de eucaliptos, tornou a virar à esquerda.

Rua comprida. De um lado, a mata nativa cada vez mais rala apesar das placas proibindo a derrubada de árvores. Do outro lado, pequenas chácaras e cercas, gramados, hortas, pomares, jardins. O pai de Rodrigo ia dirigindo devagar, os vidros do carro levantados por causa do poeirão vermelho da estrada. No final da rua, entre cachos de buganvílias, uma inscrição em tábua grossa de cedro informava:

**Chácara do Tiridá
Pouco chão
Muita imaginação**

> **buganvílias:** plantas ornamentais típicas da América.
> **cedro:** árvore de grande porte.
> **papel machê:** massa feita com papel dissolvido na água, coado e misturado com cola e gesso.
> **tramela:** trava de madeira ou de metal utilizada em portões.

Pararam em frente ao portão branco. Rodrigo desceu e puxou a tramela de ferro. Entraram na chácara. No meio do milharal seco, ainda por colher, Rodrigo viu Tiziu, o espantalho que, em vez de espantar, atraía passarinhos. Uma das invenções do tio Rafael.

Era um boneco grande, articulado. O corpo tinha sido armado com bambu, depois vestido e recheado com palha de milho e arroz. O rosto e as mãos do boneco eram modelados em papel machê e tinham cores alegres. Os braços ficavam dobrados diante do peito, como se estivessem carregando alguma coisa grande e invisível. Todos os dias Rafael enchia as mãos enormes do espantalho com quirera de milho e farelo de arroz.

O carro parou em frente à varanda e buzinou de leve. Duas mulheres apareceram na janela da frente. Uma delas acenou e saiu para abrir a porta. Era a mãe de Rodrigo. A outra, a avó, ficou imóvel, apoiada no peitoril de madeira, meio sorrindo um sorriso triste, diferente do sorriso aberto, inteiro, com que sempre recebia o neto. Rodrigo olhou a casa coberta de hera, as grandes janelas transparentes, as árvores e o jardim. Tudo parecia igual. No entanto o abraço forte e demorado da mãe, o silêncio do lugar, o abatimento da avó eram indícios que se juntavam para confirmar o que, durante todos aqueles dias, desde o telefonema com a notícia até a chegada à chácara, parecera inconfirmável: a morte do tio Rafael.

Começava a anoitecer. A atmosfera pesada e os relâmpagos no horizonte anunciavam uma tempestade. A mãe ajudou a levar as malas para dentro, deixou toalhas limpas no banheiro e arrumou a mesa do jantar. Depois do banho, comeram em silêncio. Rodrigo ainda pensou em perguntar sobre Rafael, mas desistiu diante do jeito ausente e infeliz da avó. Após jantar foi até o quarto que costumava dividir com o tio nas férias e pegou uma manta de lã no armário. A viagem havia sido longa, estava exausto. Ficou olhando as camas vazias, a estante com livros e bonecos, os quadros, as esculturas de madeira, o violão... De repente, na janela envidraçada que se abria para o jardim, um pedaço da mata brilhou com a luz de um relâmpago. Contou mentalmente: "Um, dois, três, quatro...". O trovão veio forte, estalado: "Esse foi perto".

As luzes se apagaram e quase em seguida começou a chover. Novos relâmpagos clarearam o jardim. Rodrigo viu um vulto passar correndo pelo caminho que vinha da mata até o caramanchão. A tempestade ficou mais forte e os *flashes* sucessivos dos relâmpagos revelaram uma cena insólita. Alguém lá fora, sem se importar com a chuva, dançava uma dança estranha, feita de rodopios e saltos desajeitados. Rodrigo correu para a janela e colou o rosto no vidro molhado. Com susto e surpresa reconheceu o dançarino. Era Tiziu. Ninguém no mundo tinha mãos tão grandes.

Abrindo a vidraça, Rodrigo pulou para o jardim. A chuva havia engrossado e a visibilidade, se reduzido a uns poucos palmos. Durante algum tempo ficou parado, tentando enxergar qualquer coisa através da grossa cortina de água. Afinal, quando a chuva raleou, os relâmpagos, mais espaçados, mostraram apenas o jardim encharcado e deserto. O espantalho havia desaparecido.

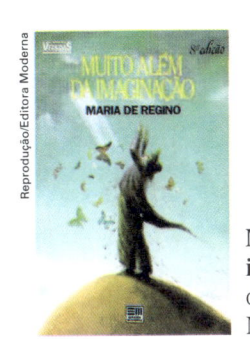

[...]

caramanchão: estrutura feita de ripas ou bambus e recoberta de plantas, construída em parques, sítios ou jardins.
indícios: sinais, vestígios.
insólita: que é rara; incomum.
peitoril: parte inferior da janela, na qual se pode apoiar os braços.

Muito além da imaginação, de Maria de Regino. São Paulo: Moderna, 1992. p. 7-9.

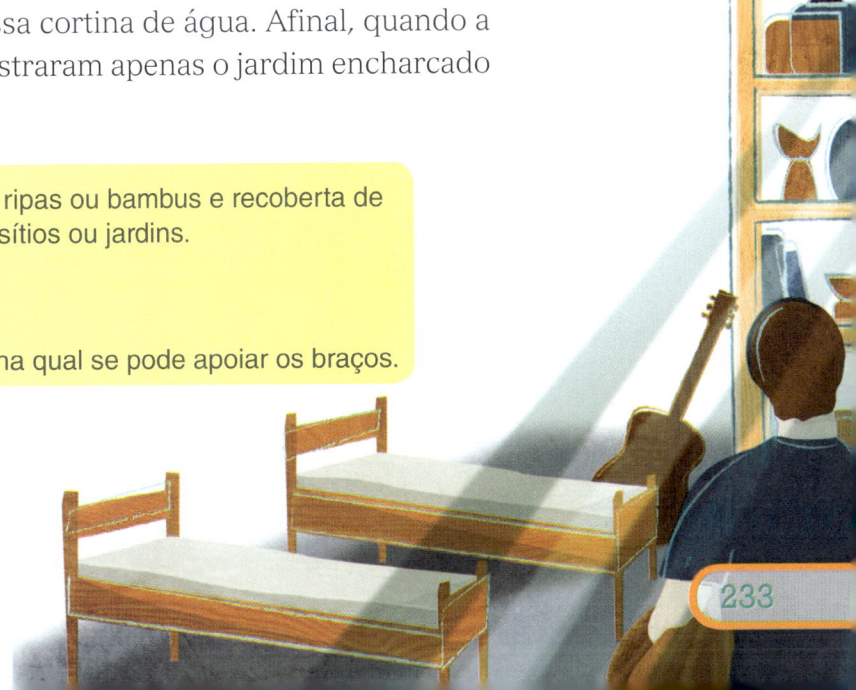

ATIVIDADES

1 O texto que você leu é o trecho inicial do livro **Muito além da imaginação**, de Maria de Regino.

a) Qual o significado da expressão "além da imaginação"? O que o título do livro revela sobre o conteúdo da história lida?

_____
_____
_____
_____

b) O texto começa com a chegada de Rodrigo, acompanhado de seu pai, a um sítio onde estão sua mãe e sua avó. Por que todos estão abatidos?

_____
_____

c) O livro conta uma história misteriosa. Quais acontecimentos do texto comprovam essa afirmação?

_____
_____

2 Releia o primeiro parágrafo do texto e observe como a autora usa, ao mesmo tempo, elementos da narração e da descrição.

O carro ==entrou== ==na estrada== ==de terra==, virou à esquerda, passou pela represa, subiu a ladeira e, logo depois do bosque de eucaliptos, tornou a virar à esquerda.

- 🟨 Verbo indicando ação → [o carro] ==entrou==
- 🟩 Expressão que indica circunstância de lugar → ==na estrada==
- 🟪 Adjetivação → ==de terra==

• Continue a analisar dessa maneira o primeiro parágrafo, destacando os trechos conforme o exemplo.

3 Leia:

> Quando há no texto verbos indicando ações que se seguem com o passar do tempo, dizemos que há nele **sequências narrativas**. Quando os verbos não indicam ação (como os verbos **ser** e **estar**) e predominam substantivos e adjetivos para compor a imagem de uma pessoa ou lugar, dizemos que há **sequências descritivas**.

- No quarto parágrafo, predomina a sequência narrativa ou a descritiva? E no sétimo parágrafo?

  _____

4 Existem algumas "pistas" no texto, isto é, "avisos" que o leitor recebe sobre acontecimentos futuros na narrativa. Veja a seguir algumas delas. Levante hipóteses sobre o possível alerta que cada uma faz.

a) Pista 1: inscrição na placa na entrada da chácara

_____

_____

b) Pista 2: o espantalho

_____

_____

_____

_____

c) Pista 3: temporal e falta de energia elétrica

_____

_____

_____

5 O espantalho teria saído sozinho do milharal? O que você acha que aconteceu com ele? Converse com seus colegas e o professor.

MERGULHO NA ESCRITA GRAMÁTICA

Pronome relativo

1 Releia esta passagem do texto **Tiridá** e, em seguida, outra versão do texto.

[...] Rodrigo viu Tiziu, o espantalho que, em vez de espantar, atraía passarinhos.

> Rodrigo viu Tiziu, o espantalho. O espantalho, em vez de espantar, atraía passarinhos.

- Você percebeu diferenças entre as duas formas de redigir o mesmo trecho? Em sua opinião, em que situação usamos cada uma dessas formas?

> Os **pronomes relativos** são aqueles que retomam na frase ou no texto um termo citado anteriormente. Exemplos: **que**, **quem**, **quando**, **quanto**, **o qual**, entre outros.

2 Reescreva as frases substituindo o termo em destaque por um pronome relativo, conforme o exemplo.

> Rodrigo viu o espantalho. O espantalho estava dançando.
> Rodrigo viu o espantalho **que** estava dançando.

a) Mariana foi à festa. **A festa** começava às 10h.

_____
_____
_____
_____

b) Ricardo comeu os bombons. **Os bombons** estavam sobre o armário.

_____
_____
_____
_____

> Dependendo do caso, no lugar do pronome relativo **que**, pode-se também usar **o qual**, **a qual**, **os quais**, **as quais**. Veja:
>
> *Rodrigo adorava a chácara Tiridá. A chácara pertencia aos seus avós.*
>
> *Rodrigo adorava a chácara Tiridá, **a qual** pertencia aos seus avós.*
>
> O pronome relativo **quem** se refere a pessoas. Exemplo:
>
> *Rodrigo perdeu seu tio Rafael. Rodrigo admirava muito seu tio Rafael.*
>
> *Rodrigo perdeu seu tio Rafael, **a quem** ele admirava muito.*

3 Junte as frases usando os pronomes relativos do quadro. Faça adaptações, se necessário.

> quem   o qual   a qual

a) Rodrigo viu o espantalho. O espantalho dançava e rodopiava.

_____

b) Este é o meu amigo Adriano. Eu falava tanto do meu amigo Adriano.

_____

_____

c) A menina discutiu com as amigas. As amigas nunca ouviam o que a menina dizia.

_____

_____

4 Nos trechos a seguir, circule as palavras ou expressões que os pronomes relativos em destaque retomam.

a) "[...] Rodrigo viu Tiziu, o espantalho **que**, em vez de espantar, atraía passarinhos."

b) "De repente, na janela envidraçada **que** se abria para o jardim, um pedaço da mata brilhou com a luz de um relâmpago."

c) "Rodrigo viu um vulto passar correndo pelo caminho **que** vinha da mata até o caramanchão."

MERGULHO NA ESCRITA ORTOGRAFIA

Onde, aonde

1 Observe a frase a seguir e assinale a alternativa correta em cada item.

Esta é a chácara Tiridá, **onde** meu tio morava.

a) A palavra **onde** se refere a um:

☐ tempo ☐ personagem

☐ lugar

b) Nessa frase, a palavra **onde** poderia ser substituída, sem alteração de sentido, por:

☐ em que ☐ com quem

☐ para onde

c) A palavra **morava** é um verbo que indica:

☐ permanência ☐ movimento

2 Observe a frase a seguir e assinale a alternativa correta em cada item.

Esta é a chácara **aonde** Rodrigo vai durante as férias.

a) A palavra **aonde** se refere a um:

☐ tempo ☐ personagem

☐ lugar

b) Nessa frase, a palavra **aonde** poderia ser substituída, sem alteração de sentido, por:

☐ com quem ☐ para onde

☐ em que

c) A palavra **vai** é um verbo que indica:

☐ permanência ☐ movimento

Onde se refere a lugar e equivale a **em que** (**lugar em que** ou **em que lugar**). É empregado com verbos que expressam estado ou permanência: estar, ficar, morar, etc.

Aonde equivale a **a que** (o lugar **a que** ou **para onde**) e transmite a ideia de movimento, deslocamento.

3 Complete os pares de frases com **onde** ou **aonde**.

a) Pode me dizer _____ você estuda?

   Pode me dizer _____ você vai?

b) Aquele é o estádio _____ irão os torcedores do time.

   Aquele é o estádio _____ será disputado o jogo.

4 Leia a tirinha.

> COMO É FAMOSO, DIZEM QUE ELE É FORTE.
> E QUE NÃO SE EQUIVOCA NUNCA.
> QUE SABE EXATAMENTE **1** VAI.
> QUE TUDO VAI DAR CERTO.
> E AGORA NINGUÉM SABE **2** ELE ESTÁ.

Macanudo, de Liniers. Campinas: Zarabatana Books, 2012. n. 5. p. 89.

a) Substitua os números indicados na tirinha por **onde** ou **aonde**.

   1 _____   2 _____

b) Agora, justifique sua resposta ao item anterior.

_____
_____
_____
_____

LEITURA 2

Você conseguiria viver sempre só? É possível não sofrer com a solidão? Como? No conto que você vai ler um espantalho sofre com a solidão. Você acha isso possível?

Fiapo de trapo

Espantalho mais bonito e elegante nunca se tinha visto por aquelas redondezas. Nem por outras, que ele era mesmo carregado de belezas. Precisava só ouvir a conversinha do Dito Ferreira enquanto montava o espantalho, todo orgulhoso do seu trabalho:

— Nunca vi coisa igual. O patrão caprichou de verdade. Vai botar no campo um espantalho com roupa de gente ir à festa na cidade.

E era mesmo. Tudo roupa velha, claro, como convém a um espantalho que se preza. Mas da melhor qualidade, roupa de se ir à igreja em dia de procissão e reza.

Dito Ferreira mostrava todo prosa:

— Esse chapéu é de um tal de veludo. E vejam que beleza essa camisa cor-de-rosa. Tem até coração bordado...

O patrãozinho pensou em tudo. Com uma gravata de seda, fez esse cinto estampado. Até a palha do recheio é toda macia e cheirosa.

Não é que era mesmo, a danada? Tinha um perfume forte, que ajudava a espantar a passarada.

Ah, porque é preciso também dizer que aquilo tudo dava certo, funcionava tanto... O espantalho elegante era mesmo um espanto.

procissão: reunião de religiosos e fiéis que desfilam carregando imagens e entoando preces.
todo prosa: orgulhoso, vaidoso, cheio de si.
veludo: tecido que tem o avesso liso e o lado de fora coberto de pelos macios e curtos.

Passarinho nem chegava perto. E lá ficava sozinho, espetado no milharal deserto.

O patrão ficava feliz com um defensor tão eficiente. Dito Ferreira se alegrava com aquela figura imponente. Que espantalho diferente! Só que eles nem sabiam que diferença era essa.

Como todo espantalho, esse não andava nem falava, mas tinha o dom de poder sentir as coisas ao seu jeito — para um boneco de palha, isso era um grande defeito.

E era só por causa do desenho que tinha bordado no peito. Linhas de cor em forma de coração — e pronto, lá estava o pobre espantalho sofrendo com a solidão! Ninguém se aproximava dele, ninguém fazia um carinho, e ele ficava tão triste, só, espantando passarinho...

De longe via uma passarada, de todo tipo e feição. Pintassilgo e saíra, cambaxirra e corruíra, rolinha e corrupião. Pássaro de toda cor, de todo canto e tamanho, de todo a-e-i-o-u – sabiá, tié, bem-te-vi, curió e nhambu. Vontade de chamar:

— Vem cá me ver, bem-te-vi!

Vontade de mostrar:

— Tico-tico, olha lá o teco-teco!

Mas não adiantava, ninguém chegava perto.

E o tempo passava. Horas e dias, dias e semanas, semanas e meses, meses e anos.

E o espantalho ficava no tempo. No bom tempo e no mau tempo. No sol que queimava e na chuva que molhava. No mormaço que fervia e no vento que zunia.

E seu cheiro se gastava, sua cor se desbotava, sua seda desfiava, seu veludo se puía.

Até que um dia...

mormaço: calor, quentura.
puía: desgastava.

No tempo tem sempre um dia. Um dia em que muda o tempo e um tempo novo se inicia.

Pois foi o que aconteceu. Houve um dia em que choveu. Mas não foi chuva miúda, foi pra valer, de verdade, foi mesmo um deus nos acuda, uma imensa tempestade, de granizo, raio, vendaval, com aguaceiro e temporal, chuva de muito trovão que virou inundação.

Quando a chuvarada passou e o sol voltou, um arco-íris no céu se formou. E na beleza do dia novo, azul lavado, vieram os pássaros, em bando assanhado, ocupando todo o campo, ciscando no milharal. Livres, soltos, à vontade, numa alegria sem igual.

Foi aí que Dito Ferreira reparou:

— Cadê o espantalho velho?

Saiu todo mundo procurando. Não acharam. Nem podiam achar. Ele tinha desmanchado, tinha sido carregado, pelo vento espalhado, pela chuva semeado, com a terra misturado, plantado naquele chão, sua palha adubando muito pé de solidão.

Do que sobrou por aí, foi tudo virando ninho, protegendo com carinho filhotes que iam nascer. Veludo em trapos, seda em farrapos, coração bordado em fiapos, maciezas boas de se esquecer. E hoje em dia, sua palha misturada na terra ajuda a plantação a crescer.

Os trapos de sua seda, o seu forro de bom cheiro, farrapos de seu veludo se espalhavam desde o galinheiro até a mais alta árvore que tenha um ninho barbudo. E em cada ovo que nasce ali por aquele lugar, cada ninhada que se achega à procura de calor, em cada vida a brotar, em cada marca de amor, seu coração sobrevive num fiapinho de cor.

deus nos acuda: desordem, tumulto.

Quem perde ganha, de Ana Maria Machado. Nova Fronteira: Rio de Janeiro, 1985.

ATIVIDADES

1 O que você achou da história? Algum trecho surpreendeu você? Qual?

_____
_____
_____
_____
_____

2 Escreva resumidamente o que acontece no conto em cada uma das fases a seguir. Veja o exemplo.

> Fase I → situação inicial: só havia na região espantalhos comuns.

Fase II → quebra da normalidade: _____
_____
_____

Fase III → conflito: _____
_____
_____

Fase IV → maior tensão da narrativa: _____
_____

Fase V → desfecho: _____
_____
_____

3 Ao ler o conto, você deve ter percebido um ritmo bem marcante. Por que isso acontece? Justifique com elementos do texto.

_____
_____
_____
_____

4 Releia este trecho:

> [...] tinha o dom de poder sentir as coisas ao seu **jeito** — para um boneco de palha, isso era um grande **defeito**.
>
> E era só por causa do desenho que tinha bordado no **peito**.

a) As palavras em destaque parecem ter sido cuidadosamente escolhidas pela autora. Em sua opinião, por que ela teria feito esse tipo de escolha?

_____
_____
_____

b) Apenas um bordado no peito seria suficiente para dar ao espantalho o dom de "sentir coisas"?

_____
_____
_____

c) Por que seria um "grande defeito" do espantalho sentir as coisas do jeito dele?

_____
_____
_____
_____

244

5 Leia o trecho abaixo e tente descobrir a relação que existe entre "a-e-i-o-u" e o nome dos pássaros.

Pássaro de toda cor, de todo canto e tamanho, de todo a-e-i-o-u – sabiá, tié, bem-te-vi, curió e nhambu.

_____
_____
_____
_____

6 Leia os trechos a seguir e complete as afirmações adequadamente.

> E o tempo passava. Horas e dias, dias e semanas, semanas e meses, meses e anos.

- O tempo citado nesse trecho é:
  - ☐ cronológico (o do relógio).
  - ☐ meteorológico (o da atmosfera).

> E o espantalho ficava no tempo. No bom tempo e no mau tempo.

- Já nesse trecho, o tempo citado é:
  - ☐ cronológico (o do relógio).
  - ☐ meteorológico (o da atmosfera).

7 Agora complete a frase abaixo.

A palavra **tempo** foi empregada no texto _____
_____
_____
_____

MERGULHO NA ESCRITA ORTOGRAFIA

Hífen nas palavras compostas

1 No conto **Fiapo de trapo** há algumas palavras compostas. Para você relembrar: quando formamos uma nova palavra juntando outras já existentes, usamos o processo de:

☐ derivação ☐ redução ☐ composição

2 Pinte no quadro apenas palavras que passaram por esse processo.

> tico-tico   passarada   teco-teco   arco-íris   bem-te-vi
> conversinha   aguaceiro   espantalho   beleza   cor-de-rosa

3 O que há em comum na forma de escrever as palavras que você pintou?

_____

_____

4 Uma das regras do emprego do hífen diz que ele não deve ser usado em palavras que têm elemento de ligação, como: dia **a** dia, fim **de** semana, ponto **e** vírgula.

- Uma das palavras do quadro da atividade 2 tem elemento de ligação e está escrita com hífen. Que palavra é essa? Por que você acha que isso ocorreu?

_____

_____

_____

_____

5 Os exemplos a seguir se assemelham a quais palavras do quadro da atividade 2? Com um colega, tente explicar qual é a regra para eles.

> tique-taque   pingue-pongue   esconde-esconde

_____

_____

6 Localize neste trecho uma palavra composta. Em sua opinião, por que ela não tem seus elementos ligados por hífen? Pesquise exemplos semelhantes.

   Mas não foi chuva miúda, foi pra valer, de verdade, foi mesmo um deus nos acuda [...].

_____

_____

7 No quadro abaixo há palavras que pertencem a dois grupos de seres.

> couve-flor   erva-doce   macaco-prego   laranja-pera   banana-nanica
> capim-santo   peixe-espada   bem-me-quer   bem-te-vi   feijão-verde
> galinha-d'angola   porquinho-da-índia   joão-de-barro

a) Separe as palavras e escreva-as nas colunas a seguir, atentando para o que elas têm em comum. Dê um título a cada coluna.

b) O que as palavras de cada coluna têm em comum?

_____

ENTENDER AS PALAVRAS: DICIONÁRIO

Uma palavra, vários significados

1. Releia este trecho do texto **Fiapo de trapo**.

   No tempo tem sempre um dia. Um dia em que muda o tempo e um tempo novo se inicia.

   Se você procurar o verbete **tempo** em dicionários, encontrará várias definições, entre elas:

   > **1.** Sucessão dos anos. **2.** Momento ou ocasião apropriada. **3.** Fase, período. **4.** Estado atmosférico, meteorológico; etc.

   • Considerando o contexto, ou seja, o texto de onde foi retirado o trecho acima, que sentidos adquirem as duas ocorrências da palavra **tempo** nas frases abaixo? Escreva o número da definição a que cada uma se refere.

   ☐ "No **tempo** tem sempre um dia."

   ☐ "Um dia em que muda o **tempo** [...]."

   ☐ "[...] e um **tempo** novo se inicia."

2. Há outras passagens no conto em que as palavras foram empregadas de modo a ganhar novos sentidos. Neste trecho, observe o sentido da palavra **espanto**.

   O espantalho elegante era mesmo um **espanto**.

   • Explique dois sentidos possíveis dessa palavra nesse contexto.

   _____
   _____
   _____
   _____
   _____
   _____

3. Neste outro trecho do texto, repare na palavra em destaque e leia, depois, um verbete de dicionário.

E o espantalho ficava no tempo. No bom tempo e no mau tempo. No sol que **queimava** e na chuva que molhava.

queimar v. quei-mar. **1.** Destruir pelo fogo. *Os bombeiros tentavam apagar o fogo que queimava tudo rapidamente.* **2.** Colocar fogo em; fazer consumir pelo fogo. *Renata queimou todas as cartas do ex-namorado.* **3.** Tornar escuro pela ação do sol, podendo causar danos à pele. *Para evitar que o sol queime sua pele, use um protetor solar.* **4.** Fazer ficar seco e morto. *O forte sol queimou as plantações.* **5.** Dar a sensação de calor intenso no contato com a pele. *A criança queimava de febre.*

Dicionário Aurélio ilustrado. Paraná: Positivo, 2010.

- Qual dos significados apresentados no verbete é o mais adequado à palavra **queimava** nesse trecho?

_____

4. Encontre no diagrama as palavras **sinal**, **sentimento**, **fiozinho** e **nascer**, que poderiam ser usadas no lugar das que estão destacadas na frase abaixo.

[...] em cada vida a **brotar**, em cada **marca** de amor, seu **coração** sobrevive num **fiapinho** de cor.

```
F I O Z I N H O N O M X F R N J A
X A F A L R F V S O M K A X A U Y
H Ç X E L Y T I I X L J E C S V P
V S E N T I M E N T O U M P C S L
P C H O N G A D A C I N H S E E X
O A M E L O E T L U C H N S R R B
```

- Agora, reescreva a frase substituindo as palavras em destaque por essas que você encontrou.

_____

_____

_____

MEUS TEXTOS

Conto de assombração

Chegou o momento de você também se tornar um contista.

Escreva um conto pensando que seu leitor poderá ser qualquer pessoa de sua comunidade, e não apenas seus colegas de turma. Depois, vocês vão montar antologias com os contos para que amigos e familiares possam lê-los.

Planejamento

1 Procure compor seu texto a partir de uma situação misteriosa.

a) Veja algumas situações como sugestão:
- Um grupo de crianças vai passar férias em um sítio e descobre em um velho baú, no sótão da casa, brinquedos com estranhos poderes.
- Um funcionário entra no elevador de um prédio de dez andares, aperta o botão do 8º andar, onde trabalha, mas o elevador só para no 33º.
- Dois amigos que há muito tempo não se viam reencontram-se na rua por acaso e um deles nota que o outro tem um sinal estranho na nuca.
- Um jovem recém-chegado a uma pequena vila é convidado para uma festa em um lugar inusitado: o cemitério.

b) Organize as ideias de modo que a sequência de acontecimentos mantenha o clima de suspense; algo deverá deixar o leitor curioso durante toda a leitura. Você pode se orientar pela sequência utilizada no conto **Fiapo de trapo**:
- Fase I – situação inicial
- Fase II – quebra da normalidade
- Fase III – conflito
- Fase IV – maior tensão da narrativa
- Fase V – desfecho

c) Use um narrador que não participe da história, mas saiba tudo o que se passa nela.

d) Nas sequências narrativas, utilize verbos de movimento e, nas sequências descritivas, empregue adjetivos para caracterizar os seres e advérbios para indicar circunstâncias de tempo, espaço, modo, etc.

Rascunho

2 Faça a primeira versão do seu texto de modo espontâneo. Deixe a criatividade solta e não se preocupe ainda em cumprir todas as fases da narrativa. Em seguida, leia-o e observe as fases narrativas que precisam ser acrescentadas ou melhoradas.

Revisão

3 Utilize a tabela abaixo para fazer a revisão do seu conto.

	Sim	Preciso fazer/refazer
Em meu texto há um clima de mistério?		
Criei acontecimentos que prendem a atenção do leitor?		
Criei um desfecho coerente com o texto como um todo?		

4 Faça a revisão do seu texto e troque-o com o de um colega. Ouça com atenção as observações que ele fizer. Reescreva o texto, atendendo às propostas de mudanças para melhorá-lo. Por fim, ilustre-o.

Contação de histórias

5 Que tal, agora, contar a sua história aos colegas de classe? Antes, porém, faça um ensaio, observando os cuidados que você deve tomar ao contá-la:

- Controle a altura de sua voz para que todos possam ouvi-lo.
- Conte-a com naturalidade.
- Tente evitar palavras como: "então, né?", "daí", etc.
- Olhe para os colegas enquanto conta a história.
- Aumente o mistério controlando a entonação da sua voz.

Meu texto

Depois de tudo isso, os textos serão reunidos em antologias, encadernados e emprestados aos pais, parentes e amigos para que eles também possam lê-los.

ATIVIDADES DO CAPÍTULO

1. Leia este trecho do livro **As palavras andantes**:

   ### Janela sobre a palavra (I)

   Os contadores de história, os cantadores de história, só podem contar enquanto a neve cai. A tradição manda que seja assim. Os índios do norte da América têm muito cuidado com essa questão dos contos. Dizem que quando os contos soam, as plantas não se preocupam em crescer e os pássaros esquecem a comida de seus filhotes.

   As palavras andantes, de Eduardo Galeano. Porto Alegre: L&PM, 1994. p. 9.

   - O que você acha que os povos indígenas do norte da América querem dizer com essa tradição? Pense nesse "poder mágico" dos contos e nas leituras que você fez neste capítulo. Em sua opinião, os contos podem produzir algum tipo de efeito sobre as pessoas? Quais?

   _____
   _____
   _____
   _____
   _____
   _____

2. Complete as frases com o pronome relativo adequado.

   a) A palha do espantalho tinha um perfume forte, _____ ajudava a espantar a passarada.

   b) Em cada ovo _____ nasce ali, seu coração sobrevive.

   c) Este é o conto sobre _____ lhe falei.

   d) Foi ele _____ fez o boneco.

   e) A peça sobre _____ comentei ainda está em cartaz.

3. Complete as frases com **onde** ou **aonde**.

a) _____ moram seus pais?

b) _____ você vai todos os dias às duas da tarde?

c) _____ essa discussão vai nos levar?

d) Faz seis meses que ele saiu de casa, _____ só deverá voltar para pegar os CDs.

e) Não sei _____ você estava com a cabeça ao dizer aquilo.

f) De _____ será que mamãe está ligando?

4. Complete as informações acrescentando exemplos que estejam de acordo com o uso adequado do hífen.

a) Usa-se hífen em palavras que:

- não têm elemento de ligação: _____

- são repetidas: _____

- dão nome a plantas: _____

- dão nome a animais: _____

b) Não se usa hífen em palavras que:

- têm elemento de ligação: _____

- resultam de encadeamento de termos: _____

CAPÍTULO 12

PARECER E NÃO SER

LEITURA 1

A seguir você vai ler um roteiro de peça teatral. Antes da leitura, observe como o texto é apresentado ao leitor. Que diferença você nota entre a organização desse texto e de outros que você já conhece, como contos, poemas e notícias?

Leia o título da peça. O que você espera de uma bruxa que não é má? Como acha que ela é tratada pelas outras bruxas? Descubra lendo o texto a seguir e procurando imaginar como seria assistir a essa peça no teatro!

A bruxinha que era boa (Parte I)

1 Ato em 3 cenas sem intervalo

Personagens:

Bruxinha Ângela, a bruxinha que era boa.
Bruxinha Caolha, a pior de todas.
Bruxinha Fredegunda.
Bruxinha Fedorosa.
Bruxinha Fedelha.

Bruxa-Instrutora ou **Bruxa-Chefe**.
Bruxo Belzebu, sua Ruindade Suprema.
Vice-Bruxo.
Pedrinho, o lenhador.

CENÁRIO ÚNICO: Uma floresta

Veem-se as cinco bruxinhas em fila e a Bruxa-Instrutora, de costas. Todas estão montadas em vassouras. A de costas, que é a Bruxa-Chefe, apita e as bruxinhas dão direita volver. A Bruxa-Instrutora dá outro apito. As bruxinhas começam a cavalgar em torno da cena, sempre montadas em suas vassouras. A Bruxa-Instrutora torna a apitar; elas param.

A última bruxinha da fila é diferente das outras. Debaixo da roupa preta de bruxa, emoldurado por cabelos estranhamente louros (as outras têm cabelos pretos e roxos desgrenhados), surge um rostinho angélico: é Bruxinha Ângela. Voa com grande prazer na sua vassoura e monta com elegância, enquanto suas irmãs voam como verdadeiras bruxas (gargalhadas e movimentos bruscos).

BRUXA-CHEFE — Muito bem! Muito bem! Quase todas... Bruxinha Ângela, você é um fracasso. Seu riso não era um riso de bruxa e muito menos de feiticeira. Assim você não passará no exame. Agora vamos praticar o segundo ponto: gargalhada de bruxa. *(A instrutora apita de novo. Todas gargalham com espalhafato. Bruxinha Ângela sorri apenas.)* Uma de cada vez! *(apita)*

(Caolha, Fredegunda e suas irmãs, todas querendo mostrar grande mestria, gargalham, até chegar a vez de Bruxinha Ângela, que ri... sem maldade alguma.)

BRUXA-CHEFE — Bruxinha Ângela, você é a única que não estava bem. Aprenda a gargalhar com suas irmãs. Bruxinha Caolha, ria de novo...

(Bruxa Caolha ri horrivelmente feio.)

BRUXA-CHEFE — Muito bem. Muito bem, Bruxinha Caolha continua a primeira da classe... Passemos ao terceiro ponto: feitiçarias antigas e modernas. Peguem seus caldeirões e o livro de receitas e vamos ver se vocês aprenderam as principais bruxarias.

(As cinco bruxinhas saem e voltam com enormes caldeirões e pás onde misturam folhas enormes num mesmo ritmo agitado. Só Bruxinha Ângela pica sua verdurinha devagar, completamente fora do ritmo. Notando isso, Bruxa-Chefe apita nervosamente. O ritmo para. Todas olham Bruxinha Ângela, que continua calmamente a picar.)

BRUXA-CHEFE — Bruxinha Ângela, você vai muito mal mesmo. Se continuar assim, terá que ser mandada, presa, para a Torre de Piche. Você quer ir para lá?!...

BRUXINHA ÂNGELA — Não!!!...

BRUXA-CHEFE — Então trate de aprender as bruxarias direitinho para ser uma bruxa ruim de verdade.

(Ouve-se uma corneta. Todas escutam por um instante. Outra corneta mais perto.)

TODAS — O Bruxo!

espalhafato: estardalhaço, exagero, barulho.

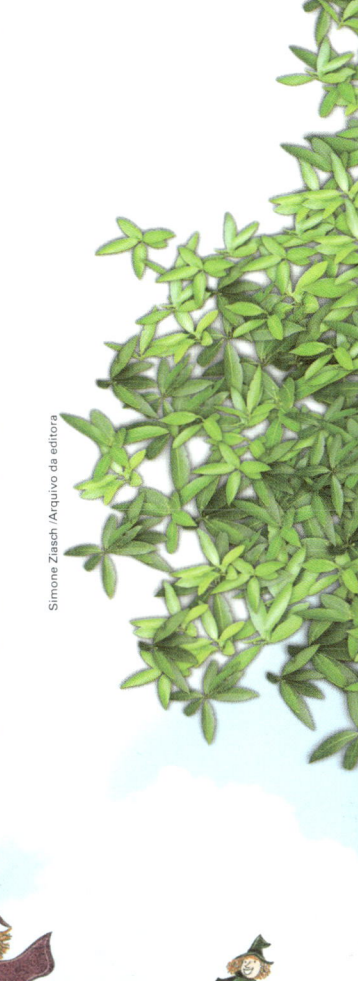

BRUXA-CHEFE — *(Emocionada.)* Bruxinhas, alerta! O nosso Bruxo se aproxima para o exame. Peço a todas que não me envergonhem... É preciso mostrar a sua Ruindade Suprema que vocês estão em forma. E todas já sabem que aquela que passar em primeiro lugar ganhará como prêmio uma vassourinha a jato!

TODAS — Oh!

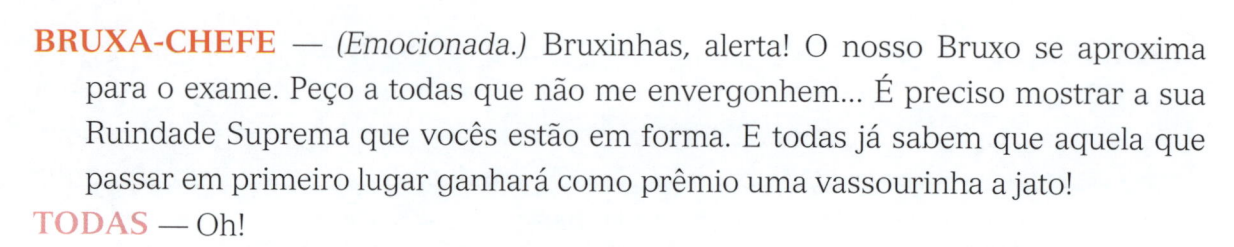

(Elas começam a conversar e a comentar a novidade, enquanto recordam os pontos de exame. Algumas arrumam os chapéus, lustram as vassourinhas, limpam o lugar. Só Bruxinha Ângela num canto, alheia a tudo, suspira.)

BRUXA-CHEFE — *(Notando a aproximação do bruxo.)* Silêncio!

(As bruxinhas perfilam-se. O Bruxo entra solenemente com o Vice-Bruxo segurando-lhe a saia. Em silêncio o Vice-Bruxo pousa a saia do Bruxo no meio da cena. O Bruxo espera e o Vice-Bruxo sai de cena voltando logo em seguida com uma cadeira-trono que coloca no meio da cena. O Bruxo se instala tomando ares de sacerdote supremo. Depois dá um bruto espirro, que é saudado com palmas pelas bruxinhas.)

BRUXA-CHEFE — Podemos começar, sua Ruindade?

(O Bruxo faz sinal para o Vice-Bruxo, que se chega a ele. O Bruxo fala-lhe qualquer coisa ao ouvido. O Vice transmite à Bruxa-Chefe um sinal de assentimento.)

BRUXA-CHEFE — Senhor Bruxo Belzebu Terceiro, único senhor desta floresta, rei de todas as feiticeiras, imperador das maldades... imperador das maldades... imperador das maldades... *(Parece que a Bruxa-Chefe esqueceu o resto.)*

(Todos ficam meio aflitos com o esquecimento da Bruxa-Chefe, o Vice rapidamente fala-lhe ao ouvido.)

BRUXA-CHEFE — *(Com ênfase maior.)* Ditador de bruxos, guardião dos malefícios, Tarzã das selvas escuras, as meninas estão prontas para o exame final e esperam a aprovação suprema de Vossa Ruindade para merecerem a vassoura a jato e o título de bruxas feiticeiras de primeira classe e desejam também...

assentimento: ato de concordar.

BRUXO — Chega, Bruxa-Instrutora. *(O Bruxo se levanta.)* Queridas bruxinhas recrutas. É com grande alegria que faço este exame. A floresta já anda cheia de fadas, cheia de risos, cheia de crianças e é preciso acabar com isto. Há muita falta de feiticeiras neste mundo. Por toda a parte só se veem bruxas falsificadas. Gente que finge de ruim e não é. Isso não pode continuar. É preciso urgentemente acabar com os passeios alegres pela floresta. Vocês vão ser encarregadas de limpar a mata e o bosque: botar para fora os lenhadores, roubar as crianças, calar os passarinhos, arrancar as novas árvores plantadas, sujar a água das fontes, adormecer os moços, tapear as fadas — sobretudo tapear as fadas —, envenenar os rios, queimar as matas, maltratar as plantas, promover as enxurradas, atrair os raios e os trovões, destruir as brisas, provocar os vendavais... A floresta tem que ser nossa de novo e eu conto com vocês... *(O Bruxo diz tudo com tanta ênfase que cai cansado no trono. As bruxinhas batem palmas, menos a Bruxinha Ângela.)*

[...]

Maria Clara Machado

Nasceu em 1921, na cidade de Belo Horizonte, em Minas Gerais. Autora de famosas peças infantis, a escritora também foi fundadora da escola de teatro Tablado, no Rio de Janeiro.

Ela faleceu em 2001.

Teatro I, de Maria Clara Machado. Rio de Janeiro: Agir, 2001. p. 5-13.

ATIVIDADES

1 Sabendo que as peças de teatro são organizadas em atos, releia a informação que aparece no início do roteiro da peça teatral **A bruxinha que era boa**, logo abaixo do título, e assinale apenas as alternativas corretas.

☐ Os atos são formados por cenas.

☐ As cenas são formadas por atos.

☐ Os espetáculos podem ou não ter intervalos.

☐ Os espetáculos nunca têm intervalos.

2 Releia o trecho abaixo. Depois, responda ao que se pede.

Veem-se as cinco bruxinhas em fila e a Bruxa-Instrutora, de costas. Todas estão montadas em vassouras. A de costas, que é a Bruxa-Chefe, apita e as bruxinhas dão direita volver. A Bruxa-Instrutora dá outro apito.

a) Qual é a função desse trecho? Que tipo de informação ele apresenta?

_____

_____

b) Você acha que esse trecho é importante? Por quê?

_____

_____

_____

c) Copie outros trechos que mostram que esse texto foi escrito para ser representado em uma apresentação teatral.

_____

_____

_____

3 Qual é o cenário dessa peça e, em sua opinião, por que saber essa informação é importante para o leitor? Converse com os colegas e o professor.

4 Responda às questões a seguir.

a) Quem são os personagens dessa história? Circule no texto a primeira ocorrência de cada nome.

b) Como eles são apresentados ao leitor? Por que você acha que eles são apresentados dessa maneira e não conforme vão aparecendo na história?

_____

_____

_____

5 Você leu um roteiro de peça de teatro. Nesse tipo de roteiro, como o leitor sabe a quem pertence cada fala do texto?

_____

_____

6 A bruxinha Ângela destaca-se das demais por ser totalmente diferente. Aponte as diferenças:

a) no nome dela: _____

_____

_____

_____

b) no aspecto físico: _____

_____

_____

c) nos gestos: _____

_____

_____

7 Em sua opinião, por que Ângela é a única que não aplaude o discurso do Bruxo?

MERGULHO NA ESCRITA GRAMÁTICA

Frase e oração

1 No roteiro da peça teatral que você leu, a personagem Bruxa-Chefe diz para as demais bruxinhas: "Muito bem! Muito bem!".

a) Com que intenção ela diz isso?

_____

b) A pontuação do texto ajuda a perceber a intenção da Bruxa-Chefe?

_____

> **Frase** é qualquer palavra ou conjunto de palavras que tem sentido completo. Formamos frases quando organizamos as palavras de forma a transmitir uma ideia, uma mensagem, com uma intenção.

2 Depois que o Bruxo se acomodou, a Bruxa-Chefe disse a ele:

Podemos começar, sua Ruindade?

a) O que significa a expressão "sua Ruindade"? Discuta com os colegas e o professor.

b) Explique o que mudaria no sentido do texto se a Bruxa-Chefe tivesse dito:

Podemos começar, sua Ruindade!

_____

_____

_____

> Na escrita, os **sinais de pontuação** indicam se a frase tem uma entonação **declarativa** (ponto-final), **interrogativa** (ponto de interrogação), **exclamativa** (ponto de exclamação) ou **imperativa** (ponto-final ou ponto de exclamação).
>
> Uma mesma frase pode ter sentidos diferentes, dependendo do contexto em que é empregada e da entonação que se dá a ela.

3 Leia em voz alta a frase que a Bruxa-Chefe diz para as demais bruxinhas:

Bruxinha Caolha continua a primeira da classe.

a) Imagine que uma das bruxinhas alunas não tivesse escutado o que disse a Bruxa-Chefe. Então essa aluna repetiria a frase em forma de pergunta. Como ficaria na escrita?

_____

b) Agora, imagine que outra bruxinha tivesse ficado surpresa com essa informação e repetisse a frase com admiração. Como ficaria na escrita?

_____

4 Leia em voz alta as frases que você escreveu na atividade anterior com a entonação dada pela pontuação que usou.

5 Relembre este trecho, em que a Bruxa-Chefe ameaça mandar a Bruxinha Ângela para a Torre de Piche:

BRUXA-CHEFE – Bruxinha Ângela, você vai muito mal mesmo. Se continuar assim, terá que ser mandada, presa, para a Torre de Piche. Você quer ir para lá?!...

BRUXINHA ÂNGELA – Não!!!...

a) Na fala da Bruxinha Ângela há verbos? Essa fala tem sentido dentro do texto?

_____

b) E nas frases ditas pela Bruxa-Chefe, há verbos?

_____

> As frases podem ter sentido mesmo sendo construídas sem verbos. São as **frases nominais**. Exemplos: *Silêncio! / Sim? / Muito bem! / Oh!*
>
> Quando a frase ou parte de uma frase se organiza em torno de um verbo ou de uma locução verbal, é chamada de **oração**. Exemplos: **Ouve-se** *uma corneta.* / *Todas* **escutam** *por um instante.* / *Você* **quer ir** *para lá?*

MERGULHO NA ESCRITA ORTOGRAFIA

Hífen nas palavras com prefixos

1 Nesse texto, o nome de alguns personagens é igual ao nome do cargo que ocupam, por esse motivo essas palavras aparecem com iniciais maiúsculas.

O Bruxo faz sinal para o Vice-Bruxo, que se chega a ele. O Bruxo fala-lhe qualquer coisa ao ouvido.

- No trecho acima, que personagem representa aquele que ocupa o cargo imediatamente inferior ao de um chefe? Como você sabe disso?

2 Já vimos que, quando formamos uma nova palavra acrescentando prefixos, usamos o processo de **derivação**. Complete as frases utilizando os prefixos **vice-** ou **ex-** nas lacunas para formar novas palavras.

a) Agora eles estão separados. Ele é o _____ namorado dela.

b) O time de Carlos perdeu o jogo da final do campeonato. Acabou sendo _____ campeão.

c) Agora Melissa está com o segundo cargo mais importante da empresa. Ela é _____ presidente.

> Usa-se o hífen para formar palavras com os prefixos **ex-** e **vice-**. Veja outros prefixos: **anti-**, **micro-**, **contra-**, **extra-**, **mini-**, etc.
> Se o prefixo terminar com a mesma vogal com que começa o segundo elemento, o hífen é obrigatório. Porém, se a vogal for diferente, o hífen não deve ser usado. Exemplos: aut**o-o**rganização / aut**oe**scola

3 Complete as frases com os prefixos **anti-** e **micro-**. Use o hífen quando for necessário.

a) Rafaela está com febre e dor muscular. O médico lhe receitou um _____ inflamatório.

b) O soro _____ ofídico é um medicamento que age contra o veneno de cobra.

c) Coloquei o lanche no _____ ondas.

4 Observe que em todas as palavras do quadro abaixo o segundo elemento começa com a mesma letra.

> super-homem   pré-história   mini-hotel   anti-higiênico

- Com a ajuda de um colega, elabore uma hipótese para explicar o uso do hífen nessas palavras.

_____
_____

5 Observe estes casos a seguir.

> contra + regra → cont**rr**egra   mini + saia → mini**ss**aia

- O que ocorreu?

_____
_____

6 Complete as frases com os prefixos do quadro fazendo os ajustes e usando o hífen quando necessário.

> contra-   extra-   auto-   vice-   mini-

a) O artista pintou o seu _____ retrato.

b) A _____ diretora deu o recado aos alunos.

c) O _____ ataque não foi bem planejado.

d) Hoje estreia a _____ série sobre _____ terrestres.

> Usa-se hífen depois do prefixo quando o segundo elemento da palavra começa com a letra **h**.
>
> Se o primeiro elemento da palavra terminar em **vogal** e o segundo elemento for iniciado pelas letras **r** ou **s**, a primeira letra do segundo elemento deve ser duplicada.

LEITURA 2

Como você acha que a Bruxinha Ângela vai se sair no teste para ser feiticeira de primeira classe? Leia mais este trecho da peça.

Porém… se quiser saber como ela vai fazer para se livrar das outras bruxas, terá de ler a peça inteira!

A bruxinha que era boa (Parte II)

[...]

BRUXO — Por que os cabelos desta bruxa são tão esquisitos?

BRUXA-CHEFE — Ela nasceu assim, sua Ruindade.

BRUXO — Muito estranho isto. É preciso pintá-los com suco de asas de urubu cansado.

BRUXA-CHEFE — *(Tomando nota.)* Sim, sua Ruindade.

BRUXO — Tire o ponto. *(Mesmo cerimonial para tirar o ponto.)*

BRUXA-CHEFE — Cavalgada em vassoura: segundo ponto.

BRUXINHA ÂNGELA — Que bom! Que bom! Que bom!

BRUXO — Por que ela está tão alegre?

BRUXA-CHEFE — A única coisa que ela gosta de fazer é cavalgar em vassoura.

(Bruxinha Ângela, montadinha em sua vassoura, passa pela cena dando gritinhos de prazer.)

BRUXO — *(Levantando-se.)* Isto são maneiras de uma bruxa se comportar em cima de uma vassoura? Mostra a ela como se faz, Bruxa-Instrutora.

(Bruxa-Chefe faz uma demonstração com gritos feios.)

BRUXO — Muito bem, Bruxa-Instrutora. Você ainda está em forma, hem, minha velha?

(O Bruxo dá tapinhas nas costas da Bruxa-Chefe.)

BRUXO — *(Para Bruxinha Ângela.)* Venha aqui, bruxinha, deixa eu examinar você de perto. *(O Bruxo desce do trono e, acompanhado do Vice, que lhe segura a cauda, rodeia a Bruxinha, que continua imóvel.)*

BRUXO — Muito estranho! Muito estranho este caso... Esta bruxinha é esquisitíssima... Faça como eu, anda!

(O Bruxo faz alguns movimentos, a Bruxinha Ângela tenta imitá-lo, mas sem nenhum sucesso.)

BRUXO — Horrível! Vamos então às perguntas. Talvez ela possa se salvar pelas perguntas. Quem descobriu o Brasil?

BRUXINHA ÂNGELA — Foi Pedro Álvares Cabral.

TODAS — Oh!

BRUXO — *(Muito ofendido.)* Então você não sabe que antes de esse português desembarcar aqui, EU, o Bruxo Belzebu, o Ruim, já morava nestas florestas?

BRUXINHA ÂNGELA — Ah!... É mesmo... É que eu pensava que...

BRUXO — *(Interrompendo-a.)* Qual a melhor coisa do mundo?

BRUXINHA ÂNGELA — Deve ser andar de vassoura a jato, lá por cima, no céu, perto das árvores maiores!...

(As outras bruxinhas aflitas fazem que sabem com os dedos.)

TODAS — Oh!

BRUXO — Você sabe qual é o prêmio para quem não passar nos exames?

BRUXINHA ÂNGELA — Sei sim...

BRUXO — Qual é?

BRUXINHA ÂNGELA — Ficar presa na Torre de Piche e nunca poder voar na vassoura a jato.

BRUXO — Pelo menos deu uma resposta certa. E agora a última pergunta. Como é que se prepara bruxaria de fazer dormir caçadores e lenhadores?

BRUXINHA ÂNGELA — *(Procurando recordar.)* Põem-se num caldeirão 3 folhas de cactos, 2 litros de água de rosas...

TODAS — Água de rosas?!

BRUXINHA ÂNGELA — De rosas não, de maracujá dormido. Depois uma pitada de pimenta-do-reino, meia dúzia de mata-cavalo e um pouco de suco de violetas!...

BRUXO — Suco de violetas! Tu és a pior aluna que já tive. Hoje à noite terás a última oportunidade. Se não fizeres nada, serás presa dentro da Torre de Piche. E nunca mais sairás. Todas as bruxas terão que fazer suas primeiras maldades esta noite. *(Todas batem palmas, menos a Bruxinha Ângela.)*

BRUXA-CHEFE — Com licença, sua Ruindade, mas faltam algumas para o exame.

BRUXO — As outras examinarei amanhã. Fiquei de mau humor. Agora tenho que ir jantar na casa de um ogro meu amigo... Tratem de ser bem ruins se querem ganhar a vassoura a jato. E você, Bruxinha Ângela, se até a meia-noite não fizer nenhuma maldade, será encerrada para sempre na Torre de Piche... E não é suco de violetas não, está ouvindo, é suco de cravo-de-defunto... *(O Bruxo monta na sua vassoura que o Vice vai buscar e sai acompanhado pelas bruxinhas e pela Bruxa-Instrutora. Elas saem dando uma volta pela cena cantando. O Vice vai na garupa do Bruxo, sempre segurando-lhe a cauda.)*

[...]

Teatro I, de Maria Clara Machado. Rio de Janeiro: Agir, 2001. p. 14-18.

ATIVIDADES

1 Por que o Bruxo Belzebu considera a Bruxinha Ângela esquisitíssima?

_____

_____

2 Quando o Bruxo diz: "Pelo menos deu uma resposta certa", ele demonstra:

☐ estar indiferente diante da situação.

☐ ser gentil com a bruxinha.

☐ ser maldoso com a bruxinha.

3 Compare as frases abaixo:

> **Se não** fizeres nada, serás presa.

> Deverás fazer uma maldade hoje, **senão** serás encerrada na Torre.

- Em qual das duas frases a expressão que aparece em destaque poderia ser substituída por "do contrário"?

_____

_____

4 O que a Bruxinha Ângela mais gosta de fazer é cavalgar na vassoura. Essa preferência revela o que sobre a personalidade dela?

_____

_____

5 A Bruxinha Ângela terá até a meia-noite para fazer uma maldade. O que você acha que acontecerá? Discuta com seus colegas.

MERGULHO NA ESCRITA — GRAMÁTICA

Sujeito e predicado

1 Releia este trecho em que o Bruxo Belzebu diz:

Esta bruxinha é esquisitíssima...

a) Esse trecho é uma oração porque tem um verbo. Circule o verbo.

b) A que expressão da oração o verbo se refere?

_____

_____

> Em uma oração, os verbos se referem a algo ou a alguém. Dá-se o nome de **sujeito** ao termo da oração do qual se diz alguma coisa.

2 Releia o trecho e responda ao que se pede.

As bruxinhas começam a cavalgar em torno da cena [...].

a) Qual é o sujeito dessa frase?

_____

b) O que se informa a respeito desse sujeito? Sublinhe sua resposta na frase.

> O que se declara sobre o sujeito em uma oração é chamado de **predicado**.

3 Leia as orações abaixo e circule o sujeito em cada uma delas. Em seguida, sublinhe os predicados.

a) O Bruxo se irrita com os erros da Bruxinha Ângela.

b) A Bruxinha Ângela terá de fazer maldades até o final da noite.

c) As bruxinhas não foram solidárias com Ângela.

4 Releia esta fala do Bruxo Belzebu:

Se não fizeres nada, serás presa dentro da Torre de Piche.

a) Quantos verbos há nessa frase? Circule-os. A que personagem esses verbos se referem?

_____

b) Em que número e pessoa do discurso estão esses verbos?

_____

c) Que pronome pessoal deve ser usado nessa frase para fazer referência à personagem? Reescreva a frase usando esse mesmo pronome antes de cada verbo.

_____

_____

d) O pronome pessoal que você adicionou à frase exerce a função de sujeito. Circule o pronome pessoal que exerce função de sujeito na frase abaixo.

Ela nasceu assim [...].

5 Reescreva as frases abaixo adicionando os pronomes que estão exercendo a função de sujeito nestas orações.

a) Adoramos a peça da Bruxinha Ângela.

_____

b) Saíram voando em suas vassouras a jato.

_____

c) Vou preparar a poção com essa receita.

_____

d) Mostre a ela como se faz!

_____

_____

MEUS TEXTOS

Roteiro de peça teatral

Agora que vocês já leram um trecho do roteiro da peça de Maria Clara Machado, que tal montar uma dramatização? Vocês podem, coletivamente, redigir mais uma cena para a peça, mostrando que decisão a Bruxinha Ângela vai tomar: ela fará uma maldade para passar no exame? Vai encontrar alguém que lhe demonstre que ela não leva jeito para ser bruxa? Será presa na Torre? Será salva? Por quem?

Vocês vão precisar caprichar na elaboração do texto, porque ele será apresentado para a escola toda. Lembrem-se de acrescentar os textos das **Leituras 1** e **2** à peça de vocês!

Planejamento

1 Alguns pontos não podem ser esquecidos no momento em que se redige uma cena. Observem:

- A ação deve acontecer em um único ambiente, que deve ser descrito com detalhes.
- Os personagens que participarão da cena devem ser citados no início do texto.
- As marcações (o que cada um vai fazer em cada momento e como) são tão importantes quanto os diálogos.

Rascunho

2 Decida com seus colegas quais acontecimentos darão sequência ao texto lido e qual será o destino da Bruxinha Ângela. O conflito ou desafio a ser enfrentado por ela é justamente este: fazer uma maldade e ser aceita como bruxa ou mudar totalmente o rumo dos acontecimentos.

Simone Ziasch/Arquivo da editora

3 Decidam coletivamente também quem serão os encarregados de redigir a cena que vocês vão criar. Lembrem-se: o nome dos personagens e as marcações devem ser escritos de forma diferente (em letras maiúsculas, por exemplo) para não serem confundidos com as falas.

Revisão

4 Utilize a tabela abaixo para verificar se há no texto que vocês escreveram algo que precisa ser revisto.

	Sim	Preciso fazer/ refazer
As anotações que fizemos permitem distinguir as falas das marcações?		
Redigimos as orientações para o cenário?		
Respeitamos a linguagem dos personagens conforme as características de cada um?		

Meu texto

Depois da revisão, leiam e releiam o texto antes de partirem para a encenação.

Providenciem o local para os ensaios e a apresentação.

Distribuam as tarefas de acordo com as características de cada colega, de forma que haja, além dos atores, o grupo de apoio, que vai cuidar das roupas, do cenário e da divulgação da peça.

Boa apresentação!

ATIVIDADES DO CAPÍTULO

1. Observe os quadros sobre o uso do hífen na formação de palavras com prefixos e escreva exemplos para cada caso.

Usa-se hífen se...
• o segundo elemento da palavra começar com **h**.   _____
• o segundo elemento da palavra começar com vogal idêntica à vogal com que termina o primeiro elemento.   _____
• a consoante do final do prefixo for igual à do início do segundo elemento.   _____

Não se usa hífen se...
• o segundo elemento começar com vogal diferente da vogal com que termina o primeiro elemento.   _____
• o segundo elemento começar com consoante que não seja **r** ou **s**.   _____
• o segundo elemento começar com **r** ou **s** (essas letras devem ser duplicadas).   _____

2. Assinale apenas as alternativas que apresentam as características de um roteiro de peça teatral.

☐ Informações sobre a cena escritas entre parênteses.

☐ Descrição do cenário.

☐ Falas dos personagens escritas em balões.

☐ Indicação das falas dos personagens.

3. Indique o sujeito e o predicado das frases abaixo.

a) A China é um país muito populoso.

Sujeito: _____

Predicado: _____

b) Nem toda bruxa é má.

Sujeito: _____

Predicado: _____

c) Eu gosto de histórias de bruxas e feiticeiras.

Sujeito: _____

Predicado: _____

4. Agora, escreva o que se pede abaixo.

a) Uma frase interrogativa.

_____

_____

b) Uma frase exclamativa.

_____

_____

O QUE APRENDI?

1. A imagem que você viu no início da Unidade mostra uma cena do filme **Coraline e o mundo secreto**. Ao observar a imagem, você pode imaginar que a história do filme se assemelha a:

   ☐ uma crônica.   ☐ um conto de mistério.   ☐ uma resenha.

2. Leia a frase a seguir e responda ao que se pede.

   Coraline e Wybie olham atentamente para o poço e temem que algum mal lhes possa acontecer.

   a) Por que o substantivo **mal** foi escrito com **l** e não com **u**?

   _____
   _____
   _____

   b) Circule o advérbio que aparece na frase.

   c) O advérbio que você circulou pode ser substituído por uma locução adverbial. Que locução é essa?

   _____

3. Leia as frases a seguir e faça o que se pede.

   1. Existem muitos mistérios ao redor do poço.
   2. Coraline e Wybie estão ao redor do poço.

   a) Reescreva a primeira frase substituindo o verbo **existir** pelo verbo **haver**.

   _____

   b) Junte as duas frases usando o pronome relativo **onde**.

   _____

4. Inspire-se na imagem da página ao lado e escreva uma frase sem verbo e uma oração.

   Frase: _____

   Oração: _____

   - Circule o sujeito e sublinhe o predicado da oração que você escreveu.

5. Filmes, assim como peças de teatro, seguem um roteiro. Os roteiros de peças teatrais:

   ☐ são escritos para ser encenados e apresentam orientações para os atores e para a equipe de produção da peça.

   ☐ são de leitura rápida, geralmente apresentam um desfecho inesperado e combinam texto e imagem.

MINHA COLEÇÃO DE PALAVRAS

- Dê exemplos do uso do hífen em palavras:

  compostas: _____

  _____

  com prefixo: _____

  _____

PARA SABER MAIS

LIVROS

História da arte para crianças, de Lenita Miranda de Figueiredo. São Paulo: Cengage.

Por meio de histórias vividas por duas crianças, este livro percorre a história da Arte, desde a Idade da Pedra até os dias atuais.

O anel mágico da tia Tarsila, de Tarsila do Amaral. São Paulo: Companhia das Letrinhas.

Neste livro, a autora, sobrinha da pintora modernista Tarsila do Amaral, cria uma narrativa misturando realidade e ficção e apresenta ao leitor a vida e a obra de uma das maiores artistas plásticas brasileiras.

A arte de olhar – Festas, de Nereide Schilaro Santa Rosa. São Paulo: Scipione.

Neste livro, a autora apresenta ao leitor quatro obras de arte de grandes artistas, explica a diferença entre uma pintura e uma gravura, além de revelar como são utilizadas as cores para despertar emoções.

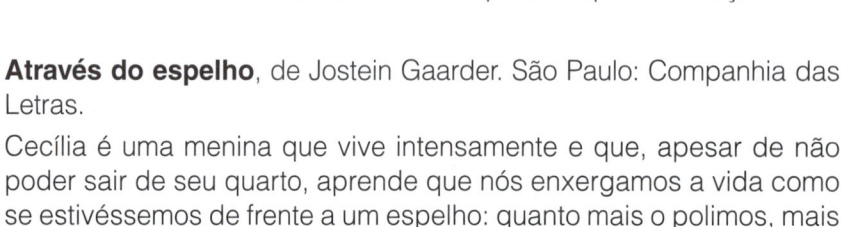

Através do espelho, de Jostein Gaarder. São Paulo: Companhia das Letras.

Cecília é uma menina que vive intensamente e que, apesar de não poder sair de seu quarto, aprende que nós enxergamos a vida como se estivéssemos de frente a um espelho: quanto mais o polimos, mais conseguimos enxergar as coisas como elas são.

As flores que a gente inventa, de Fernanda Lopes de Almeida. São Paulo: Ática.

Neste livro, a autora demonstra, por meio de poesias, que a criatividade e a imaginação são capazes de tornar a vida muito mais bonita.

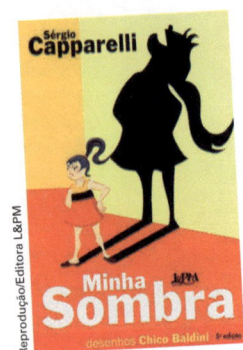

Contos de lugares distantes, de Shaun Tan. São Paulo: Cosac Naify.

Nos quinze contos desse premiado artista australiano, as personagens vivem, em lugares distantes, situações que misturam o real e o imaginário.

Minha sombra, de Sérgio Capparelli. Porto Alegre: L&PM.

A poesia de Sérgio Capparelli revela imagens, sons e ritmos deliciosos e divertidos. Neste livro, ele fala de animais, lendas e desvenda para o leitor o seu jeito particular de ver as coisas.

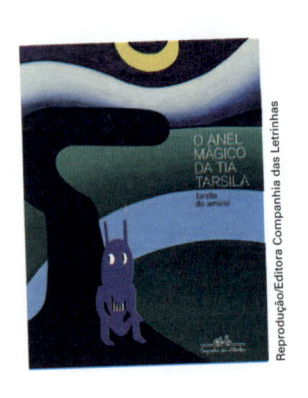

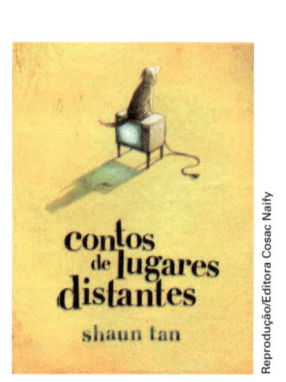

Um gato chamado Gatinho, de Ferreira Gullar. São Paulo: Salamandra.

Quem tem um gatinho vai reconhecer nos poemas de Ferreira Gullar o jeito que todos eles têm de amar seu dono, de pedir carinho e de dizer que não querem conversa. Este livro é uma homenagem do poeta ao seu gato, amigo de longa data.

Procura-se Lobo, de Ana Maria Machado. São Paulo: Ática.

Um anúncio num jornal – "Procura-se Lobo" – atrai vários lobos de histórias famosas. Eles compõem uma história engraçada, que alerta para a extinção da espécie.

Literatura oral para a infância e a juventude: lendas, contos & fábulas populares no Brasil, de Henriqueta Lisboa. São Paulo: Peirópolis.

Contadas pela premiada escritora mineira Henriqueta Lisboa, as histórias contidas neste livro – todas pertencentes à rica tradição popular brasileira – ganham aquele sabor especial que só os poetas sabem criar.

Fábulas de Jean de La Fontaine, de Jean de La Fontaine. São Paulo: Scipione.

La Fontaine recontou histórias populares de origem remota com a intenção de ensinar, educar e divertir. Falou das virtudes e dos defeitos humanos, sempre tomando animais como personagens. Suas fábulas se mantêm modernas até hoje.

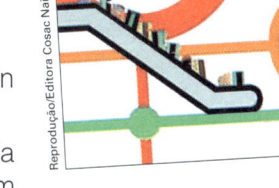

O metrô vem correndo..., de Dong-Jun Shin. São Paulo: Cosac Naify.

Este livro é uma viagem poética pelas estações do metrô de Seul, a capital da Coreia do Sul. Até as ilustrações são feitas com colagens de bilhetes de metrô!

Chapeuzinho (anuncie aqui!) vermelho, de Charles Perrault, Alain Serres e Clotilde Perrin. São Paulo: Scipione.

Esta versão do clássico conto de fadas francês é uma bem-sucedida mistura da narrativa tradicional com *slogans* criativos elaborados com base em palavras ou passagens da história de Perrault.

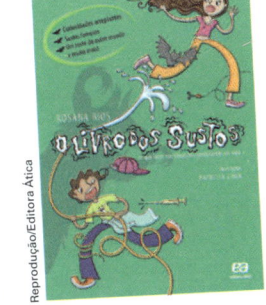

O livro dos sustos, de Rosana Rios. São Paulo: Ática.

Os medos mais comuns são tratados com muito humor. E quem fala deles é o impagável professor T. Meroso, especialista em Sustologia.

O alfabeto perigoso, de Neil Gaiman. Rio de Janeiro: Rocco.

Duas crianças e uma gazela embarcam em uma aventura perigosa e assustadora, percorrendo 26 versos alfabéticos repletos de todo tipo de monstros terríveis e nada simpáticos...

Pluft, o fantasminha e outras peças, de Maria Clara Machado. Rio de Janeiro: Nova Fronteira.

O livro traz cinco peças da consagrada autora Maria Clara Machado: *Pluft, o Fantasminha*, *O rapto das cebolinhas*, *O chapeuzinho vermelho*, *O boi e o burro no caminho de Belém* e *A coruja Sofia*.

Os saltimbancos, de Chico Buarque. Rio de Janeiro: José Olympio.

A peça, criada pelo músico e escritor brasileiro Chico Buarque, inspirada no conto de fadas *Os músicos de Bremen*, conta a história de um burro, um cachorro, uma galinha e uma gata que desejam, juntos, ir até a cidade para formar um grupo musical.

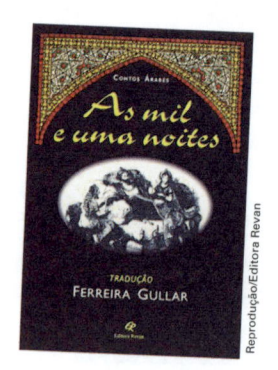

As mil e uma noites, de Antoine Galland (tradução de Ferreira Gullar). Rio de Janeiro: Revan.

Os contos árabes presentes no livro são contados e recontados há séculos. Na obra, para salvar seu povo, a jovem Sherazade conta as mais diversas histórias para o sultão Shariar.

Minha querida assombração, de Reginaldo Prandi. São Paulo: Cia. das Letrinhas.

Paulo é um sociólogo que leva os filhos para a Fazenda Velha, em Três Córregos. Porém, naquele lugar, algumas coisas muito estranhas e assustadoras começam a acontecer...

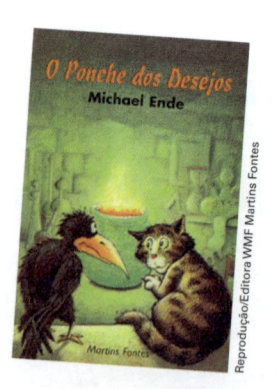

O ponche dos desejos, de Michael Ende. São Paulo: WMF Martins Fontes.

Nesta história, o mago Belzebu Errônius e sua tia Tirânia Vampira devem ser maldosos e destruir tudo aquilo que puderem. O que eles não sabem é que o Conselho Supremo dos Animais faz com que dois espiões, um gatinho e um corvo, acabem com seus planos.

CD

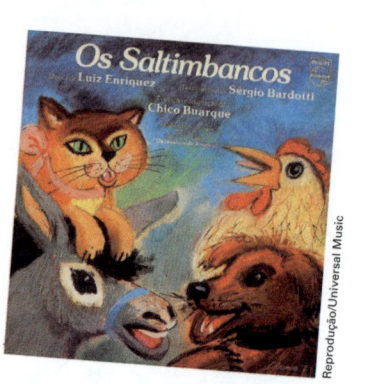

Os saltimbancos, de Chico Buarque. Rio de Janeiro: Universal.

O CD traz as músicas cantadas pelos personagens da peça.

VÍDEOS

A invenção de Hugo Cabret, Martin Scorsese (Dir.). Estados Unidos: Paramount, 2011. Duração: 126 minutos.

Hugo Cabret é um órfão de 12 anos que vive sozinho numa estação de trem em Paris. Seu pai lhe deixou de herança um robô que é a chave de uma misteriosa descoberta; só que ele está quebrado. Como será que Hugo vai se sair nesse encrencado desafio?

Monstros S.A., Pete Docter e David Silverman (Dir.). Estados Unidos: Pixar, 2001. Duração: 104 minutos.

Mike e Sully são dois monstros assustadores que trabalham na fábrica de sustos Monstros S.A. Um dia, os amigos acabam conhecendo a garota humana Boo e, a partir desse encontro, muita coisa começa a acontecer.

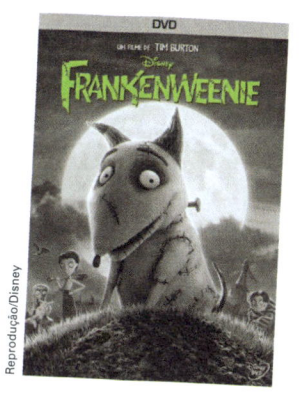

Frankenweenie, Tim Burton (Dir.). Estados Unidos: Disney, 2012. Duração: 87 minutos.

Victor perde subitamente seu cão, e melhor amigo, Sparky. Após um experimento científico, o menino consegue trazer o cãozinho de volta à vida. A aventura começa quando Victor tenta esconder o novo Sparky dos olhos dos curiosos... E acaba fracassando.

SITES

Blog do Lelê – link Lelê, o crítico
<http://blogdolele.blog.uol.com.br/lelecritico/>.
Acesso em: 15 abr. 2016.

Há conteúdos muito interessantes neste divertido *blog*. No *link* "Lelê, o crítico" podem-se ler resenhas de filmes, livros, exposições e peças dedicados ao público infantojuvenil.

Ecokids
<www2.uol.com.br/ecokids>.
Acesso em: 15 abr. 2016.

Com enfoque no meio ambiente, o *site* apresenta muitas informações e dicas sobre a preservação da natureza, histórias em quadrinhos, jogos e muito mais.

BIBLIOGRAFIA

ALMEIDA, G. P. de. *Transposição didática:* por onde começar. São Paulo: Cortez, 2007.

ANTUNES, I. *Aula de Português:* encontro & interação. São Paulo: Parábola, 2003.

BAKHTIN, M. Os gêneros do discurso. In: *Estética da criação verbal*. São Paulo: Martins Fontes, 1992.

_____; VOLOCHÍNOV, V. N. *Marxismo e filosofia da linguagem*. São Paulo: Hucitec, 1995.

BATISTA, A. A. *Aula de Português:* discurso e saberes escolares. São Paulo: Martins Fontes, 1997.

BECHARA, E. *Moderna gramática portuguesa*. Ed. rev., ampl. e atual. conforme o Novo Acordo Ortográfico. Rio de Janeiro: Nova Fronteira, 2009.

BEZERRA, B. G.; BIASI-RODRIGUES, B.; CAVALCANTE, M. (Org.). *Gêneros e sequências textuais*. Recife: Edupe, 2009.

BRANDÃO, H. N. (Coord.). *Aprender e ensinar com textos didáticos e paradidáticos*. São Paulo: Cortez, 2000. v. 2.

_____ (Coord.). *Gêneros do discurso na escola*. São Paulo: Cortez, 2000. (Coleção Aprender e Ensinar com Textos). v. 5.

BRASIL. Ministério da Educação. Secretaria de Educação Fundamental. *Parâmetros Curriculares Nacionais (1ª a 4ª séries): Língua Portuguesa*. Brasília, 1997.

BRONCKART, J-P. *Atividade de linguagem, textos e discursos:* por um interacionismo sociodiscursivo. São Paulo: Educ, 2007.

_____. *Atividade de linguagem, discurso e desenvolvimento humano*. Org. de Anna Rachel Machado e Maria de Lourdes Meirelles Matencio. Campinas: Mercado de Letras, 2006.

CAMPO, M. I. B. *Ensinar o prazer de ler*. São Paulo: Olho d'Água, 2003.

CARVALHO, R. C.; LIMA, P. (Org.). *Leitura:* múltiplos olhares. Campinas: Mercado de Letras, 2005.

CASTILHO, A. T. de. *A língua falada no ensino de Português*. São Paulo: Contexto, 1998.

CAVALCANTE, M. M. et al. (Org.). *Texto e discurso sob múltiplos olhares:* gêneros e sequências textuais. Rio de Janeiro: Lucerna, 2007. v. 1.

CITELLI, A. *Linguagem e persuasão*. São Paulo: Ática, 2002.

COLL, C. et al. *Os conteúdos na reforma:* ensino e aprendizagem de conceitos, procedimentos e atitudes. Tradução de Beatriz Affonso Neves. Porto Alegre: Artmed, 1998.

COSTA, S. R. *Dicionário de gêneros textuais*. Belo Horizonte: Autêntica, 2008.

DELORS, J. (Org.). *Educação:* um tesouro a descobrir. Relatório para a Unesco da Comissão Internacional sobre a Educação para o século XXI. São Paulo: Cortez; Brasília: Unesco, 1999.

DIONÍSIO, A. P.; MACHADO, A. R.; BEZERRA, M. A. (Org.). *Gêneros textuais & ensino*. Rio de Janeiro: Lucerna, 2007.

FAZENDA, I. (Org.). *Práticas interdisciplinares na escola*. São Paulo: Cortez, 2001.

FRANCHI, C.; NEGRÃO, E. V.; MÜLLER, A. L. *Mas o que é mesmo "Gramática?"*. São Paulo: Parábola, 2006.

FREIRE, P. *Pedagogia da autonomia:* saberes necessários à prática educativa. São Paulo: Paz e Terra, 2003.

GERALDI, J. W. (Org.). *O texto na sala de aula*. São Paulo: Ática, 2002.

GUIMARÃES, A. M. de M.; MACHADO, A. R.; COUTINHO, A. (Org.). *O interacionismo sociodiscursivo:* questões epistemológicas e metodológicas. Campinas: Mercado de Letras, 2007.

KLEIMAN, A. *A formação do professor*. Campinas: Mercado de Letras, 2001.

_____; MORAES, S. *Leitura e interdisciplinaridade:* tecendo redes nos projetos da escola. Campinas: Mercado de Letras, 1999.

KOCH, I. V.; ELIAS, V. M. *Ler e compreender:* os sentidos do texto. São Paulo: Contexto, 2006.

LIMA, M. C. A. de. *Textualidade e ensino:* os aspectos lógico-semântico-cognitivos da linguagem e o desempenho discursivo escolar. São Paulo: Unesp, 2006.

MARCUSCHI, L. A. *Da fala para a escrita:* atividades de retextualização. São Paulo: Cortez, 2001.

_____. *Produção textual, análise de gêneros e compreensão*. São Paulo: Parábola, 2008.

_____; XAVIER, A. C. (Org.). *Hipertexto e gêneros digitais:* novas formas de construção dos sentidos. São Paulo: Cortez, 2010.

MARTINS, M. H. *O que é leitura*. São Paulo: Brasiliense, 1994.

MARZANO, R. J.; PICKERING, D. J. *Construindo um vocabulário acadêmico. Association for Supervision and Curriculum Development*. Alexandria (Estados Unidos).

PERINI, M. A. *Para uma nova gramática do português*. São Paulo: Ática, 1993.

PERRENOUD, P. *Construir as competências desde a escola*. Tradução de Bruno Charles Magne. Porto Alegre: Artmed, 1999.

ROJO, R. *A prática de linguagem em sala de aula:* praticando os PCN. São Paulo: Educ; Campinas: Mercado de Letras, 2000.

_____; BATISTA, A. A. *Livro didático de Língua Portuguesa:* letramento e cultura escrita. Campinas: Mercado de Letras, 2003.

SCHNEUWLY, B.; DOLZ, J. e colaboradores. *Gêneros orais e escritos na escola*. Tradução de Roxane Rojo e Glaís Sales Cordeiro. Campinas: Mercado de Letras, 2004.

SIGNORINI, I. (Org.). *Gêneros catalisadores:* letramento e formação do professor. São Paulo: Parábola, 2006.

SOLÉ, I. *Estratégias de leitura*. Porto Alegre: Artmed, 1998.

TRAVAGLIA, L. C. *Gramática e interação:* uma proposta para o ensino de gramática. São Paulo: Cortez, 2008.

VYGOTSKY, L. S. *A formação social da mente*. São Paulo: Martins Fontes, 1999.

_____. *Pensamento e linguagem*. São Paulo: Martins Fontes, 2003.

Projeto LUMIRÁ

Língua Portuguesa 4

Caderno de Atividades

Aluno: ....

Escola: ....

editora ática

SUMÁRIO

Palavras com **c**, **s**, **ss** e **ç** 3
Encontro vocálico e encontro consonantal 4
Palavras com **s** e **z** 5
Fonema e letra / Dígrafo 6
Sons representados por **x** 7
Substantivos: simples e composto, primitivo e derivado 8
Dois-pontos, travessão e aspas 9
Substantivo coletivo 10
Palavras terminadas em **l** e **u** / As palavras **meio** e **meia** 11
Sílaba tônica 12
Adjetivo e locução adjetiva 13
Adjetivo: grau comparativo 14
Artigo definido e indefinido / Palavras terminadas em **-ez** e **-eza** 15
Palavras com **sc**, **sç**, **xc** 16
Pronomes pessoais e pessoas do discurso / Pronome de tratamento ... 17
Verbo: pessoa, número e conjugações 18
Acentuação de palavras oxítonas e paroxítonas 19
Palavras homônimas e parônimas 20
Acentuação de palavras proparoxítonas 21
Tempos verbais: presente, passado e futuro / Concordância verbal ... 22
Numeral 23
Verbos terminados em **-am** e **-ão** / Concordância verbal e nominal ... 24
As palavras **onde** e **aonde** 25
Interjeição 26
Em cima, embaixo, em frente, de repente, por isso 27
Acento tônico e acento gráfico 28
Classificação das palavras 29
Adjetivo: grau superlativo 30
Uso de **mas** e **mais** 31
Variações linguísticas 32

UNIDADE 1 CAPÍTULO 1

Páginas 18-19 do livro

Palavras com c, s, ss e ç

1 Complete as palavras com as letras **c**, **s**, **ss** ou **ç**.

- endere_____o
- _____enhor
- a_____inatura
- aten_____ão
- _____oli_____ita_____ão

- a_____unto
- agrade_____imento
- aten_____iosamente
- correspondên_____ia
- cabe_____alho

a) Leia em voz alta as palavras que você completou. O que as letras **c**, **s**, **ss** e **ç** têm em comum?

_____

_____

b) Escolha duas palavras e as utilize para escrever uma frase.

_____

_____

2 Encontre no diagrama palavras em que as letras **c** e **s** têm o mesmo som.

D	O	C	E	P	E	S	Q	U	I	S	A	T	R	O	E
C	A	R	A	M	U	J	O	B	C	E	C	F	C	L	S
N	J	S	A	P	O	A	R	Q	O	J	E	I	B	C	P
P	I	B	V	N	T	Q	Q	E	L	L	R	M	S	S	E
F	E	L	I	C	I	D	A	D	E	I	E	I	I	G	C
H	C	A	S	A	J	K	L	X	J	W	J	S	N	R	I
Q	C	F	B	G	M	Q	E	V	A	C	A	A	O	P	A
C	D	S	U	P	J	O	F	D	E	O	G	P	H	L	L
O	U	K	Y	L	A	T	I	M	H	L	L	I	A	H	T

3

UNIDADE 1 CAPÍTULO 1

Páginas 16-17 e 24-25 do livro

Encontro vocálico e encontro consonantal

1 Circule os encontros vocálicos das palavras abaixo e numere-as conforme a legenda.

- [1] ditongo
- [2] hiato
- [3] tritongo

- [ ] viúvo
- [ ] chapéu
- [ ] céu
- [ ] sabão
- [ ] sabiá
- [ ] saguão
- [ ] iguais
- [ ] álcool
- [ ] baú
- [ ] noite
- [ ] leite
- [ ] rio

2 Observe as imagens abaixo e faça o que se pede.

a) Escreva o nome de cada animal separando as sílabas.

tartaruga

_____

hiena

_____

zebra

_____

urso

_____

toupeira

_____

avestruz

_____

b) Agora, distribua nas colunas abaixo os nomes que você escreveu.

Ditongo	Hiato	Encontro consonantal na mesma sílaba	Encontro consonantal em sílabas diferentes

UNIDADE 1 CAPÍTULO 2

Páginas 36-37 do livro

Palavras com s e z

1 Escreva as palavras abaixo na coluna adequada, completando-as com **s** ou **z**.

co★inhar   ga★olina   on★e   a★ia   televi★ão   parafu★o
bra★ileiro   a★a   lou★a   lapi★eira   bu★ina   bati★ado   a★edo
ca★amento   a★ul   prince★a   bele★a   mole★a   te★ouro   juí★o

Palavras escritas com s	Palavras escritas com z

- O que as letras **s** e **z** dessas palavras têm em comum?

_____

_____

2 Complete as palavras abaixo com **s** ou **z**.

a) imortal → imortali_____ar

b) valor → valori_____ar

c) análise → anali_____ar

d) descanso → descan_____ar

e) curso → cur_____ar

f) parafuso → parafu_____ar

g) ridículo → ridiculari_____ar

h) inferior → inferiori_____ar

Fonema e letra / Dígrafo

1 Escreva o número de letras e fonemas das palavras abaixo.

	Letras	Fonemas
chocolate		
padaria		
queijadinha		
boxe		
guitarrista		

	Letras	Fonemas
ambulância		
moeda		
janela		
mosquito		
contente		

2 Distribua adequadamente as palavras da atividade anterior nas colunas a seguir.

Palavras com dígrafo consonantal	Palavras com dígrafo nasal

3 Circule os dígrafos. Depois, complete as colunas com as palavras abaixo e o número de letras e fonemas de cada uma delas.

> advogado   ciclista   travesseiro   lâmpada   umbigo   piscina   taxista

	Letras	Fonemas

UNIDADE 1 CAPÍTULO 3

Páginas 56-57 do livro

Sons representados por x

1 Encontre no diagrama palavras com a letra **x**.

X	E	R	E	T	A	T	R	C	E	X	Ó	T	I	C	O
P	R	G	H	N	E	C	A	U	X	Í	L	I	O	H	P
V	E	A	X	I	L	A	L	P	N	X	I	G	F	Q	S
T	G	H	N	D	E	X	E	M	P	L	O	V	A	B	A
A	P	R	O	X	I	M	A	Ç	Ã	O	R	I	O	L	X
U	J	T	Q	D	E	P	C	R	P	R	Ó	X	I	M	O
P	E	I	X	E	Z	V	A	R	I	F	S	Q	W	T	F
D	S	H	J	E	Z	T	I	N	T	O	R	C	P	Y	O
T	R	D	A	Z	S	V	X	M	Á	X	I	M	O	K	N
X	F	E	X	A	M	E	A	E	X	I	G	E	N	T	E
R	E	F	L	E	X	O	Q	Z	I	X	Í	C	A	R	A

2 Complete as colunas com as palavras da atividade anterior, conforme o som representado pela letra **x**.

x como na palavra bruxa	x como na palavra anexo	x como na palavra trouxe	x como na palavra exílio

3 Escreva mais uma palavra em cada uma das colunas da atividade anterior.

UNIDADE 1 CAPÍTULO 3

Páginas 54-55 e 64-65 do livro

Substantivos: simples e composto, primitivo e derivado

1 Escreva **S** para os substantivos simples e **C** para os substantivos compostos.

☐ ferro ☐ pontapé

☐ micro-ondas ☐ leite

☐ paraquedas ☐ dente

☐ Sol ☐ guarda-costas

☐ jornal ☐ amor-perfeito

2 Escreva dois substantivos derivados para cada substantivo simples da atividade anterior.

_____

_____

_____

_____

3 Dê o substantivo primitivo das palavras abaixo.

a) folhagem: _____

b) porteiro: _____

c) cozinheiro: _____

d) fruteira: _____

e) sorveteria: _____

f) tristeza: _____

g) chaveiro: _____

h) jardineiro: _____

UNIDADE 2 · CAPÍTULO 4

Páginas 80-81 do livro

Dois-pontos, travessão e aspas

1 Use algumas das palavras do quadro para completar a definição.

| símbolo | sinal | travessão | aspas | hífen |
| dois-pontos | finalizar | terminar | ponto-final |

O _____ de pontuação conhecido como _____ é usado para indicar o início de uma fala. O parágrafo anterior a essa fala, em geral, termina com o sinal _____. Podemos também indicar a fala colocando esse trecho entre _____.

2 Observe a tirinha:

Disponível em: <www.monica.com.br/comics/tirinhas/tira22.htm>. Acesso em: 19 jun. 2013.

a) Escreva o que acontece na tirinha por meio de um trecho narrativo. Use dois-pontos e travessão.

_____

_____

b) Escreva o que acontece na tirinha por meio de um trecho narrativo. Use dois-pontos e aspas.

_____

_____

UNIDADE 2 CAPÍTULO 4

Páginas 88-89 do livro

Substantivo coletivo

1 Siga as dicas e resolva a cruzadinha.

1. Coletivo de livros.
2. Coletivo de estrelas.
3. Time é o coletivo de ★.
4. Coletivo de flores.
5. Enxame é o coletivo de ★.
6. Cardume é o coletivo de ★.

2 Escreva frases com o que se pede.

a) Coletivo de uva: _____.
_____

b) Coletivo de mapa: _____.
_____

c) Coletivo de músicos: _____.
_____

Palavras terminadas em l e u / As palavras meio e meia

1 Complete as palavras com **l** ou **u**.

a) funi_____

b) vo_____

c) trofé_____

d) sai_____

e) lenço_____

f) convence_____

g) consegui_____

h) futebo_____

i) fortalece_____

j) perni_____

k) furo_____

l) hote_____

2 Marque com um **X** as afirmações corretas.

☐ Tanto faz escrever as palavras com **l** ou com **u**.

☐ As letras **l** e **u**, em final de palavra, podem ser pronunciadas da mesma forma.

☐ Em geral, muitas das palavras que terminam com **u** são verbos, assim como muitas das palavras que terminam com **l** costumam ser substantivos.

3 Complete as frases com as palavras **meio** ou **meia**.

a) Fernanda estava _____ preocupada com a prova.

b) Meu pai trouxe _____ quilo de carne do açougue.

c) Felipe queria comer _____ melancia, mas sua mãe não deixou.

d) Todas ficaram _____ chateadas com o seu atraso.

Sílaba tônica

1 Marque **V** para as afirmações verdadeiras e **F** para as falsas.

☐ A sílaba mais fraca de uma palavra é a sílaba tônica.

☐ Quando a última sílaba de uma palavra é a mais forte, ela é chamada de oxítona.

☐ Quando a penúltima sílaba de uma palavra é a mais forte, ela é chamada de paroxítona.

☐ Quando a antepenúltima sílaba de uma palavra é a mais forte, ela é chamada de paroxítona.

2 Reescreva e corrija as afirmações da atividade anterior que você marcou como falsas.

_____
_____
_____
_____
_____
_____

3 Complete as colunas a seguir com as palavras do quadro.

> alcateia   música   urubu   príncipe   régua
> anzol   último   história   pajé

Palavras proparoxítonas	Palavras paroxítonas	Palavras oxítonas

Adjetivo e locução adjetiva

1 Encontre quatro adjetivos no diagrama.

E	M	G	O	B	Ç	V	D	O	P	F	A	T	B	O	V
C	A	F	A	S	C	I	N	A	N	T	E	S	F	L	A
N	J	P	I	B	V	N	T	Q	W	E	R	Q	U	C	Z
I	N	T	E	R	E	S	S	A	D	O	S	S	J	S	I
A	G	I	A	D	I	D	A	D	E	U	F	I	L	G	O
H	E	S	P	E	R	T	A	C	A	S	A	J	C	R	I

2 Complete as frases com os adjetivos que você encontrou na atividade anterior.

a) O pote de mel está _____ .

b) Os alunos estavam muito _____ na aula.

c) Estou lendo um livro _____ .

d) Como é _____ esta gatinha!

3 Marque com um **X** as frases em que os termos em destaque podem ser substituídos por um adjetivo.

☐ Adoro ficar sob a luz **do Sol**.

☐ Aquela garota tem uma voz **de anjo**.

☐ Sofia adora os animais **do mar**.

☐ Eu adoro bolo **de cenoura**!

- Agora reescreva as frases que você marcou substituindo a locução adjetiva pelo adjetivo correspondente.

_____

_____

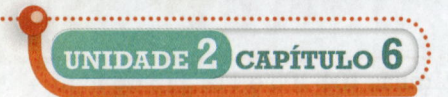

Adjetivo: grau comparativo

1 Marque com um **X** o grau comparativo de cada frase.

a) Rir é melhor do que chorar.

☐ igualdade ☐ superioridade ☐ inferioridade

b) Minha letra é tão bonita quanto a sua.

☐ igualdade ☐ superioridade ☐ inferioridade

c) Picada de inseto dói menos do que mordida de cachorro.

☐ igualdade ☐ superioridade ☐ inferioridade

2 Complete as frases com adjetivos no grau comparativo indicado em cada quadrinho.

a) Eu sou _____ o meu colega. [igualdade]

b) A camisa estava _____ o casaco. [superioridade]

c) Tomar água é _____ tomar refrigerante. [superioridade]

d) Uma laranja é _____ uma melancia. [inferioridade]

3 Escreva frases com o que se pede.

a) Adjetivo **bonito** no grau comparativo de igualdade.

_____

_____

b) Adjetivo **mau** no grau comparativo de superioridade.

_____

_____

c) Adjetivo **barato** no grau comparativo de inferioridade.

_____

Artigo definido e indefinido / Palavras terminadas em -ez e -eza

1 Ligue as peças do quebra-cabeça e forme palavras.

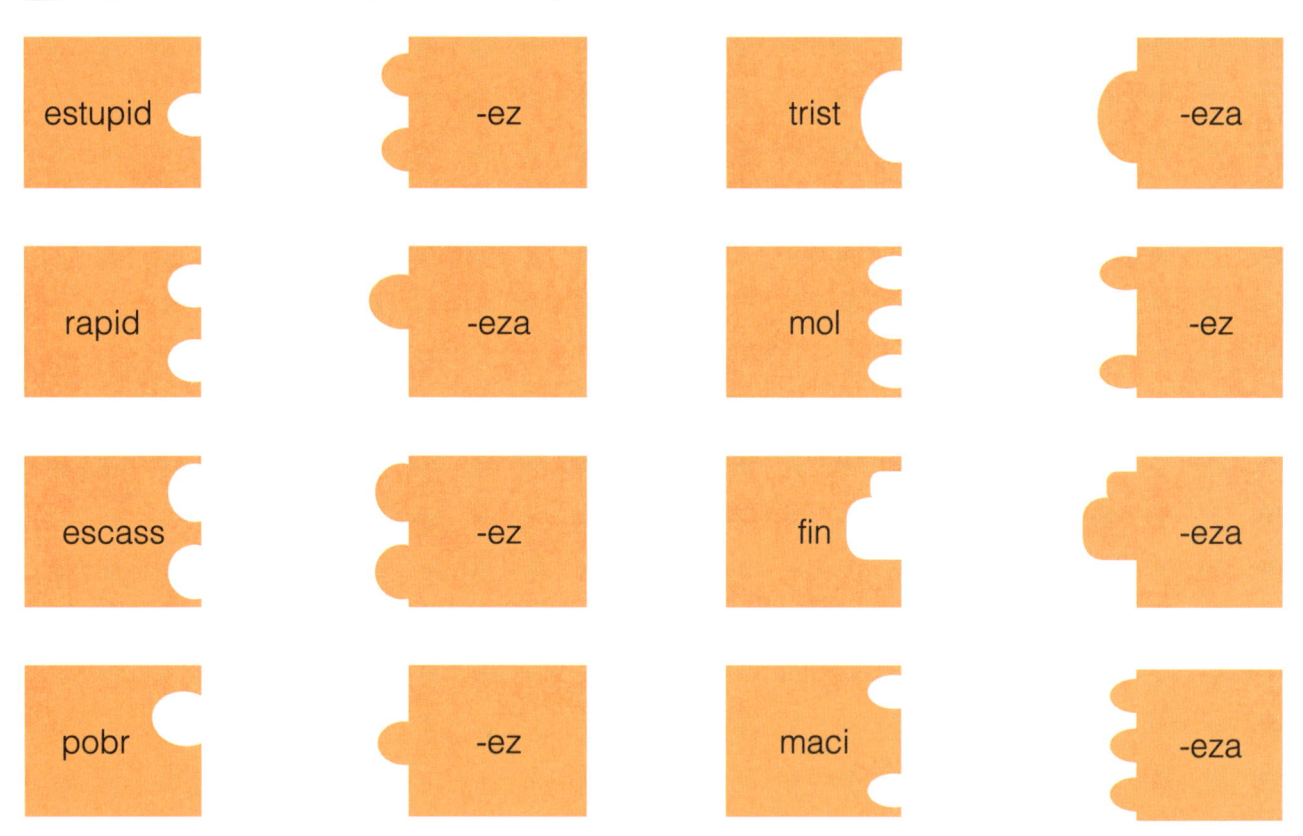

estupid	-ez	trist	-eza
rapid	-eza	mol	-ez
escass	-ez	fin	-eza
pobr	-ez	maci	-eza

- Agora escreva as palavras que você formou.

_____

_____

2 Marque **V** para as afirmações verdadeiras e **F** para as falsas.

☐ Artigo é uma palavra que acompanha o substantivo.

☐ Os artigos concordam apenas em gênero com os substantivos.

☐ Os artigos se dividem em dois tipos: definidos e indefinidos.

☐ Os artigos definidos indicam seres indeterminados.

☐ Os artigos indefinidos são: **um**, **uma**, **uns** e **umas**.

UNIDADE 3 CAPÍTULO 7

Páginas 142-143 do livro

Palavras com sc, sç, xc

1 Complete as palavras com **sc**, **sç** ou **xc**.

a) de_____ida

b) e_____êntrico

c) de_____am

d) fa_____ínio

e) reflore_____am

f) cre_____o

g) sei_____entos

h) na_____a

i) e_____elente

j) e_____eto

k) e_____esso

l) adole_____ente

2 Use algumas palavras da atividade anterior para completar as frases a seguir.

a) Meu irmão já é um _____.

b) O _____ de doces pode fazer mal à saúde.

c) Quero que as árvores _____ logo!

d) Ontem consegui marcar _____ pontos.

3 Agora procure outras palavras da atividade 1 no quadro abaixo.

H	J	G	R	D	N	P	Ç	D	A	B	N	S	W	Q
F	R	L	A	E	X	C	Ê	N	T	R	I	C	O	Ç
Y	Ç	N	D	S	F	V	C	H	A	B	M	R	D	F
N	F	A	S	C	Í	N	I	O	K	J	U	E	J	M
K	H	S	V	I	X	Z	F	M	V	Q	H	S	Y	L
R	I	Ç	G	D	S	W	B	U	D	E	S	Ç	A	M
U	P	A	W	A	I	Q	J	K	S	O	L	O	U	P

16

UNIDADE 3 CAPÍTULO 7

Páginas 140-141 e 148-149 do livro

Pronomes pessoais e pessoas do discurso / Pronome de tratamento

1 Leia o trecho abaixo:

Larissa encontra Gabriel e pergunta ao amigo:
— Você sabe onde está a Renata? Preciso entregar um livro para ela.

a) Complete a tabela com as informações adequadas.

Quem fala?	Com quem fala?	Sobre quem fala?

b) Os pronomes pessoais que poderiam ser usados para se referir, respectivamente, a Larissa, Gabriel e Renata são: _____, _____ e _____.

2 Marque com um **X** a resposta que traz o pronome de tratamento mais adequado para cada caso.

a) Um paciente conversando com o seu médico:
— ★ já sabe qual é o diagnóstico?
  ☐ Vossa Excelência
  ☐ O senhor
  ☐ Vossa Santidade

b) Um duque cumprimentando uma rainha:
— Como tem passado, ★?
  ☐ Vossa Majestade
  ☐ Vossa Alteza
  ☐ senhora

c) Um pai aconselhando sua filha:
— ★ deveria levar um casaco.
  ☐ Vossa Senhoria
  ☐ Senhorita
  ☐ Você

Verbo: pessoa, número e conjugações

1 Complete as frases com os verbos do quadro abaixo.

| sonho | levanta | dançamos | brigam |

a) Nós sempre _____ às sextas-feiras.

b) Os dois cães _____ o tempo todo.

c) Eu _____ em ser uma grande astronauta.

d) Você _____ cedo todos os dias?

2 Escreva a forma infinitiva dos verbos a seguir.

a) viveu: _____

b) estudava: _____

c) gritou: _____

d) aparecerá: _____

e) ganhava: _____

f) assistiu: _____

g) fazia: _____

h) proibiam: _____

i) insistiria: _____

j) soube: _____

3 Agora complete as colunas com o infinitivo dos verbos da atividade anterior.

1ª conjugação (terminação -ar)	2ª conjugação (terminação -er)	3ª conjugação (terminação -ir)

Acentuação de palavras oxítonas e paroxítonas

1 Quando necessário, acentue as palavras oxítonas.

a) gavião
b) tambem
c) capaz
d) tamandua
e) armazem
f) caju
g) pincel
h) robo
i) diretor
j) jantar
k) voce
l) farão

2 Quando necessário, acentue as palavras paroxítonas.

a) sotão
b) poste
c) alcateia
d) volei
e) noticia
f) armario
g) heroico
h) parede
i) polen
j) veneno
k) jovem
l) album

3 Resolva a cruzadinha.

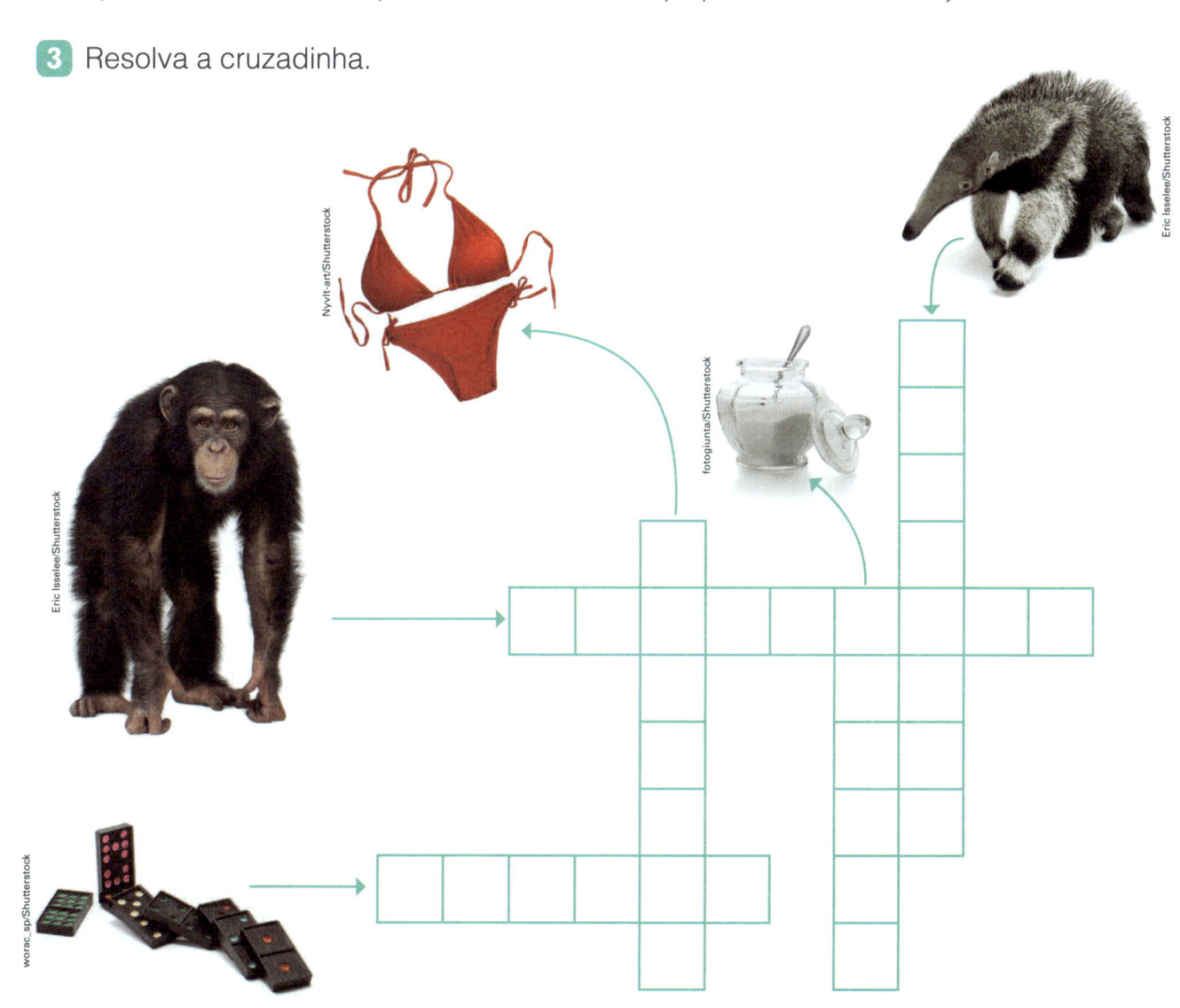

Palavras homônimas e parônimas

1 Qual é o significado das palavras destacadas em cada uma das frases abaixo?

1. Joaquim adora tomar suco de **laranja**.

2. Gabriela não gostava da blusa **laranja** de seu irmão.

_____
_____
_____

2 As palavras em destaque na atividade anterior são:

☐ parônimas

☐ homônimas

3 Escreva duas frases usando a palavra **banco** com diferentes significados.

_____
_____
_____
_____

4 Leia as palavras parônimas e escolha a que for adequada para completar as frases. Se precisar, consulte o dicionário.

a) Será que você pode _____ as luzes? acender/ascender

b) O _____ era seu brinquedo favorito. peão/pião

c) Com o calor, a gente não para de _____. soar/suar

d) O arroz está guardado na _____. despensa/dispensa

e) As crianças queriam participar do _____. coro/couro

Acentuação de palavras proparoxítonas

1 Complete as colunas com as palavras do quadro.

> jantar   príncipe   sábado   pajé   música   dicionário   coragem
> lápis   centopeia   própria   fubá   máximo   capaz   tímido   bambu

Palavras proparoxítonas	Palavras paroxítonas	Palavras oxítonas

2 Todas as palavras proparoxítonas têm uma característica em comum. Qual?

_____

3 Encontre seis palavras proparoxítonas no diagrama a seguir:

É	N	M	E	C	Â	N	I	C	O	F	A	T	R	O	V
T	A	R	I	N	F	O	R	M	Á	T	I	C	A	L	A
I	J	R	E	L	Â	M	P	A	G	O	D	O	S	C	Z
C	I	B	V	G	R	A	M	Á	T	I	C	A	M	S	I
A	B	I	A	D	Y	D	A	D	P	T	Í	P	I	C	O

- Agora forme uma frase usando duas das palavras que você encontrou.

_____

_____

Tempos verbais: presente, passado e futuro / Concordância verbal

1 Marque com um **X** o tempo em que acontece a ação do verbo destacado.

a) Felipe **está** muito animado com seus estudos.

☐ passado ☐ presente ☐ futuro

b) Eu **brinquei** muito nas férias.

☐ passado ☐ presente ☐ futuro

c) Um dia eu **viajarei** para a Dinamarca.

☐ passado ☐ presente ☐ futuro

d) Será que ela **lerá** o livro?

☐ passado ☐ presente ☐ futuro

e) Você **elogiou** o vestido da professora?

☐ passado ☐ presente ☐ futuro

2 Circule, nas frases da atividade anterior, as palavras que concordam com os verbos em destaque.

3 Reescreva as frases abaixo trocando o pronome **eu** pelo pronome **nós** e fazendo as adaptações necessárias.

a) Eu não consigo parar de rir.

_____

b) Nesse final de semana eu organizei a biblioteca.

_____

_____

Numeral

1 Leia as frases abaixo e classifique os numerais em destaque.

| 1 | cardinal | 3 | multiplicativo |
| 2 | ordinal | 4 | fracionário |

- [ ] A equipe azul ficou em **segundo** lugar na gincana.
- [ ] José comeu **metade** da lasanha sozinho.
- [ ] O preço do caju estava o **triplo** do preço da maçã.
- [ ] Meu pai tem **três** irmãos mais novos.
- [ ] Seu nome é o **trigésimo** da lista de espera.
- [ ] O debate durou o **dobro** do tempo esperado.
- [ ] Fui a **quingentésima septuagésima quinta**, mas passei na prova!
- [ ] Amanhã farei **trinta e quatro** anos.

2 Escreva por extenso os numerais abaixo.

a) 2018 → _____

b) 20º → _____

c) $\frac{1}{3}$ → _____

d) 68 → _____

e) $\frac{1}{5}$ → _____

f) 17º → _____

g) 188 → _____

h) 100º → _____

Verbos terminados em -am e -ão / Concordância verbal e nominal

1 Assinale o tempo verbal das palavras em destaque.

a) Eles **enviarão** o pedido?
   ☐ passado
   ☐ futuro

b) Elas **riram** muito da piada.
   ☐ passado
   ☐ futuro

c) Elas **dançarão** a noite toda!
   ☐ passado
   ☐ futuro

d) Eles **buscarão** o pacote na secretaria?
   ☐ passado
   ☐ futuro

e) Eles **voltaram** mais animados da festa.
   ☐ passado
   ☐ futuro

f) Elas **falaram** com o médico.
   ☐ passado
   ☐ futuro

2 Marque com um **X** as frases que apresentam problemas de concordância. Depois, indique se o problema é de concordância verbal ou nominal e corrija as frases, quando necessário.

☐ Nós sabe o que é melhor para você.
_____

☐ Felipe é um garoto espertos.
_____

☐ Será que nós podemos atravessar?
_____

☐ A mentira tem perna curta.
_____

☐ As irmãs estava muito preocupado com o pai.
_____

As palavras **onde** e **aonde**

1 Complete as frases com **onde** ou **aonde**.

a) _____ eu guardei meus óculos?

b) Nós vamos _____ nas próximas férias?

c) Seu celular está _____ você deixou.

d) _____ seu irmão trabalha?

e) _____ você vai com esse bolo de aniversário?

f) Ainda não sei para _____ vamos viajar.

2 Escreva uma pergunta usando **onde** ou **aonde**.

a) _____?

— Está estendida no varal.

b) _____?

— Eu vou para Buenos Aires.

c) _____?

— É a segunda loja depois da faixa de pedestres.

d) _____?

— Quero jantar no restaurante de comida árabe.

e) _____?

— Eu estudo na Escola Tarsila do Amaral.

f) _____?

— Eu vou levar o Rex ao veterinário.

Interjeição

1 Complete os espaços com uma interjeição que indique o sentimento entre parênteses.

a) _____! Uma abelha me picou! (dor)

b) _____! As férias estão chegando! (alegria)

c) _____! Que dia! (alívio)

d) _____! Estou tentando estudar! (advertência)

2 Marque com um **X** o significado da interjeição destacada nas frases abaixo.

a) **Cuidado**! Os cacos de vidro podem te cortar.
☐ alegria ☐ advertência ☐ alívio

b) **Socorro**! Alguém pode me ajudar?
☐ dor ☐ medo ☐ admiração

c) **Puxa**! Como ele cresceu!
☐ raiva ☐ pena ☐ surpresa

3 Observe as imagens a seguir e escreva uma frase para cada uma delas usando uma interjeição.

Ela descobriu que o peixe está estragado.

Ele tropeçou e caiu.

_____   _____

UNIDADE 4 CAPÍTULO 11

Páginas 230-231 do livro

Em cima, embaixo, em frente, de repente, por isso

1 Marque com um **X** a afirmação incorreta.

☐ As expressões **em cima**, **embaixo** e **em frente** indicam posição de um ser ou objeto em relação a outro.

☐ A expressão **de repente** indica que algo foi feito ou que aconteceu de maneira inesperada.

☐ A expressão **por isso** não retoma algo que já foi dito, ela apenas justifica algo que ainda vai ser dito.

2 Complete as frases com as palavras do quadro abaixo.

| em cima | embaixo | em frente | de repente | por isso |

a) Meu relógio não despertou, _____ cheguei atrasado.

b) A padaria fica _____ ao banco.

c) Ele colocou as caixas _____ do guarda-roupa.

d) O cachorro se escondeu _____ da cama.

e) Estava fazendo muito calor e _____ ficou frio.

3 Escreva frases usando as expressões **por isso**, **de repente** ou **em frente**.

a) _____

b) _____

c) _____

Acento tônico e acento gráfico

1 Leia e acentue, caso necessário, as palavras abaixo.

a) picole

b) cabelo

c) sabado

d) relampago

e) parabolica

f) cristal

g) Venus

h) engraçado

i) orfão

j) hipopotamo

k) luar

l) Piaui

2 Complete as colunas com as palavras da atividade anterior.

Proparoxítona	Paroxítona	Oxítona

3 Insira adequadamente os acentos agudo ´ ou circunflexo ˆ nas palavras abaixo e descubra novas palavras.

a) sabia: _____

b) metro: _____

c) secretaria: _____

d) pais: _____

e) camelo: _____

f) pode: _____

Classificação das palavras

1 Marque com um **X** a classificação das palavras em destaque.

a) **Puxa**! Como você está bem!
   ☐ interjeição   ☐ numeral   ☐ substantivo

b) Ele não sabe quem o **convidou**.
   ☐ verbo   ☐ adjetivo   ☐ pronome

c) **Eu** não estou sabendo de nada.
   ☐ pronome   ☐ verbo   ☐ numeral

d) Que **fineza** tem a mãe de Bianca.
   ☐ artigo   ☐ adjetivo   ☐ substantivo

2 Relacione as frases aos quadros. Para isso, pinte a letra que corresponde a cada frase. Depois, distribua as palavras de cada frase nas colunas adequadas. Veja o modelo.

a) Eu comprei uma mochila nova.
b) Nossa! Você é uma menina esperta.
c) Ele tem dois irmãos.
d) Leve uma blusa colorida.

a) **b)** c) d)

Interjeição	Pronome	Verbo	Artigo	Substantivo	Adjetivo
Nossa!	Você	é	uma	menina	esperta.

a) b) c) d)

Pronome	Verbo	Numeral	Substantivo

a) b) c) d)

Pronome	Verbo	Artigo	Substantivo	Adjetivo

a) b) c) d)

Verbo	Artigo	Substantivo	Adjetivo

Adjetivo: grau superlativo

1 Complete as colunas com as palavras que estão faltando.

Adjetivo no grau normal	Adjetivo no grau superlativo
agitado	_____
belo	_____
_____	horribilíssimo
quente	_____
_____	velocíssimo

2 Agora escolha três adjetivos no grau superlativo da atividade anterior e escreva uma frase com cada um deles.

_____

_____

_____

_____

3 Complete as frases com as palavras do quadro abaixo.

> agradabilíssima   muito   sensibilíssimo   bastante

a) Meu pai é mais que sensível: é _____!

b) Ele é _____ esforçado.

c) Beatriz é _____ vaidosa.

d) Hoje a tarde está _____.

Uso de mas e mais

1 Complete as frases com **mas** ou **mais**.

a) Você pode colocar _____ açúcar no café, por favor?

b) Ele está cansado, _____ vai nos acompanhar.

c) Quem _____ irá no nosso ônibus na excursão?

d) Estava chovendo, _____ ele não está molhado.

e) Estou com sono, _____ preciso ir trabalhar.

f) Você comprou _____ livros?

g) Que filme _____ engraçado!

h) Eles vão viajar, _____ ainda não sabem para onde.

i) Eu pedi _____ um pedaço, _____ o bolo já havia acabado.

j) Eu tentei ajudar, _____ ninguém quis saber de _____ nada.

2 Escreva nas linhas abaixo duas frases com a palavra **mas** e outras duas com a palavra **mais**.

_____

_____

_____

_____

_____

Variações linguísticas

1 Marque com um **X** o sinônimo da palavra em destaque. Se necessário, faça uma pesquisa antes de responder às questões.

a) Corri muito, mas acabei perdendo o **busão**.

☐ trem ☐ ônibus ☐ horário

b) Gabriel é um **guri** muito esperto.

☐ menino ☐ homem ☐ aluno

c) Sua avó mandou um **cheiro** para vocês.

☐ bolo ☐ conselho ☐ beijo

d) Foi só falar em banho e eles **picaram a mula**.

☐ fugiram ☐ dormiram ☐ comemoraram

2 Escreva uma frase com uma palavra, expressão ou gíria típica da região em que você vive.

_____
_____
_____
_____

3 Agora imagine que você precisa explicar a palavra, expressão ou gíria que utilizou na atividade anterior para alguém que vive em outra região. Que explicação você daria?

_____
_____
_____